김창균 지음

# 움직이는 사물

교통의 미래는 어떻게 될 것인가?

# 움직이지 못하는 인간

nobook

목
차

## Part 2 우리는 과연 안전한 세상에 살고 있는가?

## Part 3 자동차 3천만 시대가 오고 있다

## Part 4 우리의 일상은 교통의 연속이다

프롤로그

# 더이상 '움직이지 못하는 사람'으로 남지 않기를..

<움직이는 모든 것은 교통이다>라는 졸저를 출간한 지 3년이라는 시간이 지났다. 그동안 교통 환경에는 어떤 변화가 있었을까? 운전하기에 안전하고 편리해졌는지, 교통 사고는 줄어들었는지, 도로의 혼잡과 정체 현상은 완화되었는지 짚어본 결과 안타깝게도 3년전보다 나아졌다고 말하기 어려웠다.

우리의 모든 일상은 '움직임', 즉 이동으로 이루어진다. 그러나 여전히 이동은 원활하지 않다. 교통량이 계속해서 늘어남에 따라 교통 혼잡은 악화되고 사고위험 역시 증가추세에 있다. 최근 '모빌리티'라는 새로운 개념이 도입되면서 '교통'보다 광범위한 차원에서 논의가 이루어지지만 아직 긍정적인 변화가 가시적으로 드러나지는 않고 있다.

더하여 걸음마 수준의 교통 문화는 교통 상황을 더욱 심각하게 만드는 요인이다. "나 히니쯤이야", "차도 없는데 무슨 분제가 생기겠어?"

라는 안이하고 이기적인 생각이 전염병처럼 퍼져 있다. K-컬쳐, K-방역 등 국내 많은 분야가 선진국 수준인데 왜 교통문화는 개선되지 않을까? 최근 '암행 단속', '5030 속도 제한', '4대 불법주정차 신고 강화', '구간 과속 단속' 등 획기적인 교통안전 정책들이 시행 중이다. 동시에 교차로 '정지' 표지 같은 기본 법규 하나 제대로 지키지 못하고 있는 것도 우리의 모습이다. 출퇴근에 걸리는 시간이 좀처럼 줄지 않고, 주차가 주행보다 어렵고, 예기치 않은 사고와 혼잡으로 목적지까지 통행 시간은 계속 늘어난다. 이 모든 것들은 우리의 건강과 생명을 위협하는 요인으로 작용한다.

답답하고 위험한 우리의 교통 현실 속에서도 자동차 대수는 2천 5백만을 넘어 3천만을 향해 질주하고 있다. 자동차 수 증가는 곧 대중교통의 이용 감소를 의미한다. 지난 10년간 버스 이용은 눈에 띄게 줄어들었고, 도시철도는 차내 혼잡, 노선의 장거리화, 청결하지 못한 공간 등 불편이 가중되고 있다. 게다가 지난 2년, 코로나 비대면 시대는 대중교통 기피 현상을 불러왔다. 대중교통은 앞으로 연계 환승과 공유 교통의 도입 등 미래를 대비해야 한다. 그렇지 않으면 코로나 팬데믹이 갑자기 우리의 삶을 뒤흔들었듯 '트래픽 팬데믹'이 우리를 덮칠지도 모른다.

고무적인 것은 무인 자동차의 시대가 우리를 기다리고 있다는 사실이다. AI, 통신, IoT 등 관련 첨단 기술과 개발에 속도가 붙어 무인 자동차 도입을 위한 기술 발전이 성과를 내고 있다. 흑사병 이후에 르네상스가 싹을 틔웠듯 코로나 이후 무인자동차라는 새로운 교통수단의 탄생이 현재 우리의 교통 문제를 일거에 해소할 수 있지 않을까 하는 희망을 가져본다.

앞으로는 적색 시장(Red Ocean)처럼 경쟁만 심하고 교통 본연의 업무 수행이 어려웠던 시대를 넘어서 청색 시장(Blue Ocean), 즉 사업과 정책의 성공이 보장되는 새로운 시대가 되도록 교통의 개념을 바꾸어야 할 것이다. 교통은 정치, 경제, 사회, 문화, 생활, 여가 등 사회 대부분의 분야와 연결되어 있다. 따라서 교통의 근본적인 문제점 역시 우리의 생활 방식, 도시 공간, 도시화 등 사회 문제와 직접적으로 관련이 있다. 현장의 교통 문제를 원활하게 해결하려면 관련 분야를 효율적으로 융·복합해야 한다. 지역 개발, 사회 경제 분야를 함께 연구함으로써 일상의 움직임과 시공간을 재편할 수 있다. 무인자동차를 비롯한 새로운 교통수단을 적극적으로 개발하고 적용하는 것도 청색 교통을 실현하는 한 방법이다. 기존 교통시스템을 확장하고 개선할 때에는 곧 다가올 무인 자동차의 도입을 감안하여  추진해야 할 것이다.

한 걸음 더 나아가 이제는 자동차 중심에서 벗어나 인간 중심의 교통 제도와 체계를 구현하기 위해 각고의 노력이 필요한 시점이다. 도시를 끝없이 확장하기보다는 소권역으로 나누어 단거리 통행과 친환경 교통수단의 활용을 극대화해야 한다. 또한 현재 대중교통의 어려움을 타개하려면 요금 문제를 해결해야 한다. 모든 이동에 대한 기본 권리를 보장하는 대중교통 무료 제도가 하나의 해법이 될 수 있다. 마을버스에서 시작해 단계별로 이용 요금을 무료화 하여 교통복지를 실현해야 한다.

이 책을 통해 더 많은 사람이 교통의 중요성과 그 역할을 생각하기를 바란다. 또한 의미 있는 논의와 토론의 계기가 되었으면 한다. 본고의 내용이 부족하지만, 큰 그림 차원에서 우리 사회의 교통 현실을 발제했다는 데 의의를 둔다. 교통약자가 불편 없이 자유롭게 이동하고, 교통이 본업에 방해가 되지 않는 날이 오기를 바라며, 포스트 코로나 시대에는 더이상 '움직이지 못하는 사람'으로 남지 않기를 진심으로 기원한다.

'교통약자가 편하면 일반인은 더욱 편해지듯이,

타인이 행복하면 나는 얼마나 더 행복해지겠는가!'

Part 1.

# 교통의
# 미래는
# 어떻게
# 될 것인가?

## 움직이는 사물, 움직이지 못하는 사람

우리가 살아가는 세계는 코로나 팬데믹 이후 새로운 세상으로 전환되었다. 우리의 일상 역시 생명과 존폐에 강력한 도전을 받으면서 완전히 달라졌다. 바이러스가 인간에게 해를 끼친 사례가 이번이 처음은 아니다. 유럽의 페스트가 약 2억 명, 천연두 약 3억 5천만 명, 콜레라 약 4천만 명, 독감 약 5천만 명, 에이즈가 약 3천만 명의 생명을 앗아갔다. 동시에 전염병은 인간이 살아가는 세상을 바꾸는 전환점이기도 했다. 유럽의 페스트, 즉 흑사병 후 르네상스 시대가 도래했다. 코로나 이후 우리가 살아갈 세상은 어떻게 변화할 것인가? 흑사병과 코로나는 인간에게 위협적이라는 면에서 같지만, 르네상스 시대와 현재는 크게 다르다. 르네상스 시대에는 교통수단이 발달하지 않아 교류가 적었음에도 문화, 예술 분야에서 역사상 최전성기를 이루었다. 반면 현대 사회는 항공과 선박, 자동차 등 교통수단의 발달로 교류는 활발하지만 획기적인 발전을 기대하기는 쉽지 않다. 코로나 이후 인류의 경제와 사회활동은 축소되고, 전쟁, 기후변화, 자원, 에너지, 빈곤, 불평등, 독재 등 글로벌 현안은 너무 많다. 20세기 인간은 컴퓨터, 자동차, 비행기, 핸드폰 등 놀라운 문명의 이기를 발명했지만, 그로 인한 부작용과 폐해도 적지 않았다. 문명은 일상에 편리함과 신속함을 가져다 주는 동시에 창의성과 발전을 저해하는 요인으로도 작용했다. 이는 우리의 일상이 '대면보다 비대면', '협력보다 갈등', '평화보다 전쟁'을 촉진하고 있는 현실과 무관하지 않다. 우리가 코로나 이후 제2의 르네상스 시대를 맞이하려면 국가, 인종, 종교, 취향 등의 다양성을 인정·포용하고 집단 이기주의에서 벗어나야 한다. 최근 인류의 과학과 기술부문의 놀라운 성과에 비해 문화, 예술, 사회, 인문 분야의 수준은 그에 미치지 못하고 있다. 이와 같은 분야별 불균형을 해소하기 위한 포스트 코로나 시대의 획기적인 대책과 전략이 절실하다.

의학 전문가들은 사람들의 잦은 이동이 코로나 확산의 주요한 원인이라는 연구 결과를 내놓았다. 그 결과 세계 여러 나라들은 바이러스의 전파를 최소화하기 위해 방역 단계를 설정하고 이동을 제한하는 데 전력을 기울였다. 그리고 우리는 움직임을 제한받는 것이 얼마나 무섭고 치명적인지 절실히 깨닫는 시간을 보냈다. 통행의 제한은 생필품을 사고, 병원에 가고, 공원에서 여유를 즐기는 소소한 일상의 즐거움을 앗아갔다. 경제활동을 위한 출퇴근이나 생업 활동에도 불편함과 답답함을 가져왔다. 이제는 재택근무도 일상이 되었지만 코로나 초기에는 업무 생산성이 저하되었고, 대면 업무가 얼마나 효과적이었는지 생생한 경험을 통해 알게 되었다. 나아가 전염병이 인류에게 막대한 피해를 준다는 사실을 몸소 체험하고 있으며, 지구의 주인이 인간이 아니라는 사실 역시 깨닫고 있다.

우리의 이동을 제한하는 또다른 요인에는 날씨가 있다. 비행기는 태풍이나 지진 등 대형 자연재해뿐만 아니라 안개나 강풍에도 이착륙이 제한받는다. 따라서 태풍이나 짙은 안개, 바람이 잦은 지역에는 항공편

이용에 제약이 있어 해당 지역에 많은 사람이 모여 살기 어렵다. 또한 러시아, 북유럽, 캐나다 같은 경우는 나라 전체가 지나치게 추운 기후로 사람들은 극히 제한된 지역에 머무르는 생활에 익숙해져 있다. 악천후의 날씨는 오랫동안 거주를 저해하는 요인으로 작용해왔기 때문에 해당 국가는 지금도 인구 규모가 상대적으로 작은 편이다. 이처럼 이동의 한계는 거주와 생활을 심각하게 방해하기도 한다. 반면 날씨가 온화하고 자연재해가 적은 지역은 많은 사람이 모여 살면서 대도시화된 지역이 많다. 예를 들어, 우리나라의 서울과 경인 지역은 역사적으로 자연재해가 가장 적고 사람이 살기에 온화한 기후이고, 안전하고 편리한 이동이 보장되면서 많은 사람이 지속적으로 유입되어 대도시를 이루었다. 이처럼 날씨는 인간의 이동에 결정적인 요인이라고 할 수 있다.

지금은 상상하기 어렵지만 이동이 어려웠던 시절을 떠올려 보자. 불과 수십 년전만 해도 우리는 지역 간 이동을 매우 힘들고 어려운 일로 여기며 살았다. 시골에서는 서울에 다녀오는 일이 하나의 사건이었다. 온동네 사람이 모여 서울의 사소한 일상을 전해 들으며 호기심을 채웠다. 당시 '이동' 할 수 있는 사람은 그렇지 못한 사람들의 답답함과 궁금증을 속 시원하게 풀어주던 이른바 힘 있고 능력 있는 사람이었다. 교통시설과 시스템이 발달하면서 이제 대부분의 사람은 지역과 지역을 밥먹듯이 쉽게 이동할 수 있게 되었다. 이동의 자유로움은 인간의 상상력과 직관력을 넓고 깊게 키워, 지역이 발전하고 경제가 활성화되는 긍정적인 효과를 가져다 주었다. 인류의 역사를 돌이켜보면 움직이지 않은 민족은 타민족에게 지배받는 패배의 역사를 되풀이해왔음을 쉽게 알 수 있다. 일례로 유목 민족은 정착 민족의 땅을 빼앗고 사람을 복종시켜 새로운 나라를 건설해왔다. 유목 민족의 가장 큰 특징으로 강력한 전투력을 꼽을 수 있다. 계속해서 이동하면서 어떤 지역이 살기 좋은지 연구하고 찾아냈으며, 그 지역을 차지하기 위해 전쟁을 일으켰다. 이처럼 인간의 움직임은 자신의 위치와 수준을 명확하게 가늠하고 생존 능력과 경쟁력 향상시키고 준비할 수 있는 시간을 벌어 준다. 유목민은 자신들의 실체를 제대로 파악하여 미래를 준비할 기회를 쉼 없는 움직임 속에서 체득해왔다. 지난 역사를 바탕으로 살펴보면 우리 민족에게도 유목민의 혼이 살아 움직이고 있다. 최근 우리나라가 경제, 예술, 체육, 문화, 사회 등 여러 분야에서 세계 최고의 자리에 오를 수 있었던 것도 이러한 유목민의 우수한 유전자가 작용하고 있는 것이 아닌가 한다.

그동안 우리는 자유의지에 따라 언제 어디든 원하는 곳으로 여행을 하고 사람들을 만나며 살아왔다. 소득증가로 해외여행이 최고의 성황기를 맞았고 세계 어디를 가도 우리나라 국민을 만날 수 있었다. 그런데 코로나로 여행(이동)을 할 수 없게 되자 일과 여가 활동 모두 원활하지 않았다. 익숙한 세상이 갑작스럽게 사라지면서 심리적 상실감과 허탈감에 코로나 블루(우울)를 앓는 사람도 생겨났다.

해외여행이 불가능해지자 반대급부로 국내여행이 대폭 증가했다. 그러나 좁은 국토에 많은 사람이 움직이자 코로나 바이러스도 증가와 감소를 반복하며 우리의 발목을 붙잡았다. 움직임이 일상에 얼마나 중요한지를 여실히 경험하고 있다. 세계 각국은 자국민 보호 차원에서 백신 여권을 발행하여 여행객을 선별하여 받고 있다. 앞으로는 예전과 같은 자유로운 여행이 쉽지 않을 수 있다. 반면 코로나 시기 동안 화물 통행량은 획기적으로 증가했으며 온라인 생필품 구매도 매우 활발하게 이루어지고 있다. 온라인 유통회사의 주가가 상승하고 규모도 급속도로 커지는데 반해 일반 상점들은 하나둘 파산하고 있다. 이제는 음식점도 매장에는 손님이 없고 오토바이로 배달시켜 먹는 게 흔한 일상이다. 음식을 식당에서 배달하는 수요가 늘면서 도로의 오토바이 통행량은 폭발적으로 증가했다. 오토바이가 교통 혼잡과 잦은 사고를 유발하면서 획기적인 대책이 필요한 상황이다. 항공도 국가 간 여객의 이동은 낮은 반면 화물의 이동은 최대 성수기를 맞이하고 있다. 항공과 해운 모두 사람이 아닌 화물의 수송에 전적으로 의존하여 해당 사업을 근근이 유지, 운영하고 있다. 이처럼 코로나 사태로 호황을 누리는 사업 분야가 있기는 하지만 전반적으로는 침체를 겪고 있는 것이 명확한 현실이다. 아울러 그동안 세계 경제 발전에 큰 역할을 해 왔던 자유무역이 사라지고 그 자리를 보호 무역이 차지할 가능성이 점차 커지고 있다. 자유무역 체제 아래에서는 전세계 곳곳에서 생산된 공산품과 농산물, 수산물을 값싼 가격에 먹을 수 있었다. 하지만 각국이 보호 무역 조치를 취하게 되면 물건 가격이 상승하고 유통 시간과 비용도 증가할 수 있다. 그동안 각국의 자원과 특성을 고려한 자본과 인력이 적절하게 조화를 이룸으로써 누렸던 글로벌 경제 호황이 급변할 수 있다는 말이다. 인구는 많고 자원은 부족하고 국토가 제한적인 우리나라는 어려운 경제 상황에 직면할 수 있다. 한마디로 세계의 경제, 사회, 문화 질서가 재편될 가능성이 커지고 있다.

국가 간 이동이 대폭 줄어들고 교류와 무역이 감소하면서 경제, 문화, 정치, 사회 등 여러 분야가  축소되고 삶의 질이 떨어질 것으로 예상한다. 사람은 움직이지 못하고 화물이 움직이는 기현상이 세계 모든 국가와 사람들에게 좋지 않은 영향을 끼치고 있다. 이러한 '움직이지 못하는 사람, 움직이는 화물' 현상이 언제까지 지속될지는 아무도 모른다.

# 지금은 중소도시에 사는 게 애국이다

도시화는 전 세계적인 현상으로 우리나라도 이미 90% 이상이 도시화되었다. 도시는 좁은 공간에 많은 사람이 모여 살기 때문에 전기, 수도, 가스, 통신 등 기초 생활 시설을 비교적 저렴하게 이용할 수 있으며 공급이 원활하다. 도시에서는 이동과 거주가 가장 중요한 가치이다. 즉, 도시 사람들은 쉴 새 없이 이동하고 좀 더 좋은 여건의 시설에 거주하기 위해 치열한 경쟁을 벌인다. 우리나라는 60% 이상의 사람들이 아파트에 살고 있다. 세계에서 유래를 찾아보기 드물게 도시화가 급속하게 이루진 것도 아파트 거주 문화 때문일 것이다. 우리나라 대부분의 도시는 편리하고 안전하다. 도시화 첨단 문명의 이점을 톡톡히 누리고 있는 셈이다. 하지만 최근 전 지구적으로 발생하는 심각한 기후 변화는 도시인들의 생활을 어렵게 만들고 대규모의 자연재해와 지구 온난화 역시 도시의 존폐를 위협하고 있다. 예를 들어 태풍, 지진, 폭염, 폭설, 산불, 강추위 등 인간의 힘으로 통제하기 어려운 재해가 발생할 경우, 도시는 더 큰 영향을 받는다. 바꾸어 말하면 시골에 살고 있었다면 입지 않았을 피해를 도시에 살았기 때문에 당할 수 있다는 것이다. 이것이 바로 좁은 지역에 많은 사람이 모여 사는 도시화의 단점 중 하나이다.

또한 도시는 테러에도 매우 취약하다. 세계 어느 곳도 테러로부터 안전하다고 할 수는 없지만 테러범들은 사람들이 많은 대도시를 표적으로 삼는다. 도시화가 낳은 또다른 문제점이라고 할 수 있다. 이처럼 도시화는 사람들의 생활에 큰 도움을 주기도 하지만  반대급부로 위험하고 해로운 상황에 직면하곤 한다. 어떤 도시가 사람이 생활하기에 가장 적정한지 논의가 끊이지 않는 이유는 이러한 도시의 상반되는 특성 때문이다.

서울, 뉴욕, 파리, 런던, 북경, 동경과 같은 대도시가 사람들이 살기에 적합할까? 아니면 중소규모 도시가 더 적합할까? 일반적으로 주거와 상업 시설, 생활 편의시설, 교통시설 등이 잘 갖춰지고, 거주 인구를 수용 가능하다면 살기 좋은 도시로 간주할 수 있을 것이다. 아울러 적정한 기후와 자연 여건 등도 간과해서는 안 될 중요 요인이다. 하지만 도시의 인구 규모가 시설 규모에 비해 지나치게 커지면 각종 공해가 발생하고 그에 따라 대기와 물의 질이 낮아지고 생활비용도 점차 상승한다. 많은 대도시에서 쉽게 찾아볼 수 있는 현상이다. 이처럼 안전하고 쾌적한 생활을 모두 보장하는 적정 도시를 찾는 일은 결코 쉬운 일이 아니다.

그렇다면 우리나라의 서울과 수도권의 도시발전 사례를 살펴보자. 해방 후 서울의 인구는 약 300만 명 정도의 규모였다. 80년대 중반까지만 해도 서울과 인근 도시는 사람들이 살아가기에 매우 쾌적한 수준을 유지했다. 서울에서 '교통 혼잡'이라는 단어는 듣기 어려웠고, 환경 역시 시골과 비교해도 크게 나쁜 상태는 아니었다. 당시 서울은 그야말로 꿈의 도시라고 할 수 있을 정도로 모든 게 다 갖추어져 있었다. 하지만 86

년 아시안게임과 88년 올림픽 개최 후 서울 인구는 천만 명 수준에 이르게 된다. 세계적으로 메가톤급의 도시로 변모한 것이다. 도시 삶의 수준을 가늠하는 중요 기준인 이동 편의성 면에서 볼 때 90년대에 들어서자 서울 곳곳에서 심각한 차량 정체와 교통사고라는 난제들이 생겨나기 시작했다. 도심 내부의 짧은 거리를 이동하는 시간이 점차 늘어나고 빈번하게 발생하는 교통사고는 우리의 일상에 커다란 부담으로 작용했다.

교통 불편 현상은 주거환경에도 큰 영향을 미친다. 주거지와 도심 사이의 이동 거리와 시간은 집값과 직결된다. 대중교통 거점구역, 즉 역세권에 자리한 집들은 그렇지 않은 집보다 훨씬 높은 가격에 거래되고 있다. '이동'과 연계된 도시 문제들은 도시의 거주 환경을 열악하게 만들고 도시인의 삶은 고달파진다. 다행스러운 것은 86년경 인구 천만에 육박하던 서울 인구가 현재까지도 그 수준을 유지하고 있다는 사실이다. 그 이유는 서울 거주민들이 수도권의 주변 도시로 대거 이주했기 때문이다. 즉, 서울의 인구 규모가 그대로 유지되는 대신, 서울과 인접한 경기도의 인구는 계속 증가하여 현재 1,300만 명을 웃돌고 있다. 서울·경기·인천을 아우르는 수도권 전체의 인구는 약 2,600만 명으로 세계에서도 보기 드문 거대 광역도시가 탄생하였다. 서울의 인구를 적극적으로 제한하다 보니 풍선 효과가 나타나 경기도와 인천의 도시 규모가 급격하게 커지는 아이러니한 결과를 만든 것이다. 이는 서울과 수도권 사람들의 삶의 질을 더욱 악화시키는 계기가 되었다. 수도권의 평균 출퇴근 시간이 3시간 이상이라는 통계자료는 우리의 답답한 현실을 보여주고 있다. 서울과 여건이 유사한 세계 주요 도시들과 비교하면 우리는 출퇴근에 약 2~3배의 시간을 쓰고 있다. 이를 해결하는 데 적지 않은 노력과 시간이 필요할 것이다. 최근에는 점점 더 많은 사람이 수도권으로 몰려들면서 집값이 계속해서 상승하고 대기와 수질도 나빠지고 있다. 더하여 생활비용도 세계에서 가장 높은 수준(싱가포르 홍콩과 함께 최상위권, 뉴욕보다 더 비싼 수준)이 되었다. 왜 이렇게 된 것일까? '사람을 낳으면 서울로 보내고 말을 낳으면 제주로 보내라'는 속담을 지나치게 추종한 결과일까? 지방에서 능력과 재능이 뛰어난 사람들이 계속해서 서울로 이주해온 것은 사실이다. 그렇다면 우리는 앞으로도 거대 도시에서 살아야만 하는가?

다른 나라들은 어떠한가? 우리처럼 수도권에 모여 살고 있는가? 결론부터 말하자면 전혀 그렇지 않다. 경제 선진국일수록 국가 전역의 여러 도시에 인구가 적절하게 분포되어 있다. 우리 나라 수도권 같은 거대 도시는 세계 어디에서도 찾아보기 힘들다. 선진국의 지방 도시는 사회 기반 시설과 생활 여건이 주요 대도시와 비교해도 크게 뒤지지 않기 때문에 사는 데 별 지장이 없다. 이는 지방 도시에 대한 호감도를 높이는 요인으로 작용한다. 아울러 주요 도시를 연결하는 교통망의 꾸준한 건설과 운영으로 대부분의 도시가 균형 있게 발달하는 한편 도시 간 교류도 활발하다. 대한민국의 교통망도 이제 세계 수준으로 사통팔달의 모양새를 갖추고 있다. 전국 도로망은 격자형 구조의 교통망을 거의 완성하여 대부분 도시 간 통행은 반나절이면 가능하다. 불과 20년 전만 하더라도 상상하기 어려운 일이 현실이 되었다. 또한 고속철도망 덕분에 서울에서 국토 남단까지 2시간대면 오갈 수 있다. 이는 전국 도시를 왕래하며 업무가 가능한 교통기반 시설이 준비되었다는 것을 뜻한다. 게다가 중소도시 내부의 사회간접 시설도 잘 정비되어 있다. 지역 고유의 전통 문화행사와 시설도 이제 훌륭하게 갖추어져 있고, 숙박과 상업시설도 시민들의 일상생활과 여가를 원활하고 여유롭게 하는 수준으로 변화되었다. 요즘 지방 도시들을 돌아보면 지역에 대한 의식이 살아나면서 전통문화와 생활문화가 점진적으로 자리를 잡아가는 것을 실감할 수 있다. 그 지역 고유의 음식, 문화, 주거 등 생활양식의 회복은 지방 도시의 가치를 높여줄 것이다. 따라서 서울 수도권에서 은퇴한 장년층이 중소도시로 이전하여 사는 것을 적극적으로 검토해볼 만하다. 고향이 지방 도시인 은퇴자는 지역의 지인들과 교류하면서 살아갈 수 있는 이점이 있고, 서울 수도권이 고향인 은퇴자는 여유를 가지고 살 수 있다. 또 언제든지 지방과 서울을 오갈 수 있다. 서울 못지않은 중소도시의 수준에도 불구하고, 적잖은 은퇴자들이 지방 도시를 기피하는 이유는 두 가지이다. 첫 번째는 중소도시에 대형병원이 없다는 것이다. 지방 병원이 서울의 대형병원에 비해 시설이나 의료 수준이 다소 떨어질 수 있으나 큰 병이 아닌 한 지방 병원에서도 충분히 의료 문제를 해결할 수 있다. 게다가 시골의 좋은 공기와 여유로운 생활환경은 스트레스 지수를 낮춰 지병도 호전될 것이다. 두 번째는 어울릴 친구가 없어서 지방에 못 내려간다고들 한다. 사실 좋은 친구는 본인의 의지와 노력으로 얼마든지 만들 수 있다고 생각한다. 주위를 살펴보면 나이가 들수록 오랫동안 사귀어 왔던 친구도 점점 줄어드는 경우가 많다. 그렇기 때문에, 새로운 친구를 사귀는 일은 여생을 더욱 보람되게 만드는 일이 아닐까! 서울에 살면 바쁘다는 이유로 친구들을 기껏해야 일 년에 몇 번 만나게 되지만 시골에 살면 수시로 만나니 사람에 대한 그리움은 얼마든지 해소할 수 있다. 필자는 지방에서 행복한 삶을 사는 지인들의 사례를 주변에서 자주 보고 듣는다. 본인이 먼저 좋은 친구가 되면 어디서든 좋은 사람들이 모여들게 되어 있다.

앞에서 언급한 것과 같이 우리나라의 효율적인 교통망, 대중교통 기술과 정책은 지방 도시의 접근성과 이동성을 매우 양호한 수준으로 올려놓았다. 이제는 한 차원 높아진  교통시설을 바탕으로 지방 생활의 수준 향상에 관한 구체적인 방안을 논의해야 할 때다. 전국의 모든 지역을 살만한 도시로 만드는 것이 국가의 주요한 정책목표가 되어야 한다는 뜻이다. 전체 인구의 15%를 차지하는 베이비붐 세대, 은퇴 고령층의 인구가 급격하게 늘어가는 시점에 살만한 중소도시를 만드는 정책은 대한민국의 지속 성장을 결정하는 매우 중차대한 사안이라고 할 수 있다. 6.25 전쟁 이후 약 십 년 동안에 태어난 베이비붐 세대는 각박한 생활환경과 격렬한 경쟁 속에서 파란만장한 시대를 살아왔다. 지방 도시 생활은 안락하고 보람 있는 노후를 보장하는 최고의 선택이 될 것이다. 그들의 현명한 결정을 촉진하기 위해 지방 도시에 사회간접자본의 지속적인 투자와 효율적인 운영, 유지관리가 매우 중요하다 할 것이다.

우리나라는 이제 자타가 공인하는 경제 선진국이다. 우리 사회에서 복지가 중요한 과제가 된 지는 이미 오래다. 복지의 핵심이 편안하고 안정적인 일상생활의 보장이라고 볼 때 중소도시로 이주하여 좋은 환경에서 살아가는 것이 최적의 복지라고 할 수 있을 것이다. 우리나라의 인구와 자본의 절반 이상이 몰려있는 수도권은 은퇴자를 위한 적정 거주

장소가 아니라고 생각한다. 수도권의 비싼 집값과 극심한 교통체증에 더 이상 시달리지 않을 수 있다. 우리가 아파트에 살기 시작한 지는 불과 30년 정도이다. 그런데 대부분의 경제 선진국은 공동주택보다는 단독주택을 선호하고 실제로 그렇게 살아가고 있다. 우리처럼 국토 면적이 좁은 유럽과 일본도 단독주택에서의 생활을 꿈꾸며 살아가고 있으며, 정부는 단독주택 보급에 많은 예산과 연계 도로, 철도 등 시설물 공급을 계획·실행함으로써 지방 거주에 문제가 없도록 노력 중이다. 우리나라 수도권에서 단독주택을 짓고 사는 일은 여전히 극소수 부유층에게나 해당하는 일이지만, 지방에서는 마음만 먹으면 저렴한 가격으로 단독주택 생활을 누릴 수 있다. 이처럼 수도권의 비대화 문제를 균형발전이라는 틀에서 벗어나 사람의 일상 복지 차원으로 접근한다면 지방의 발전도 훨씬 자연스럽게 추진될 것으로 본다. 다시 말해 장년층의 생활공간을 서울 수도권 외곽으로 늘려가기보다는 지방의 주요 거점 도시로 옮겨가도록 정부가 정책의 방향을 바꾸는 것이 필요하다. 서울 수도권 내부의 통행시간이 서울과 지방 사이 통행시간보다 더 길다는 비정상적인 현실을 이제 더이상 방치하지 말고 국민 모두 적극적으로 대처해나가야 한다.

한 가지 재미있는 예를 들어보자. 현재 지도는 지역 간 절대 거리를 기준으로 제작한다. 만일 이동시간을 근거로 지도를 제작한다면 지금과는 완전히 다른 모습을 나타낼 것이다. 안타깝게도 이것은 우리가 시간과 공간을 조화롭게 사용하지 못한 결과를 입증하고 있다. 언제까지 서울과 수도권의 교통시설을 마냥 늘릴 것인가? 인구 변화와 경제 발전 등을 고려하여 사회 기반시설을 균형 있게 관리 운영하는 것은 인간과 지구의 미래를 위해 반드시 실행해야만 하는 절체절명의 과제이다. 이제는 후손과 미래 도시를 생각하며 진정성 있게 생활 터전의 올바른 선택을 심각하게 고민해야 할 때이다. 따라서 장년층들이 지방으로 이전하여 살아가는 일이 진정 나라를 사랑하는 길이 아닌가 한다.

## 대중교통의 몰락

세계 역사에서 대중교통 수단의 등장은 불과 100여 년 전이다. 20세기 초반까지만 해도 유일한 대중 교통수단은 선박이었다. 이후 철도, 도로, 항공 분야가 성장하면서 대중교통은 인류 교통 역사의 중심에 서게 되었다. 21세기에 들어서는 지난 세기보다 인구 규모가 커지고 경제활동도 훨씬 활발해짐에 따라 대중교통은 더욱더 중요한 역할을 해오고 있다. 세계 대중교통의 획기적인 발전 추세에 맞추어 우리나라도 서울·수도권 도시철도와 버스의 하루 이용객이 약 2,000만 명에 육박하는 수준으로 활성화되고 있다. 지난 3~40년 동안 서울 외곽에 신도시가 건설되면서 도시철도망과 버스노선도 그에 맞추어 확장되었다. 서울과 일부 광역도시에서 시작한 버스 전용차선 제도는 벌써 15년이 넘었다. 버스 전용차선 체계와 우수한 버스 서비스는 버스 이용 수요를 증가시켜 대중교통의 전성기를 구가하는 계기가 되었다. 도시철도는 1974년 서울 도시철도 1호선 개통을 시작으로 지금은 수도권, 서울, 부산, 대구, 인천, 광주, 대전에 총 1,343개의 역사에서 약 1,800km 구간을 운행 중이다. 이와 같은 도시철도 운영은 세계적으로도 큰 규모일뿐 아니라 이용객 또한 가장 많은 수준이다. 더하여 고속열차와 여객 항공기의 등장은 우리의 일상에 대중교통의 역할을 더욱더 중요하게 만들었다. 서울에서 국토 남단까지의 거리가 불과 4~500km로 매우 비좁은 편이지만,

고속 장거리 대중 교통수단은 우리에게 빠르고 편리한 통행을 제공하여 더욱 윤택한 일상을 만들어 주었다.

미국의 대중교통은 사람들의 이동에 어떤 영향을 미치고 있을까? 1920년대까지만 해도 대다수 도시 시민의 주요 이동 수단은 노면전차였다. 이후 포드, GM 등 대형 자동차 회사들이 등장했다. 자동차 회사는 기존 대중 교통수단인 노면전차 회사를 인수하여  노면전차 노선에 버스를 투입하는 전략을 시도하였다. 당시는 환경문제보다 경제문제가 사람들의 주요 관심사였기 때문에 운영 탄력성이 뛰어나고 운영비용이 저렴한 버스는 사람들의 마음을 사로잡았다. 이렇게 자동차 산업은 100여 년을 침체 없는 고도성장의 길을 걸어왔다. 현재 미국의 자동차 보유대수는 약 2억 7,000만 대를 상회하여 인구 대비 약 0.82 대수를 자랑한다. 노면전차의 쇠퇴 즉, 도시 대중교통의 이용 감소에는 자동차 산업의 발전뿐만 아니라, 주거환경의 변화도 큰 영향을 미쳤다. 1940년대 이후 미국이 세계 최강국의 위치에 오르고, 소득 수준이 크게 상승하자 사람들의 주거지가 도시 중심에서 외곽으로 이동했다. 새로운 형태의 도시가 형성되면서 도시 외곽이 팽창하는 도시 스프롤 현상이 일어나자 자동차가 훨씬 편리하고 비용 측면에서도 압도적으로 유리한 이동 수단이 되었다. 그에 따라 미국 대중교통 몰락은 자연스럽게 진행됐다. 지금도 대부분의 도시에서 이런 주거구조가 유지되고 있어 대중교통의 활성화에 큰 제약요인으로 작용한다. 21세기 들어 환경문제가 더욱 심각해지고 차량 정체 현상과 교통사고가 심각한 사회문제로 대두되자 미국 연방정부는 대중교통 재건을 위해 지방정부와 함께 많은 예산을 투입하고 획기적인 정책을 실행에 옮겨왔다. 하지만 건설·운영과 유지관리 비용은 기하급수적으로 증가하는 반면 이용객은 줄어, 대중교통은 좀처럼 회복 가능성이 보이지 않는다. 환경친화적인 대중교통의 장점, 즉 대량 수송을 현실화하기에 경제, 사회적 여건이 녹록지 않다. 공유경제와 공유교통이 등장했지만 대중교통보다는 개인 교통이 지배적인 환경을 주도해 나가기 시작했다. 그야말로 대중교통은 사면초가 상태로 연방정부와 주 정부는 이러지도 저러지도 못하고 있다. 예를 들어, 미국의 수도 워싱턴 DC 메트로폴리탄 지역의 대중 교통수단 분담률은 5%를 넘지 못하는 형편이다. 미국 수도권역의 인구가 600만 명을 상회한다는 사실을 고려할 때 우리로서는 매우 이해하기 어렵다. (참고로 우리나라 서울의 대중교통 분담율은 현재 약 65%를 상회하는 수준이다.) 대중교통의 새로운 접근은 거의 포기상태이며, 모든 예산과 노력은 도로 정체 완화에 투입되고 있다. 유럽 대중교통 역시 우리나라보다는 훨씬 미약한 역할을 하고 있다. 세계 대중교통의 향후 운영과 유지전략에 큰 변화가 필요하다.

이처럼 세계 대중교통의 역사는 순탄하게 흘러오지 않았다. 즉, 자동차 산업의 발전과 주거환경의 변화는 물론 사생활을 중요하게 생각하는 사회 현상은 개인 교통의 확장을 부추겨 왔다. 최근 IT와 첨단 산업의 급속한 발전 역시 사람을 직접 마주하는 대면 활동보다는 온라인으로 만나고 이동하고 싶은 원초적인 심리를 적절한 방식으로 만족시키고 있다. 이제 AI와 로봇이 인간세계에 진입할 날도 머지 않았다. 그동안 대중교통이 우리 사회의 경제, 사회, 문화, 여가, 체육 등 주요 분야에 커다란 영향을 미치고 긍정적인 역할을 한 것은 분명하다. 그러나 첨단 기술과 산업의 발전은 대중교통을 완전히 새로운 방향으로 이끌어 갈 것이다. 앞으로 약 10~20년 후 무인 자율자동차가 도로를 장악하면, 대중교통은 그 규모와 기능이 큰 폭으로 줄어들 것이다. 소형 무인 자동차가 대중교통의 역할을 일부 대신할 수도 있겠지만, 실제로는 개개인의 목적, 취향, 수준에 맞는 새로운 형태의 개인 교통수단의 등장일 것이다. 그동안 우리 사회의 큰 이동 이슈였던 공유교통도 사회적 거리두기와 생활 속 거리두기와 같은 새로운 생활 방식 때문에 그 열기가 시들해질 것으로 예상된다.

2020년, 인간의 일상에 예기치 못한 큰 변화가 생겼다. '코로나'라는 초강력 바이러스가 인간 세상을 큰 충격에 빠뜨린 것이다. 바이러스 감염으로 수많은 사람이 고통과 죽음에 노출되면서 전염병에 대한 공포와 두려움은 생활 반경을 최소한으로 축소시켰다. 그리고 '인간은 이동하는 동물'이라는 기본 원칙에 위배되는 일상이 펼쳐졌다. 마음대로 움직이지 못하니 정상적인 생활이 불가능했다. 마치 동물원의 동물들처럼 이동을 제한받으며 살아가게 된 것이다. 천문학적인 예산과 노력으로 가꾸어 온 대중교통도 엄청난 타격을 입었다. 철도와 버스 이용객은 눈에 띌 정도로 줄어들었다. 만약 도시철도를 사기업이 운영했다면 분명 파산에 직면했을 것이다. 코로나를 기점으로 대중교통의 이용 패턴에 큰 변화가 나타나고 있음을 알 수 있다. 이제 포스트 코로나 시점에 직면했다고 해도 과언이 아닐 것이다. 그동안은 인류의 역사를 BC와 AD로 구분해왔는데, 앞으로는 코로나를 기점으로 BC와 AC로 재편하는 것이 타당하다는 이야기가 나오고 있다. 코로나가 독감 수준으로 완화되면서 도시철도도 정상화되어 가고 있지만, 사람들이 대중교통을 이용하는 자세는 코로나 이전과는 확연하게 달라졌다. 가능한 접촉에 주의하고 말 수를 줄이고 행동을 최소화하고 신중하게 처신하는 모습을 엿볼 수 있다. 사람들은 앞으로 도시철도와 버스를 타고 싶어 하지 않을 수도 있다. 지금은 어쩔 수 없이 콩나물시루 같은 대중교통을 이용하지만, 환경과 여건이 된다면 대중으로부터 떠나고 싶은 마음이 굴뚝같을 것이다. 직장에 계속 출근해야 한다면 직장 가까운 곳으로 이사할 수도 있고, 새로운 직장을 찾는다면 대중교통보다 개인 교통 이용이 편리한 지방 도시를 꿈꿀지도 모른다. 아울러 사람들의 절대 이동 거리가 줄어든다면 대중 교통수단의 이용도 확연히 줄어들 것이다. 만일 우리 사회에 이러한 심리 현상이 퍼진다면, 대중교통의 몰락은 피할 수 없다. 이는 개개인이 바이러스 전염병에 대한 공포와 위험에서 벗어날 수 있는 가장 우선적이며 손쉬운 행동이 대중교통을 이용하지 않는 것일지도 모른다는 전제에 근거한 말이다. 하지만 자동차 통행량이 지금보다 더 많아진다면 지금도 포화상태인 서울 수도권의 교통혼잡은 상상하기만 해도 가슴이 답답해질 정도이다. 개인 교통수단의 이용이 압도적으로 늘어나고 대중교통의 이용이 급감한다면, 그동안 해결하지 못했던 버스와 도시철도, 택시 운영의 문제점들을 진솔하고 심각하게 고민해야 한다. 민간버스회사의 적자를 시민의 세금으로 충당해주는 준공영제의 현실과 문제점을 적확하게 분석하고 향후 줄어들 것으로 예상하는 버스 운영방안과 전략을 수립하고 준비해야 한다. 도시철도 역시 적자 운영을 해결할 수 있는 방안과 원칙을 마련해야 한다. 승객의 이용 패턴을 분석하여 객차의 탄력 운영과 버스 연계 운영을 고민해야 할 것이다. 택시도 이제는 이용객 위주로, 승객의 안전성과 편리성을 극대화하는 방향으로 대책을 만들고 실천해야 한다. 아울러 기존 택시든 공유 택시든 시민 이용 불편 최소화 차원에서 전문가와 시민들의 목소리를 경청하여 획기적인 택시 이용 활성화 정책을 수립해야 한다. 만일 향후 대중교통 이용 패턴의 변화 방향을 사전에 감지하지 못한 채, 기존 방식에만 머문다면 대중교통 산업 종사자뿐만 아니라 국가 경제 전체에 돌이키기 어려운 위태로운 상황을 자초할 수 있다. 정책 입안자, 이용자, 운영자 모두 참여하여 기존 시설물과 시스템의 운영효율성과 생산성을 대폭 향상하도록 노력해야만 하는 일촉즉발의 시점이다. 앞으로 대중교통의 운명은 이 시대를 사는 바로 우리 자신에게 달려 있다고 할 수 있다.

# 철도 르네상스 시대

도시철도를 이용할 때 우리는 휴대폰 앱을 이용하여 출발지와 목적지를 입력하고 어느 경로를 선택할 것인지, 언제 도착하는지 확인 후 이동을 시작한다. 도시철도 앱은 최적 노선과 도착시간을 알려줌으로써 이동 편의성을 크게 높여준다. 이처럼 계획적인 이동이 가능해진 이유는 열차가 일정표대로 운행하기 때문이다. 버스는 혼잡한 도로에서 자동차 함께 운행하기 때문에 도착시간 예측이 쉽지 않지만, 철도는 독립 궤도로 운행하여 열차 위치와 역 도착시간 예측에 큰 어려움이 없다. 이와 같은 철도의 정시성은 승객을 끌어들이는 가장 매력적인 요인이다. 도시철도와 고속철도를 비롯한 우리나라 철도 대부분은 정시 출발과 도착을 보장받고 있다. 고속철도는 정시 출발 운행한 지 이미 오래되었다. 플랫폼에 몇 초만 늦어도 열차를 놓치기 때문에 승객들은 출발시간에 맞춰 미리 도착해있어야 한다. 도시철도는 광역도시의 주요 교통수단으로 시민의 발 노릇을 톡톡히 하고 있다. 그중 서울시의 도시철도 규모와 이용객 수는 전 세계 주요 도시에서 1~2위를 다투는 수준이며, 서울시민은 도시철도를 이용하여 다양한 이동목적을 해소하고 있다. 철도가 우리 일상에 없어서는 안 될 필수품 역할을 하고 있는 셈이다.

최근 고속철도에 새로운 열차가 도입되었다. 2021년 1월 노선에 투입된 국산열차 KTX-이음이다. KTX-이음은 기존 열차와 달리 신기술이 적용된 차세대 고속열차로 동력이 각 차량에 분산 배치된 동력 분사식 차량이다. 기존 KTX는 열차의 앞과 뒤 차량에 동력을 집중하는 동력 집중식인 데 반해, 동력 분산식은 동력 차량이 따로 필요 없어 단거리에서 가속과 감속이 더 빠르다. 역 간 간격이 상대적으로 좁은 우리나라에 최적화된 한국형 맞춤 고속철도로 청량리역을 출발해 양평, 서원주, 원주, 제천, 단양, 풍기, 영주, 안동까지 운행한다. 청량리에서 출발한 열차는 원주를 40분 만에 주파했고, 버스로 2시간 이상 걸리는 제천역까지 정확히 1시간이 소요됐다. 영주와 안동은 3시간 이상 걸리는 버스 시간의 절반 이상을 단축했다. 그동안 KTX는 남북축으로만 운행했는데, 2018년 평창동계 올림픽을 계기로 동서축도 운행을 시작하여 고속철도의 혜택을 누릴 수 있게 되었다. 서울에서 강원도 동해안까지 1시간 30분 만에 갈 수 있으니, 당일치기 일정으로 동해안 여행이 가능하게 된 것이다. 그야말로 상전벽해가 아닐 수 없다. 앞으로 철도 노선이 끊긴 채 방치되었던 강릉과 휴전선을 연결하게 되면 부산에서부터 휴전선까지 환승 없이 철도 여행을 할 수 있게 된다. 게다가 춘천과 속초를 연결하는 노선이 완성되면 수도권과 동해 북부가 직접 연결됨으로써 강원 북부 지역 산업과 관광에 지대한 발전을 가져올 것으로 기대하고 있다.

이처럼 전국이 고속철도로 연결됨으로써 철도를 이용해 유럽에 간다는 오래된 상상이 현실이 되어가고 있다. 서울에서 육로로 유럽을 가는 일은 우리 조상들이 아시아와 유럽을 누비던 시절의 자랑스러운 기억을 되살리고 우리의 위상을 한껏 높이는 역사적이고도 기념비적인 사건이라고 할 수 있다. 우리는 분단국가로 북으로 막혀 있어 비행기나 선박이 아니고는 나라 밖으로 오갈 수 없다. 섬 아닌 섬나라로 살아야 하는 참으로 안타까운 현실이 아닐 수 없다. 우리 열차가 북한을 거쳐 만주, 러시아를 통과하여 유럽에 도착하려면 정치·외교적으로 해결해야 할 일들이 적지 않기에 언제 개통이 될지 불투명하지만 그럴수록 열차 유럽 여행에 대한 설렘과 바람은 더욱 간절해진다. 최근 이런 국민의 염원을 담아 서울에서 파리와 베를린으로 가는 가상 열차 탑승권을 선보이기도 했다. 사실 현실적으로는 남북한 연결구간의 철도 노선이 아직 완성되지 않았고, 국내 철도 구간도 미연결 노선이 많아 제반 문제 해결을 위해서는 많은 시간과 노력이 필요하다. 게다가 북한의 철도 여건이 기술적으로 매우 열악해 정상적인 노선 운영이 어렵다고 한다. 북한에서 고속열차가 달릴 수 있도록 철로와 시설물을 정비하고 개선하는 것보다는 새로운 노선을 건설하는 것이 경제적이고 효율적이라는 의견도 있다. 북한을 넘어서면 러시아 시베리아횡단철도, 몽골횡단철도, 중국횡단철도는 지금도 곳곳으로 승객과 화물을 실어 나르고 있다. 서울, 부산, 목포, 여수, 강릉에서 승객과 화물이 유럽을 향해 이동하기 시작하면 기존 만주 지역 세 개 노선의 움직임이 매우 활발해질 것으로 예상된다. 다시 말해 우리나라가 아시아-유럽철도의 시·종점이 된다는 것은 글로벌 정치, 경제, 사회, 문화적인 측면에서 완전히 새로운 시작을 의미한다. 지금부터 유라시아 열차 운행을 준비한다 해도 결코 빠른 편은 아니다. 앞에서 언급한 것처럼 국내 미연결 노선을 잇고 기존 노선들을 꾸준히 정비하여 고성능의 안전한 한국형 KTX 열차를 개발함과 동시에, 외교·정치 분야에서 우리나라 주변 상황과 여건이 긍정적인 방향으로 바뀌도록 노력을 게을리하지 않아야만 꿈에 그리던 유라시아 열차가 운행을 시작할 수 있을 것이다.

교통 수단의 역사를 살펴보면 철도의 역사가 자동차보다 60년 이상 앞섰다. 철도가 1825년 영국에서 시속 40km로 달리는 상업용 철도가 이미 운행을 시작한 반면 자동차는 1886년 독일에서 가내수공업으로 개발한 내연기관 자동차가 시작이다. 국가별 철도 도입 시기를 살펴보면 미국이 1830년, 프랑스가 1832년, 인도가 1853년, 일본이 1872년, 중국이 1875년, 그리고 우리나라가 1899년에 철도 운행을 시작하였다. 철도의 동력은 증기기관을 시작으로 디젤, 전기, 고속열차, 자기부상 순으로 발달해왔다.

현재 우리가 자주 이용하는 고속철도는 1964년에 일본에서 처음으로 운행을 시작하여 우리나라는 2004년 세계에서 5번째로 서울-부산 운행을 시작했다. 현재 고속철도는 하루 약 20만 명이 이용하며 한해 약 7천만 명의 승객을 실어 나르며 급격한 성장을 하고 있다. 한편 대도시에서는 도시철도가 수많은 시민의 이동을 책임지고 있다. 서울 도시철도는 하루 약 천만 명에 달하는 승객을 수송하고 있다. 수도권 외에도 부산, 대구, 인천, 광주, 대전에서도 많은 시민이 도시철도를 이용해 일상의 모빌리티 문제를 해결하고 있다. 아울러 중소도시 또는 대도시 인접 지역에서는 경전철과 트램이 운행되고 있다. 현재 경전철은 의정부, 용인, 김해 등지에서 중소규모의 승객을 실어 나르고 있다. 경전철은 버스와 도시철도의 중간 규모로 한때 일본과 유럽에서 활발하게 운행하였으나, 지금은 이용객 감소와 과다한 건설·운영비용 문제로 점차 축소되어 가고 있다. 반면 유럽에서 시작된 트램은 1899년 노면전차라는 이름으로 서대문-동대문 구간을 시작으로 운행되다 1968년 완전히 폐지되었다. 최근 정시성이 보장되고 경제성 측면에서 유리하며 저공해라는 장점이 주목받으면서 국내 여러 도시에서 트램의 부활을 추진하고 있다. 그중 부산광역시와 대전광역시가 가장 빠르게 사업을 진행하고 있어서 조만간 버스를 대신하여 도시의 주요 교통수단의 역할을 하지 않을까 기대해본다.

미국은 국토면적이 우리나라의 수십 배나 되기 때문에 지역 간 이동에 오랜 시간이 소요된다. 따라서 고속철도가 훌륭한 교통수단이 될 것 같은데 의외로 아직도 고속철도가 운영되고 있지 못하다. 참 의아한 일이 아닐 수 없다. 국토 면적이 넓은 중국의 경우, 고속철도가 장거리 이동의 중요한 수단으로 기능하고 있을 뿐 아니라 우리나라보다도 뒤늦게 고속철도 개발을 시작했지만 이미 세계 최고 수준에 오른 것으로 보인다. 이러한 사실을 생각하면 미국의 경우는 매우 이해하기 힘들다. 미국에서는 왜 철도가 교통수단으로 각광받지 못하는 걸까? 철도 본격 운행기인 1920~30년대에는 약 90% 이상의 지역 간 통행을 담당하던 철도가 최근엔 0.01%까지 하락했다. 철도가 주요 교통수단으로 자리 잡지 못한 배경에는 여러 요인이 작용했을 것이다. 1940년대부터 자동차가 이동 수단으로 급부상하면서 철도 이용은 급격한 내림세를 면치 못했고 1950년 이후 항공 교통이 본격적인 장거리 승객 수송 서비스를 시작하면서 철도 이용은 완전히 꺾이고 말았다. 또한 철도 선로 소유 주체가 정부가 아닌 민간 기업인 이유로 인프라에 대한 투자를 적시에 하지 못한 것도 철도 이용객이 사라지게 된 주요 요인이다. 또한 승객의 유치를 위해서는 동력을 디젤에서 전기로 전환해야 했으나 시기를 놓쳤고 기존 노선이 폐지된 반면 새로운 노선은 건설하지 못하는 등 악순환이 연속적으로 발생하면서 승객들은 철도를 외면하게 되었다. 오히려 항공산업은 1950년대 이후 항공 관련 기술의 발전 덕분에 괄목상대할만한 성장을 이어가고 있다. 미국 항공 교통은 우리나라 시외버스라고 할 만큼 촘촘한 노선으로 지역 간 통행을 담당하고 있다. 항간에는 항공사들이 고속철도 도입 계획을 방해하기 위해 정부에 로비를 하고 있다는 소문이 돈다고 한다. 최근 캘리포니아 정부는 LA-샌프란시스코 고속철도를 적극 추진하고 있다. 해당 구간이 비행기로 약 2시간이 걸리는데, 고속철도로는 약 2시간 40분을 예상한다. 항공은 공항이 도심 외곽에 있어 접근 시간이 길고, 탑승 수속에 적지 않은 시간을 소모해야 한다는 단점이 있다. 반면 철도 역사는 도심에 위치하여 접근성이 뛰어나고 안전하다는 인식이 있어 항공회사들이 긴장하고 있다. 승객 입장에서는 항공과 철도가 경쟁할수록 더 빠르고 안전한, 더 저렴한 교통수단을 선택할 수 있는 좋은 기회가 생기는 셈이다. 미국의 도시 지역에서도 철도교통은 고전을 면치 못하고 있다. 예전에는 노면전차가 도시의 주요 이동 수단이었는데, 자동차가 그 자리를 차지한 후 노면전차는 완전히 사라지고 말았다. 수백 Km의 거리도 거리낌 없이 자동차로 이동하는 미국인들의 교통 습관도 철도가 사람들의 일상에서 점점 멀어진 이유 중 하나이다.

우리나라 철도 기술과 정책이 급격하게 발전하고 있는 요즘, 철도 수송 분담률을 높일 수 있는 구체적이고 현실적인 방안을 고민해야 한다. 더 나아가 향후 모빌리티 차원에서 다른 교통 수단과 조화를 이루려면 어떻게 운영하는 것이 효과적일지까지 생각해야 한다. 먼저 현재 어떤 교통수단이 이동을 담당하고 있는지 살펴보자. 지난 10여 년간 철도의 이용률이 다소 증가했지만 아직은 여객과 화물 분야 모두 도로의 이용이 월등하게 높다. 현재 수준도 도로가 70% 정도의 수송을 담당하는데, 앞으로도 그 추세가 쉽사리 줄어들 것 같지 않다. 그 이유는 자동차의 증가추세를 보면 알 수 있다. 증가추세가 계속되면 자동차가 3,000만 대를 넘어서는 일도 조만간 현실로 나타날 것이다. 자동차 보유증가는 철도를 비롯한 다른 교통수단의 이용 감소를 의미한다. 자동차가 접근성과 이용 편의성 면에서 훨씬 유리하지만, 세계적인 녹색 뉴딜, 탄소중립 정책과 방향성을 고려할 때, 이제 도로 교통의 미래는 과거와는 다른 방향으로 흘러갈 것이라고 본다. 예전에는 '교통'이 역에서 역으로 이동하는 단순한 개념이었다면 이제 '교통'은 모빌리티라는 새로운 틀 안에서 출발지와 목적지까지 이동하는 전 과정, 이를 아우르는 모든 행위를 의미한다. 즉, 출발지가 집인 경우, 문 앞에서부터 목적지인 직장의 출입구까지 연결되는 모든 교통수단의 이용이 모빌리티라는 것이다. 이러한 개념 속에서는 교통수단의 연계와 환승이 중요한 역할을 하게 된다. 그래서 현재와 같은 도로의 압도적인 수송 구조는 바람직하지 않다고 보는 것이다. 대도시에서 철도는 이미 시민의 발로서, 필수불가결한 기능을 수행하고 있다. 서울의 경우, 도시철도는 수송 분담률이 이미

40%를 넘어섰으며 앞으로도 계속해서 상승할 것으로 본다. 철도의 장점인 정시성과 안전성, 친환경성이 이용객 증가로 이어져 우리의 주요 교통수단이 된 것이다. 참고로 서울 수도권과 유사한 도시 특성과 규모를 가진 도쿄의 경우, 도시철도 이용 분담률이 약 70%라는 사실은 서울 수도권의 도시철도 이용객이 앞으로도 계속해서 늘어날 수 있다는 방증이기도 하다. 철도는 예상치 못한 혼잡이 없고, 사고 위험도 낮아 노선만 적절하게 확충된다면 화물 수송 비중도 상승할 것으로 본다. 다시 말해 철도는 도로에 비해 비용 절감과 안전성 면에서 월등하기 때문에 화물 수송에 대한 철도의 역할 또한 점점 커질 것이다. 화물이 역사에 도착하면 트럭을 이용하여 목적지까지 이동하는데, 철도와 도로는 이처럼 자연스럽게 연결된다. 거시적으로 볼 때 철도 노선이 계속 확장되고 노선 간 연결성이 확보된다면 화물수송은 교통 수단간 조화를 통해 모빌리티 측면에서 효율성과 생산성이 대폭 상승할 것이다. 도시철도는 역에서 시내버스, 마을버스 또는 자전거, 보행 연결를 통해 승객을 최종 목적지까지 이동시켜야 한다. 이처럼 여객 부문에서도 교통수단 간 조화는 이동의 효율성과 안전성과 더불어 가장 핵심적인 요인이다. 공간과 시간대별로 각기 다른 교통수요에 탄력적으로 대응하고 지역 특성에 맞추어 많은 사람의 이동을 책임지려면 철도와 도로의 협력과 상생이 필수적이다. 철도 이용객이 많아지면 승용차의 통행량이 크게 줄기 때문에 도로 혼잡과 사고 위험이 낮아지는 효과가 덤으로 따라온다. 아울러 교통수단 간 공생전략은 지역 산업발전에 이바지하며 일자리 창출, 국토의 균형발전에도 시너지가 날 것으로 확신한다. 도시철도 역사는 상업 중심

지 역할을 하며 도시의 상징인 동시에 관광지 기능도 할 수 있다. 이렇듯 철도 르네상스 시대는 다른 교통수단과의 조화와 협력을 통해서 온다는 사실을 잊지 말아야 한다.

## 버스 공영제도의 성공을 위하여

현재 서울시를 비롯한 일부 광역시와 일부 수도권의 도시들이 버스 준공영제를 도입·시행 중이다. 준공영제란 지자체가 버스 서비스 개선을 위해 재정 적자 보전을 조건으로 민간업체의 버스 운영과 관리에 개입하는 제도로 민간과 공영이 모두 참여하는 중립적인 방식이다. 버스 이용객이 눈에 띄게 줄어들자 2000년 초 서울시는 대 시민 서비스를 개선하고자 대대적인 버스 제도 개편을 시행했다. 준공영제의 가장 큰 특징은 시민들의 버스 서비스 개선 요구가 지자체를 통해 운영에 직접 반영된다는 점이다. 예컨대, 특정 권역에 너무 많은 노선버스가 통과하거나 반대로 노선버스의 통행 빈도가 지나치게 적을 때 지자체는 노선의 경로와 배차 간격을 조정할 수 있다. 그 결과 버스의 공공성이 보장되고 시민들의 다양한 요구를 수시로 받아들여 버스 서비스가 일정 수준을 유지할 수 있게 되었다. 버스 회사는 적정 수익을 지자체로부터 담보 받았기 때문에 무리한 운행을 피할 수 있고, 버스 관리에 더욱 집중하여 보다 편리하고 안전한 서비스를 제공하게 되는 것이다. 실제 준공영제를 시행하자 버스 기사의 월급이 오르고 난폭운전이 사라졌으며 버스 이용객이 급증하는 효과가 있기도 하였다. 더불어 버스가 정류장에 도착하는 시간을 알려주는 버스 도착 정보시스템이 가동되자 버스 이용객은 자연스럽게 증가하였다. 즉, 버스 정보 시스템 BIS(Bus Information System)으로 도시철도처럼 일정 수준의 정시성이 보장되니 이동 시간은 줄고, 신뢰도는 상승했다. 서울시의 BIS 정확도와 만족도는 세계적 수준으로 정평이 나 있다. 더하여 정부 차원에서 친환경 연료 저상버스를 지속 추진한 결과, 버스 내부 서비스도 좋아지고, 온실가스 배출도 줄어 이용객과 환경, 모두를 만족시키고 있다. 버스 준공영제를 가장 먼저 시행한 서울시의 사례를 살펴보면 서비스와 정시성이 향상된 반면 버스요금이 지속적으로 인상되어 이용객의 불만을 샀다. 도시형 버스요금은 2003년 700원에서 현재 1,200원으로, 좌석버스는 2003년 1,300원에서 현재 2,300원으로 인상폭이 거의 2배이다. 버스요금 인상은 서민 생계에 적지 않은 영향을 주며, 물가 상승의 원인이 된다. 그런데 궁금하다. 버스 회사가 운영 적자일 경우 지자체가 보조금을 지급하는데 왜 버스요금은 꾸준히 인상되어야 할까? 버스 회사가 재정 보조금을 효율적으로 활용하면 해결할 수 있지 않을까? 시민들은 버스를 탈 때마다 버스요금을 지불한다. 또 버스를 타지 않는 시민들도 시민의 세금으로 만들어진 지자체 재정지원금을 통해 요금을 낸다고 볼 수 있다. 왠지 요금을 중복해서 내고 있다는, 손해 보는 느낌이 든다. 물론 지자체가 버스 서비스 개선을 위해 세금으로 버스 회사의 재정 적자분 일부를 보조해 주는 것은 타당하다. 이해하기 힘든 사실은 재정지원금의 규모가 너무 크고, 매년 상승한다는 것이다.

오른쪽 <표>와 같이 서울시 재정지원금은 해마다 늘어나는 추세다. 2020년에는 코로나로 인한 이용객 감소로 약 6,000억 원을 지원한 것으로 추정된다. 지난 10년간 서울시 버스 이용객은 계속 줄고 있어 획기적인 변화가 없다면 앞으로도 감소 경향을 보일 것으로 예상된다. 그럴 경우, 서울시 예산으로 버스 회사에 그 많은 재정지원금을 계속 지급하는 것이 과연 바람직한가? 심도 있는 논의가 절실하게 필요하다. 버스 승객이 줄었는데 같은 방식과 규모로 버스를 운행한다면 적자의 폭이 점점 커질 것이다. 재정지원금의 규모가 늘어가는 것 또한 당연하다. 그래서 새로운 지원 방법을 개발하고 버스 운영방식에 변화가 필요한 때라는 것이다.

<표> 연도별 서울시 버스 재정지원금

| 연도 | 2004 | 2005 | 2006 | 2007 | 2008 | 2009 | 2010 | 2011 | 2012 |
|---|---|---|---|---|---|---|---|---|---|
| 지원금 (억원) | 816 | 2,221 | 1,950 | 1,638 | 1,894 | 2,900 | 1,900 | 2,224 | 2,654 |
| 연도 | 2013 | 2014 | 2015 | 2016 | 2017 | 2018 | 2019 | 2020 | |
| 지원금 (억원) | 2,343 | 2,538 | 2,512 | 2,771 | 2,932 | 5,402 | 2,915 | 6,000 | |

출처: 서울시 홈페이지 정보소통광장, 2021

시민들이 진짜로 원하는 버스 서비스는 무엇일까? 요금 인상 없이 보다 '좋은 서비스'를 받는 것이 아닐까. 가장 이상적인 대중교통 서비스는 원하는 시간에 탑승하여 도착 정류장까지 편안하게, 단시간에 이동하는 것이다. 전에는 하나의 버스노선만으로 이동이 끝나는 경우가 많았지만 지금은 여러 대의 버스를 갈아타거나 도시철도와 연계하여 이동하기 때문에 '좋은 서비스'를 위해서는 연계·환승 편의성이 매우 중요하다. 또한 교통약자에 대한 서비스도 시민들에게 중요한 요인이다. 저상버스를 도입하고 정류장에는 점자 안내표지, 정류장 의자 난방시설, 정류장 방호시설 등 노인, 어린이, 장애인을 위한 편의 서비스 시설이 설치되고 있다. 대중교통은 교통약자의 발 역할을 하기 때문에 이와 같은 지속적인 서비스 개선이 필요하다. 최근에는 마지막 마일 서비스라고 불리는 새로운 개념이 등장했는데, 이는 도시철도역 또는 버스 정류장에서 최종 목적지까지 단거리 이동을 의미한다. 즉, 대중교통 버스 운영에 있어 기존 도시철도 또는 일반버스를 타고 온 승객을 최종 목적지까지 연결하는 서비스도 집중적으로 다루어야 할 주요 주제로 떠오르고 있다. 마을버스, 보행, 개인 전동차로 원활하고 편안하게 갈아타는 것도 '좋은 서비스'의 또 다른 기준이 되어 가고 있는 것이다. 또 다른 '좋은 서비스'는 정시성과 차내 혼잡 완화일 것이다. 버스는 도로의 혼잡과 직접 연계되므로 아무리 우수한 BIS가 있다 해도 도시철도처럼 정시성을 유지하기 힘들다. 더하여 출퇴근 시간의 버스 내부 혼잡도 '좋은 서비스'를 위해 해결해야 할 과제이다. 이렇듯 시민이 원하는 서비스는 이용자 중심의 더 편리하고 원활한 버스 운영이다.

이제 우리 사회에도 교통복지라는 개념이 자리를 잡으면서 시민들은 대중교통의 편리성과 안전성에 더 깊은 관심을 나타내고 있다. 공영제로 출발한 도시철도와 오랫동안 민간이 운영해오다 준공영제로 바뀐 버스, 두 대중교통 수단 모두 운영적자의 어려움을 겪고 있다. 버스는 도시철도와 달리 버스 차량 외 다른 설비나 시설이 크게 필요하지 않기 때문에 지자체에서 직접 운영한다 해도 재정 부담은 상대적으로 그리 크지 않다. 버스 이용객이 점점 줄어 버스 운영시스템의 획기적인 변화가 요구되는 시점에서 지자체가 버스를 공영제로 직접 운영하는 것도 방법일 것이다. 현재 버스 공영제를 도입하여 적극 운영 중인 지자체가 주민으로부터 긍정 평가를 받고 있다. 정선군과 신안군은 버스 공영제 시행 후 이용객이 각각 129%, 300%나 증가하였고 이용 만족도도 크게 향상되었다. 두 지자체 모두 매우 저렴한 수준의 요금 제도를 시행 중이다(노인, 학생, 유공자 무료 이용, 일반 승객 1,000원). 화성시는 미니버스를 투입하여 좋은 반응을 얻고 있으며, 신안군은 더 나아가 수요응답형 버스를 운영하여 주민 편의를 최대한 보장하고 있다. 기존 민간 버스 회사는 운행하지 않는 심야, 새벽 시간에도 소형 버스를 배차하여 주민들의 뜨거운 반응을 불러일으키고 있는 것이다. 이렇게 시군 모두 민간회사가 영업 손실을 이유로 포기한 노선에 공영버스를 투입하여 이용객 중심으로 버스를 운행함으로써 성공적인 결과를 만들어 내고 있다. 특히 화성시의 경우에는 도시와 이용객의 규모가 큰 현실을 고려하여 민영, 준공영, 공영을 적절하게 조화시키며 공영버스의 비율을 점차 늘려가고 있다. 버스 공영제를 시행하는 대부분의 시군은 주민 수요에 맞추어 버스 배차 간격을 줄이고 노선을 조정하여 이용을 증가시키는 방향으로 운영하고 있다. 또 춘천시도 버스 공영제 시행 초기라 여러 가지 어려움이 있지만 적극 추진 중이다. 공영제를 먼저 시행한 지자체의 성공적인 운영 사례는 다른 지자체에도 좋은 본보기가 된다. 현재 위 언급한 4곳의 지자체 외에도 옹진군, 봉화군, 성주군, 제주시, 서귀포시, 세종특별시, 경기도 광주시, 고양시 등도 버스 공영제를 도입하여 운행을 계획 중이거나 시작하였다.

미국 뉴욕의 경우는 도시철도 이용객이 워낙 많아(연간 승객 수 17억 명) 시 정부의 관할 기관에서 도시철도 보조 수단으로 버스 운송 서비스를 제공 중이다. 이에 대한 정부지원금은 버스 운영비의 약 60% 이상을 차지할 정도로 큰 부분을 차지하고 있다. 뉴욕시는 1960년대 민간회사가 운영하던 버스가 서비스 저하로 승객이 감소하자 공영제로 전환하여 운영을 시작했고 지금은 도시철도와 함께 대중교통의 역할을 톡톡히 하고 있다. 일본 도쿄의 버스 대부분은 지자체 소유로 대시민 서비스를 하고 있으며, 민간철도 회사 소유인 일부 버스도 도시철도의 보조 수단으로 활용되고 있다. 싱가포르와 홍콩은 버스가 주요 대중교통 수단으로, 도시철도가 통과하지 못하는 지역을 버스가 대시민 서비스를 제공하고 있다. 싱가포르는 2개의 공공기관이 약 340개의 노선을 운영하며 주민의 이용률이 매우 높은 편이다. 홍콩은 2개의 민간 회사가 5,800대의 버스를 중심지에서 외곽까지 운행하고 있다. 홍콩은 우리나라의 준공영제와 비슷한 운영방식으로 버스 회사의 서비스와 경영 상태를 평가하여 노선의 영업권을 주는 프랜차이즈 방식이다. 버스의 종류도 수요에 맞추어 미니버스, 1층 버스, 이층 버스, 전차 트램 등으로 다양하다.

우리나라 도시철도는 이용 요금이 저렴할 뿐 아니라 교통복지를 실현해 가는 중이다. 대표적으로 1984년부터 65세 이상 고령층에게 도시철도의 모든 구간을 무료로 이용할 수 있도록 하는 정책을 시행 중이다. 반면 버스는 민간회사가 운영 중이기 때문에 청소년과 어린이 할인, 환승할인, 조조할인 정책만 시행하고 있다. 마을버스의 재정적인 어려움은 훨씬 더 심각한 단계에 와 있다. 마을버스는 승차 거부, 난폭운전, 노선 문제, 배차 간격 등 서비스 면에서도 문제가 많다. 서울시는 마을버스 회사에 2021년에만 약 3백억 원 이상의 재정 지원을 했다. 하지만 재정 지원만으로는 마을버스의 문제가 해결되지 않는다. 필자는 마을버스가 앞으로 이동 수단으로서 더욱 중요한 역할을 할 것이므로 보다 적극적인 대책이 필요하다고 생각한다. 즉, 지금이 마을버스 공영제를 시행하기에 적기라고 본다. 마을버스도 이제는 새로운 변신이 필요하다. 그동안 도로가 확장되고 승용차 대수도 증가했기 때문에 대중교통 수요가 증가한다는 보장이 없다. 하지만 시내버스와 도시철도까지 접근성이 떨어지는 지역의, 승용차 없는 시민들에게 마을버스는 반드시 필요한 교통수단이다. 마을버스 노선과 차량을 늘리고, 배차 간격과 버스 시설을 정비하여 시민 맞춤형 서비스를 제공한다면 이용 증가를 기대해볼 만하다. 또한 고령층과 청소년 무료 이용 제도의 도입도 심도 있게 검토해 볼 필요가 있다. 마을버스의 이용이 증가하면 부수적인 효과로 단거리 승용차 통행이 줄고 아파트 주변 주거지역의 교통안전도는 높아질 것이다. 아울러 마을버스가 활성화되면 연계된 시내버스와 도시철도 이용도 덩달아 높아지므로 연계·환승 대중교통 체계도 자리를 잡는 셈이다. 마을버스 공영제도가 정착되면 시내버스에도 단계적으로 확대 적용하는 계기가 될 수 있다. 마을버스 공영제는 유럽 일부 도시에서 시행 중인 버스 공영제와 무료 요금 제도의 성공사례를 참조하여 차근차근 추진해 볼 만하다.

버스의 공영화는 이제 발등에 떨어진 불이라고 할 수 있다. 1990년대 경험했던 버스 이용객 감소와는 비교할 수 없을 정도로 현격한 감소추세를 나타내고 있기 때문이다. 나날이 늘어나는 자동차와 코로나 바이러스도 버스 이용을 방해하는 요인으로 작용했다. 하지만 도로 혼잡이 가중되고 교통사고가 점점 늘어나는 상황에서 단거리 이동과 교통약자 통행 보장 측면에서 대중교통의 역할은 오히려 그 비중이 커질 것으로 예상된다. 조만간 무인 자율자동차 시대가 오면 대중교통 활용도는 크게 변화할 것이다. 따라서 대중교통의 새로운 역할과 목표를 명확하게 설정할 필요가 있다. 서울 수도권의 경우 도시철도는 이용 분담률이 약 40%, 버스를 합하면 60% 초중반이다. 서울과 같은 대도시는 승용차 시장을 고려하면 대중교통의 분담률이 70%를 넘기기 어렵다고 판단한다. 따라서 새로운 대중교통 수요를 창출하기보다는 기존 대중교통 수요의 지속적인 수용을 목표로 하면서 서비스를 획기적으로 개선하는 것이 중요하다. 광역시와 중소도시는 버스 공영제가 해법일 수 있다. 해당 지역에서는 버스와 도시철도의 이용률이 높다 해도 대중교통 이용 분담률이 20~30%를 넘지 못한다. 시간이 지날수록 그 수치는 점점 줄어들 것이다. 따라서 교통약자 중심으로 대중교통 서비스를 개편하고 벽지 노선에 집중적으로 맞춤형 서비스를 제공하는 방식이 적합할 것이다.

정리하면 서울 수도권 버스의 현안을 해결하기 위해서는 버스의 표준운송원가 산정을 투명하게 객관화하여 회사별 성과보수지급을 더욱 과감하게 시행해야 한다. 버스 회사와 지자체가 이용자 중심으로 해결방안을 심도 있게 논의하면 분명 좋은 결과가 있을 것으로 본다. 이제 승용차 시대를 넘어 무인 자동차의 상용화가 얼마 남지 않은 상황이다. 앞으로는 버스의 운영방식을 과감하고도 적극적으로 바꿔야만 새로운 모빌리티 시대에 살아남을 수 있다는 사실을 절대 잊지 말아야 할 것이다.

## 신교통수단과 모빌리티 일상

최근 서울시의 경전철 건설이 다시 화제가 되고 있다. 서울시 교통 소외지역에 새로운 교통수단을 도입하여 시민들의 모빌리티 편의성을 높이자는 취지이다. 경전철과 노면전차는 신교통수단의 대표주자로 대도시 외곽지역을 기존 도시철도 노선과 연계하여 도시 전반의 교통서비스 향상에 이바지해 왔다. 유럽과 일본 등지에서는 신교통수단이 기존 교통수단의 효율성을 높이고 도시의 이동성을 향상시키는 역할을 성공적으로 담당해 왔다. 특히 중소도시에서는 신교통수단이 비용을 절감하고 이용객을 증가시키는 저비용·고효율의 교통수단으로 자리 잡아 왔다. 아울러 교통약자에게는 도로에서 바로 승하차할 수 있어 이동 편의성이 극대화되었다. 우리나라는 신교통수단의 도입을 위해 1990년 초반부터 건설 타당성 조사와 기존 시스템의 기술과 정책 효과를 심도 있게 검토해왔다. 여러 시행착오를 거치고 우여곡절 끝에 2011년 부산지역에 신교통수단인 경전철 두 개 노선이 개통되었다. 현재는 전국에 8개의 신교통수단 시스템이 운영되고 있지만, 수도권 일부 시스템을 제외하고 대부분의 신교통수단 노선은 운영적자로 어려움을 겪고 있다. 적자가 발생하는 가장 큰 원인은 노선 계획 당시의 예측수요와 실제 수요 사이에 큰 차이가 있기 때문이다. 운영상 어려움을 겪다 파산에 이르기도 한다. 이러한 사태가 발생한 또 다른 원인 중의 하나는 신교통수단의 건설계획 당시 다른 교통수단 건설에 대한 검토와 협력이 미비했기 때문이다. 향후 20년 동안 승용차 공급은 계속 증가하고, 도로 시설도 계속 확장된다는 사실을 충분히 반영하지 못했다. 결국 신교통수단 완공 무렵, 새 도로도 함께 완공되어 사람들이 신교통수단보다 오히려 승용차를 선택했다는 말이다. 게다가 젊은 층의 개인 교통 선호현상도 승용차 이용 증가를 불러왔다. 도시철도 노선은 도시 외곽으로 계속 확장하고 버스 서비스도 개선되어 기존 대중교통의 편의성이 전반적으로 개선되었다. 다시 말해 신교통수단이 설 자리가 마땅치 않은 것이다. 틈새시장 공략에 실패할 수밖에 없었다. 신교통수단은 버스와 도시철도의 중간 수준으로 이용객의 범위가 한정적이기 때문에 독자 운영보다는 다른 대중교통 수단과 연계를 고려하여 시스템을 설계하고 수요를 예측해야 한다. 김포 골드라인 신교통수단도 지금은 이용객이 많아 "지옥철"로 불리지만 다른 대중교통 수단의 개통과 승용차 이용 등으로 현재 상황이 계속될지는 장담할 수 없다. 해외 사례를 살펴보자. 일본의 신교통수단도 한동안 시민들의 사랑을 받았지만 도시철도와 일반 철도가 확장되자 약 10~15년 전부터 폐지 수순을 밟고 있다. 현재 일본은 신교통수단의 존재를 찾아보기 어려운 형편이다. 유럽도 신교통수단은 도시철도의 보조 수단으로 역할을 할 뿐 과거의 화려했던 명성을 되찾지 못하고 있다. 참고로 유럽 신교통수단 이용 요금은 도시철도 요금에 포함되어 거의 무료 운행이라고 할 수 있다. 이를 참고하여 현재 추진 중인 서울시의 신교통수단 계획도 기존 도시철도의 확장 계획과 승용차 이용 패턴 추이, 버스의 운영계획 등을 광범위하게 검토 반영하여 추진하는 것이 마땅하다.

서울시 발표에 따르면, 2030년까지 경전철 10개 노선에 약 7조 원을 투자하여 약 71km 건설을 추진한다고 한다. 교통 사각지대 시민들의 이동 편의성 향상을 위해 필요한 노선을 기본으로 하고 일부 노선은 도시철도의 환승역과 연계하여 대중교통 이용 활성화를 목표로 하고 있다. 현재 운영 중인 경전철 우이~신설 노선은 부적절한 사업추진과 이용객 부족으로 재정적인 어려움을 겪고 있다. 이용수요를 적정하게 예측하지 못한 결과이다. 서울시 도시철도는 이용객이 증가추세지만, 버스는 내림세이다. 더구나 대중교통 기피 현상이 지속된다면 신교통수단 이용 수요가 과연 생겨날까, 의문이 들지 않을 수 없다. 대중교통 수요가 증가하려면 승용차 이용자들이 교통수단을 신교통수단으로 변경해야만 가능하다. 승용차에 익숙한 이용자들이 지하와 지상, 연계와 환승을 감수하면서 대중교통을 이용할지 현실성 있는 점검과 검토가 필요하다. 경전철이나 트램은 궤도 교통수단이기 때문에 노선을 건설하면 경로 변경이 불가하다. 따라서 실제 추진에 앞서 면밀한 계획이 필요하다. 아울러 건설 방식도 사업의 성사를 결정짓는 데 중요 요인이다. 신교통수단의 플랫폼이 지상인지, 지하인지에 따라 건설비용의 차이가 매우 크며 차량 종류와 운영시스템도 다양해서 해당 지역의 특성에 적합한 방식을 선택하는 것이 사업 성패에 많은 영향을 미친다. 또한 신교통수단이 도시철도의 보완재 역할을 하지만 버스와는 경쟁 관계이기 때문에 버스와 신교통수단의 서비스를 차별화해야만 두 수단 모두 살아남을 수 있다. 현재 운영 중인 버스전용차로 노선과 계획 중인 버스전용차로 노선들은 신교통수단 노선계획과 함께 면밀하게 검토하여 노선의 중복을 배제하는 작업이 필수적이다. 또한 새로운 도로의 확장노선도 신교통수단의 경로와 겹치는 부분이 있는지 검토해야 하며, 신교통수단 통과지역의 인구 증감에 대한 조사와 연구도 중요한 점검 사항이다. 이와 관련된 사례가 용인경전철이다. 도시철도 노선이 수도권 서남부로 확장되고 새 도로가 연결되면서 용인경전철은 계획대로 운영되지 못하고 있다. 경전철 최종역사인 에버랜드를 목적지로 하는 승객들 역시 경전철보다 도로를 선호한다. 따라서 신교통수단을 성급하게 도입·주진하기보다는 관련 행정부서와 교통전문가들이 함께 고민하고 해결책을 만들어야 할 것이다. 과거 유럽과 일본이 신교통수단을 운영하면서 겪은 시행착오에 대해 구체적으로 알아보는 것도 좋은 방법이다. 향후 도시는 점진적으로 광역화에서 자족 기능이 활성화된 작은 도시로 변화할 것이라는 예측도 신교통수단 건설, 운영을 위한 사전 점검 사항이다.

그렇다면 우리의 모빌리티 일상에 효과적인 신교통수단은 무엇일까? 경전철, 트램과 경쟁 관계인 버스는 간선급행버스 체계를 개발하여 버스 이용객을 증가시킴으로써 시민의 발 역할을 톡톡히 하고 있다. 버스 이용에 가장 큰 약점인 정시성은 버스전용차선이라는 획기적인 방법으로 해결했다. 외국의 경우 버스전용차선을 운영하는 나라는 매우 드물다. 대신 2인 또는 3인 이상 탑승 차량에 별도 차선을 제공하는 경우가 있다. 우리나라는 1994년 경부고속도로 한남대교~오산 구간에 버스전용차선을 처음 도입했고, 지금은 서울 시내 곳곳에 버스전용차로를 운영 중이다. 정시성 확보과 환승서비스 제공으로 버스 이용 만족도가 매우 높아졌다. 최근에는 버스전용차선을 넘어 하나의 독립 차로를 제공하는 방안이 추진 중인데, 이는 버스 이용을 더욱 촉진하기 위한 정책이라고 하겠다. BTX(Bus Transit eXpress)는 출퇴근 시간 교통수요가 한쪽 방향으로 집중되는 특성에 착안해 철도처럼 정시성과 대용량 수송 능력을 갖춘 신개념버스 서비스이다. 이동식 중앙분리대(Road Zipper)를 설치한 다음 방향을 바꿔가며 버스전용차로를 확보하는 방식이다. 즉, 출근 시간에는 중앙분리대를 이동해서 '경기→서울 방향'의 차선을 추가로 확보하고, 퇴근 시간에는 반대로 '서울→경기 방향'의 차선을 추가로 확보해 버스전용차로로 활용하는 개념이다. BTX는 올림픽대로와 강변북로의 일부 구간에 시행 예정인데, 버스의 통행속도와 소요 시간이 크게 향상될 것으로 기대한다. 시내 혼잡 구간에 버스전용차로가 운영 중이지만, 도시고속도로에 별도의 버스 차로를 운영하는 것은 매우 파격적인 일이다. 승용차가 주로 이용하는 도시고속도로에 버스 차선을 배정한다는 것은 승용차보다 버스 통행에 더 많은 혜택을 주겠다는 의지의 표현인 동시에 버스가 장거리 이동 승객의 주요 교통수단으로 자리 잡기 위한 정책이라고 할 수 있다. 버스노선 서비스가 이렇게 획기적으로 개선된다면 신교통수단과 도시철도는 승객 유치면에서 열세일 수밖에 없다. 따라서 새로운 교통수단은 경전철, 노면전차 또는 트램과 같이 시설 건설과 첨단 시스템을 도입·운영하는 것보다는 기존 도로 시설을 활용하는 급행버스 서비스가 오히려 대안이 될 수 있다.

부산, 대전, 수원 등 일부 도시의 경우 새로운 교통수단으로 트램 시스템이 설치·운영될 계획이 잡혀 있다. 트램은 도로 위로 달리면서 승객을 실어 나르기 때문에 접근성과 이동성 측면에서 장점이 많지만, 위에 언급한 바와 같이 다른 교통수단과 조화와 협력이 제대로 이루어지지 않는다면 제 역할을 해내기 어렵다. 마지막으로 개인급행열차 또는 무인궤도열차 라고 불리는 신교통수단 PRT(Personal Rapid Transit)가 있다. 세계 몇몇 도시에서 운영 중인데 놀이공원의 3~4인이 탑승하여 공중 궤도를 따라 이동하는 놀이기구와 비슷한 모습이다. 소수 승객이 목적지까지 궤도차량을 이용해 정차 없이 간다는 특성이 있다. 현재 운영 중인 PRT는 공항 내부의 승객 이동이나 대학교 캠퍼스 통행을 위한 전통시스템이다. PRT 개념은 앞으로 다가올 무인자율자동차 AV(Autonomous Vehicle)의 적용과 같은 맥락이라고 할 수 있다. 따라서 신교통수단의 효과적 도입을 위해서는 무인자율자동차의 기반시설 구축과 운영시스템 개발, 관련 제도의 수립 등을 염두에 두어야 할 것이다. 기존 도로 위에서 각종 통신장비와 기술을 동원하여 AV는 AV와 AV, AV와 주변 시설물, AV와 통제소 사이에 교류와 대화를 하며 스스로 움직이게 된다. AV의 핵심 개념은 인간이 운전에 참여하지 않는다는 점이다. AV에 출발지와 목적지를 입력하면 차량 스스로 주행함으로써 통행의 목적을 달성할 수 있다. 수많은 AV가 도로에서 충돌과 접촉 없이 운행하려면 아직도 넘어야 할 산이 많지만, 머지않은 미래에 AV가 신교통수단의 핵심이 될 것임은 자명해 보인다. 즉, BTX, PRT, BRT(Bus rapid transit), LRT(light railway transit) 등과 같은 신교통수단의 합리적인 계획과 운영을 위해서는 무인자율자동차 AV의 개발계획 및 일정을 고려하여 조화롭게 추진되어야 한다는 뜻이다.

# 스마트시티와 스마트모빌리티

이제 일상에서 '스마트'라는 단어는 너무 익숙하고 흔해 새롭지 않다. '유비쿼터스', '인텔리전스', '스마트'는 유능함과 편리함의 상징처럼 특정 단어 앞에 붙어 광범위하게 사용된다. 최근 도시를 첨단화한다는 취지에서 만들어진 '스마트시티'라는 신조어도 자주 쓰인다. 스마트시티는 일반 도시와 대체 무엇이 다른 걸까? 스마트도시 조성 및 산업진흥 등에 관한 법률 제2조 제1항에 스마트시티는 '도시의 경쟁력과 삶의 질 향상을 위하여 건설·정보통신기술 등을 융·복합하여 건설된 도시기반 시설을 바탕으로 다양한 도시서비스를 지속적으로 제공할 수 있는 도시'로 규정하고 있다. 유럽연합에서는 스마트도시를 '주민과 사업의 이익을 위해 디지털과 통신기술을 활용하여 전통적인 네트워크와 서비스를 보다 효율적으로 만드는 장소'로 정의하고 있다. 정리하면 스마트도시는 기존 도시의 수준을 한 단계 향상하는 데 최첨단 정보통신기술 기술을 총동원하겠다는 의미이다. 예컨대, 빌딩 자동화 시스템, 공공안전 자동 솔루션, 스마트 주차 시스템, 스마트 상하수도 관리, 스마트 쓰레기 관리 등이 스마트시티의 주요 콘텐츠라고 할 수 있다. 이는 도시 거주적합성을 높이기 위한 필수 요소로 서비스 효율성, 지속가능성, 안전도, 이동성 등을 관리해야 한다. 도시가 생겨나기 전 우리는 물 맑고, 공기 좋고, 이동이 편리한 마을에 살고 있었다. 그러다 도시가 점차 발달하여 수

백만, 수천만 명의 사람들이 모여 살게 되자 거주지 본연의 특성은 사라지고 말았다. 스마트시티의 개념은 기존 거주 공간의 편리함을 유지하면서 인류가 발명하고 개발한 모든 기술을 적용하여 예전 살기 좋은 마을을 만드는 것이 아닐까? 그런 의미에서 스마트시티는 새롭고 특별한 의미가 아닐 수도 있다.

최근엔 도시와 인간을 모두 아우르는 개념으로 '스마트모빌리티'가 떠오르고 있다. 현대 도시를 살아가는 개인들에게 신속하고 안전한 이동성의 확보는 매우 중요한 요인이다. 이동성을 뜻하는 모빌리티(Mobility, 사람들의 이동을 편리하게 하는 데 기여하는 각종 서비스나 이동수단)의 중요성은 점점 커지고 있다. 일상생활에서 모빌리티 수단과 방식은 거주지와 밀접한 상호연관성을 가지고 있다. 좋은 집에 살고 경제적으로 여유가 있어도 일상 속 이동이 불편하면 삶의 질이 떨어진다. 그래서 외곽지역에 거주하면서 도심으로 출퇴근하던 사람들이 통행이 혼잡하고 이동시간이 길어 다시 도심으로 들어오는 역 현상이 곳곳에서 나타난다. 움직이는 모든 행위를 책임지는 모빌리티를 좀 더 똑똑하게 만들자는 개념이 스마트모빌리티의 주요 개념이다. 스마트도시가 주거 생활의 개선에 집중한다면 스마트모빌리티는 이동성 개선을 목표로 한다. 스마트모빌리티의 핵심은 교통정보의 적극적 개발과 활용에 있다. 우리는 이미 스마트폰과 내비게이션을 활용하면서 이동하는 데 익숙하다. 하지만 교통정보 시스템의 오류와 부정확성 때문에 운전자가 골탕을 먹는 경우가 종종 있다. 교통정보의 정확성을 통해 신뢰성을 높이는 일이 스마트모빌리티의 과제가 되어야 하는 이유이다. 교통정보의 시작은 GPS를 통한 차량의 위치 인식이다. 이를 근거로 빅데이터를 분석하여 최적 경로 탐색 알고리즘을 만들게 된다. 수집·분석된 교통정보는 최첨단 통신장비에 의해 이용자에게 전달된다. 이 과정에 최첨단 기술과 축적된 경험이 어우러져 신뢰도 높은 교통정보를 생산한다. 교통정보는 나의 위치를 알려주면 그 자료에 근거하여 최적의 길을 안내하는 효과적인 서비스이지만, 교통정보가 워낙 방대하고, 광범위한 작업이어서 모든 이용자를 만족시키기는 매우 어렵다. 따라서 끊임없는 신기술의 개발과 적용이 이루어져야만 정확도 높은 정보를 제공할 수 있다. 향후 교통정보의 신뢰도와 정확도가 일정 수준에 다다르면 해당 기술과 과정은 무인자동차에 적용 가능하다. 무인자동차 주변 차량과 시설물에 대한 완벽한 식별, 시의적절한 대응이 가능하다면 무인자동차는 입력된 출발지와 목적지에 근거하여 스스로 경로를 찾아 이동하게 되는 것이다. 이처럼 교통정보의 중요성과 활용성은 무인자동차의 개발과 맞물려 더욱 주목받을 것으로 예상된다.

아울러 스마트모빌리티의 기능과 역할에는 적정 교통수단과 이동방식 제공도 포함된다. 기존 교통수단의 이용 편의성과 안전성 확보가 가장 중요하며 이용자 중심의 대중교통 계획 운영이 필수이다. 일반적으로 통행수요는 출퇴근 시간에 집중되고 그 외 시간에는 한가하다. 따라서 대중교통의 배차 간격과 차량 규모도 탄력적인 조정이 당연하다. 그렇게 되면 대중교통이 빈 차로 운행되는 일은 크게 줄어든다. 이용자의 수요에 맞춰 차량의 규모 조정도 필요하다. 이러한 업무 수행을 위해 지자체의 의지와 서비스 정신이 가장 중요하다. 더하여 대중교통 운영에 대한 경험과 지식을 바탕으로 하는 버스, 도시철도, 택시 운영자와 긴밀한 협력은 필수적이다. 예산과 인력은 그다음이다. 이러한 기존 교통수단의 서비스 개선은 스마트모빌리티 시스템이 최적의 정보를 제공하는 데에도 매우 중요하다. 아울러 대중교통 운행방식 개선도 고려해야 한다. 이용객 중심의 스마트한 이동이 되려면 셔틀 방식의 운행이 바람직하다. 대중교통에서 소외된 지역 주민을 대상으로 출발지와 목적지를 직접 연결하는 셔틀 서비스를 제공하는 것은 모빌리티 개선의 시발점이 될 것이다. 즉, 집 앞에서 목적지 문 앞까지 이동시켜주는 도어 투 도어 서비스(Door to door, 교통수단으로의 접근성 향상을 위해 최초출발지부터 최종 목적지까지의 통행)가 운행 개선의 목표가 되어야 한다. 대부분의 대중교통은 정류장과 정류장, 역과 역을 잇는 역할을 하기 때문에 최종 목적지까지는 또 다른 교통수단을 이용해야 한다. 최근엔 개인 모빌리티 수단이 등장해 젊은 층을 중심으로, 단거리 이동에 이용되고 있지만 아직 법규와 제도가 따라가지 못해 안전 운행에 걸림돌로 작용하고 있다. 개인 모빌리티 수단은 생각보다 다양해 중소도시에서 독립 차로 또는 차선으로 운영한다면 최종목적지까지 매우 유용한 교통수단이 될 수 있다. 그리고 스마트 모빌리티는 스마트 도시와 적절한 조화와 협력을 통해 이동 편의성 향상이라는 바람직한 결과를 도출할 것이다. 서울 수도권은 인구도 많고 지역도 넓어 효율적 이동이 살만한 도시를 만드는 데 가장 중요한 요소이다. 만일 도시에 새로운 주거 단지가 생기면 반드시 교통시설과 수단이 연결되고, 도시계획과 교통계획이 사전에 조율되어야만 주민들의 정상적이고 편리한 일상이 가능하다. 수도권이 아닌 중소도시라면 도시와 주민의 특성을 참작하여 대중교통보다는 개인교통 위주로 모빌리티 수단을 개발하고 주차와 환경문제를 수도권보다 비중 있게 취급하는 것이 바람직하다.

지금은 도시의 생활 방식과 선호가 대폭 변화하는 시기이다. 서울 수도권과 같은 거대 공룡 도시에 싫증과 피곤함을 느끼고, 일부 지역은 슬림화되기도 한다. 도로와 철도망은 사람과 화물을 전국 도시로 편리하고 신속하게 연결해 전체 도시의 수준을 상향 평준화시키고 있다. 더하여 지속적인 경제성장으로 국민소득 수준이 크게 향상되어 자족형 도시 운영이 가능하고, 자연과 인간이 함께 어우러져 살 수 있는 공간에 대한 선호 현상이 뚜렷해지면서, 중소도시에 관심이 커지고 있다. 따라서 앞으로 사람들이 살고 싶은 도시는 복잡하고 이동이 불편한 대도시가 아닌 중소도시로 추세가 바뀔 것으로 예상된다.  코로나 바이러스의 확진 속도도 중소도시보다 대도시가 훨씬 빠른 것으로 나타났다. 많은 사람이 모여 살면서 장점이 부각되었던 도시가 같은 이유로 바이러스 감염에 취약하다는 단점을 드러냈다. 스마트도시와 스마트모빌리티 정책 추진시 도시의 적정 규모도 충분히 고려해야만 목적을 달성할 수 있을 것이다.

요약하면 스마트시티와 스마트모빌리티는 완전히 새로운 개념이 아니라 기존 도시의 문제점을 해결한 살고 싶은 공간으로의 전환이어야 한다. 이동의 불편, 환경 오염, 비용 상승 등 도시의 문제점을 개선하는데 기술과 아이디어가 집약적으로 쓰여야 한다는 말이다. 앞으로 스마트도시와 스마트모빌리티는 인간중심과 친환경을 목표로 이동 거리를 최대한 줄이는 방향으로 도시계획과 교통계획을 수립해야 한다.

## 청색교통(Blue Mobility)의 시대

'교통'이라는 단어는 신호등을 떠올리게 한다. 신호등의 핵심은 색깔로, 적색이면 멈추고 녹색이면 움직이라는 명령을 내포하고 있다. 아울러 적색은 심한 경쟁과 움직임이 어려운 상태를 상징하기도 한다. 적색 시장(Red Ocean)은 개발이 완료되어 경쟁이 치열한, 특정 산업 내의 기존 시장을 의미하는 경제 용어로도 사용된다. 적색 시장은 새로운 기업이 진입하기 힘든 상태이며, 기존 기업도 성장이 멈추는 시장이다. 적색은 교통과 경제 모두에서 앞으로 나갈 수 없는 상태를 의미한다. 또한 내비게이션에서 교통이 혼잡한 상태, 정체되고 소통이 어려운 비정상적인 상황은 보통 적색으로 나타내고 정상적인 흐름, 소통이 원활한 상태는 녹색으로 표시한다. 그 연장선에서, 도로 교통 흐름이 원활하거나 보행자와 친환경 중심의 대중교통을 녹색교통이라고 불러왔다. 그리고 녹색교통 정책 차원에서 자동차보다는 보행, 자전거, 대중교통 중심으로 변화를 꾀하고 있다. 한 걸음 더 나아가 기존 녹색교통보다 포괄적이고 미래지향적인 개념으로 그동안 경제 분야에서 활발하게 사용되어 왔던 청색시장 개념이 적절하다고 생각한다. 청색 시장(Blue Ocean)은 존재하지 않거나 알려지지 않아 경쟁자가 없는 유망한 시장으로 기업들이 첨단 아이템과 기술로 새로운 시장을 창출할 수 있는 상태이며 사업 성공 가능성이 매우 크다는 특성이 있다. 녹색과 청색은 일상에서 같은 개념과 의미로 사용되기도 하는데, 예컨대 교통신호등의 녹색불은 종종 파란불로 불린다. 이렇게 교통상황을 레드오션과 블루오션으로 대비시켜 교통과 도시 관련 정책을 만들면 보다 효과적이다. 또한 청색은 무궁무진한 창의성을 의미하기도 하므로 청색교통은 새로운 세상을 만든다는 차원에서도 적합한 표현이다. 따라서 경제적 개념의 청색 시장의 특성을 기존 장점을 적극 수용하고, 효율적이고 안전한 이동을 위한 청색교통에 시의적절하게 접목하려고 한다.

청색교통의 특성은 크게 네 가지로 분류할 수 있다. 우선 청색교통은 융·복합적인 차원에서 교통 현안을 다룬다. 이제 세상은 단일 분야만으로 존재하기 어렵다. 요즘 대학생들 사이에서는 복수전공이 대세로 자리 잡은 지 오래다. 유사 학문, 인접 학문에 대한 공부는 전공 분야를 더욱 넓고 깊게 이해하는 데 효과적일뿐 아니라 취업 기회도 확대된다. 세계 유수의 대학들은 재학생들이 컴퓨터와 전자공학 관련 과목들을 의무적으로 이수하도록 하는데, 이는 취업 후 사회 적응이 좀 더 수월하도록 도우려는 취지이다. 즉, 모든 분야가 컴퓨터 이론·지식과 밀접하게 연결된 세계적인 추세, 트렌드에 뒤처지지 않게 하려는 배려이다. 한 가지 사례를 더 살펴보자. 의과 대학원과 법학 대학원은 학부 전공과 무관하게 지원할 수 있다. 그 이유는 두 분야가 모든 분야의 학문, 지식과 경험과 맞닿아 있기 때문이다. 법학은 사회 전반의 모든 문제를 다루기 때문에, 여러 분야의 넓은 지식과 안목을 요구한다. 과학과 공학을 공부한 사람이면 누구나 의학대학원에 지원해 공부할 수 있다는 것은 의학의 융·복합적인 성격을 반영한다. 교통학도 마찬가지이다. 대부분의 나라에 교통학 과정이 학부에는 없고 대학원에만 개설되어 있다. 우리나라와 미국은 교통학을 주로 공학분야에서 다루지만 경제학, 도시계획, 행정학 등 다양한 분야에서 다루는 나라도 제법 많다. 교통이라는 분야가 전통적으로 토목공학, 건축공학, 경제학, 행정학과 밀접한 관계가 있고, 최근에는 IT 분야와 거의 한 몸이다시피 하다. 따라서 IT 관련 공부가 필수일 뿐 아니라 현장에서는 이미 같은 분야로 여겨진다. 예컨대, 스마트시티, 스마트모빌리티 등은 교통과 IT가 융·복합되어야만 해당 연구와 사업의 목표를 이룰 수 있다. 교통의 중심인 자동차, 열차, 비행기, 선박 등 교통수단은 기계, 산업, 전자, 재료, 일반 과학 분야와 밀접한 관계가 있고, 주요 교통시설물인 도로, 철로, 공항, 항만, 역사, 주차시설 등의 건설과 운영을 위해서는 경제, 경영, 토목, 건축, 전자, 시스템 등을 알아야만 한다. 한 차원 넓히면 교통은 행정, 지리, 역사, 관광 등과 직접적인 연관성이 있으며, 교통사고, 심리 등과 관련해서는 법학과 의학의 융·복합이 요구된다. 더 넓게 보면, 모든 사람은 이동하기 때문에 인류 전체가 교통 분야에 종사한다 해도 과언이 아니다. 게다가 교통이 막히고 대중교통 시설이 없다면 각 개인 본연의 업무를 수행할 수 없게 되므로 교통은 모든 사람과 연결되어 있다.

두 번째 청색교통의 특성은 신교통수단의 탄생과 관련이 있다. 과거 대중교통 수단이 공급자 위주의 운행으로 불편함을 일으키고 이에 대중교통 이용자가 승용차로 전환하면서 도로 교통혼잡과 교통사고 가능성이 높아졌다. 신교통수단은 이러한 대중교통의 단점을 보완하고 개인 교통의 장점을 일부 수용하는 차원에서 개발되었다. 현재도 대중교통은 공급자 위주로 운행 계획이 편성되어 이용객의 이동 패턴과 방식을 충분히 반영하지 않은 채 차량이 운영되고 있다. 그 결과 출퇴근 시간은 차량 배차가 부족하고 반대의 경우는 빈 좌석으로 운행되는 경우가 발생한다. 신교통수단의 진정한 목표는 이용객이 원하는 시간과 장소에 차량과 서비스의 공급이 이루어지는 것이다. 따라서 신교통수단으로 무인자율자동차를 염두에 두고 정책과 사업을 추진하는 것이 현명한 선택이다. 무인자동차가 주요 교통수단이 되기까지는 승용차와 대중교통 사이의 환승과 연계를 효과적으로 개선해야 한다. 시민들의 대중교통 이용 패턴에 근거하여, 승용차와 대중교통 사이의 연계·환승 시간을 줄이고 편의성을 높이는 데 몰두하는 것이 바람직한 전략이다. 대면 비중을 낮춘 소규모 대중교통수단의 도입도 기존 대중교통과의 연계성을 높이는 방법이 될 것이다. 현재 운영 중인 마을버스와 같이 기존 도시철도 역사와 아파트 등 주거지역까지의 단거리를 반복 순환하는 새로운 개념의 이동수단을 도입하여 주거지에서의 승용차 운행 빈도를 줄이는 것도 청색교통의 핵심이다.

세 번째 청색교통의 특성은 바로 인간중심 교통정책이다. 이제는 사람이 안전하고 원활한 이동에 정책의 목표를 두는 것이 필요한 시점이다. 단순하게 생각하면 사람이 출발지에서 목적지까지 안전하게 이동하면 정책의 목표는 달성된 것이다. 하지만 자동차가 도로의 수용 능력을 훨씬 초과한 상태로 운행되고 있다는 것이 문제이다. 그렇기 때문에 이동시간이 지나치게 길어져 업무 수행에 지장을 받게 된다. 그동안 관련 정책이 인간의 이동보다는 자동차 생산에 초점을 맞추어 집행되어왔음을 부인하기 어렵다. 자동차 중심의 정책을 추진하면서 차량 증가는 자연스럽게 통행 증가로 이어지고 이는 다시 교통혼잡과 교통사고 증가로 이어졌다. 반면 싱가포르는 도로의 연장과 사람들의 통행수요에 근거하여 자동차 보유를 강력하게 제한하는 사람 중심의 교통정책을 통해 교통혼잡을 사전에 방지하고 있다.

교통 법규와 관련 판결 또한 운전자 중심인 경우가 대부분이다. 도로에서 사고가 발생하거나 횡단보도에서 보행자와 자동차가 충돌하는 경우 자동차 운전자를 보호하는 법원 판결이 날 때가 많다. 도로에서는 보행자가 약자로서 보호받는 법적 권한이 뒷받침되어야 하는데, 현실은 그렇지 않은 것이다. 외국의 경우, 자동차가 보행자를 스치기만해도 대부분의 경우 자동차 운전자는 혹독한 처벌을 면하기 어렵다. 도로에서 자동차와 보행자가 마주칠 경우 우리는 자동차 운전자가 보내는 손짓을 먼저 가라는 배려로 받아들이지만, 자동차가 보행자에게 통행우선권을 양보하는 것은 타당하고도 당연한 원칙이다. 운전자도 차에서 내리면 보행자라는 사실을 잊지 말아야 한다. 그리고 모든 국민은 인간 중심 교통정책과 법규를 실천해야 한다. 개개인이 교통질서와 법규를 제대로 지키고, 양보와 배려 운전이 정착되면, 교통혼잡과 교통사고가 완전히 사라지는 교통 천국이 될 수 있다. 그동안 개발주도의 정책을 시행하면서 아파트, 건물 등 시설물을 완공한 후 도로와 주차장을 건설하다 보니 주민 통행에 불편을 초래한 경우가 많다. 신도시를 건설했으나 접근도로가 없어 기존의 좁은 길을 그대로 사용하게 되면 교통 혼잡과 정체는 불 보듯 뻔하다. 역시 인간 중심의 교통정책을 외면한 결과로 도시계획과 교통계획이 조화를 이루지 못한 사례이다. 하지만 인간 중심의 청색 교통에 가장 중요한 것은 교통질서와 법규를 제대로 지키는 일이다. 이동 중에 위반하고 거짓을 일삼는 행위는 교통사고 사상자를 더 많이 만들고 이동을 피곤하고 괴로운 일로 만들 것이다. 교통질서 위반 행위는 누군가의 피해를 담보하기 때문에 절대로 해서는 안 된다는 사실을 한순간도 잊어서는 안 된다.

네 번째 청색교통의 특징은 무료 승차이다. 대부분의 교통시설은 세금으로 만들어지며, 이용시 일정 요금을 지불한다. 당연한 일 같지만, 현재 대중교통이 이용자 요구와 필요에 기반한 운영 방식이 아니기 때문에 요금 징수 행위가 반드시 옳다고 볼 수 없다. 65세 이상 고령자에 대해 도시철도 요금을 전면 무료화한 것은 교통복지의 좋은 사례이다. 대부분의 고령자들은 정기수입이 없고 매일 출퇴근을 하는 것도 아니기 때문에 매우 바람직한 정책이라고 본다. 물론 현실적으로는 운영상 재정적인 어려움이 있지만 제도를 없애기 보다는 해결 방법을 찾으면 될 것이다. 예컨대, 수명 연장 추세에 따라서 혜택 나이를 올리거나 피크 시기에는 요금을 받는 방법 등이 있을 것이다. 여러 복지 정책이 있지만, 인간의 기본 이동권 보장 차원에서 교통복지는 반드시 필요하다. 개인 승용차 이용에 발생하는 비용은 개인 부담이 맞지만, 대중교통은 순차적으로 무료화하는 것이 바람직하다. 무료 대중교통은 앞으로 교통정책이 추구해야 할 최종 목표가 되어야 한다. 최근 유럽 주요 도시에서 시행 중인 블록화 정책은 해당 블록 안에서 모든 일상이 해결 가능한 시스템으로 사람들의 이동 거리와 시간이 줄어들자 대중교통과 자동차의 이용도 함께 줄어들었다. 이러한 일련의 새로운 정책과 실험을 통해 현재의 문제점과 어려움을 해소할 수 있을 것으로 본다. 근시안적인 접근보다는 장기적인 안목으로 접근하는 것이 중요하며, 정책의 효과를 극대화하기 위해서는 단기적 대책과 장기적인 대책의 조화로운 시행이 중요하다. 지금이 바로 청색교통이 추구하는 네 가지 목표를 실현하기 위한 심도 있는 고민이 필요한 때이다.

## 재난 관리 프로그램에 대한 단상

최근 지구촌 곳곳에서 대규모 자연재해가 발생하여 커다란 어려움과 고통을 안겨주고 있다. 더욱 당황스러운 것은 앞으로 이런 일이 반복적으로, 계속 발생할 것이라는 사실이다. 재난은 발생 시점과 규모를 정확하게 예측하기 어려우며 측정하기 어려울 정도의 막대한 피해를 준다. 재난의 종류를 크게 두 가지로 나눌 수 있는데, 첫 번째는 자연환경의 변화 때문이다. 우리나라의 경우 최근 태풍과 장마가 자주, 동시에 발생하여 많은 재산 피해와 인명 피해가 있었다. 인간 문명이 급속하게 성장하면서 지구의 자연환경은 악영향을 받아왔으며, 지구 온난화를 비롯한 기후변화는 일상에 큰 위기로 다가오고 있다. 장마와 가뭄은 기존과 완전히 다른 패턴으로 발생하여 일상을 무참히 파괴하고 자원과 에너지 부문에 커다란 위험요인이 되고 있다. 태풍과 허리케인의 규모와 빈도도 엄청난 위력으로 우리를 불안에 떨게 하고 있다. 인간의 무절제한 생활과 습관 때문에 발생한 천재지변은 인재라고 할 수 있다. 소중한 생명과 재산을 우리가 불러온 재난 때문에 잃는 현실은 그야말로 아이러니가 아닐 수 없다. 지구 온도 상승으로 북극과 남극의 빙하가 녹아 내리고, 생태계가 파괴되면서 향후 재난 발생 가능성은 더욱 높아지고 있다. 두 번째는 인간 스스로 초래한 재난이다. 핵발전소 사고, 폭발 사고, 건물 붕괴, 전쟁, 산불 등이 이에 해당한다. 세계 제1차, 제2차대전, 국지

전쟁으로 인류가 쌓아 올린 문화유산과 생명, 재산을 잃었다. 또한 가스, 화약 등 각종 폭발사고도 긴급재난 상황을 만들어낸다. 러시아, 미국, 유럽, 남미 등지에서는 핵 발전소가 폭발하여 주변 지역 사람들의 생명과 재산을 앗아갔다. 평소 제대로 관리가 되었다면 사전에 막을 수 있거나 피해를 훨씬 적게 줄일 수 있었을 것이다. '코로나 19' 바이러스도 인간의 자연훼손으로 발생했기 때문에 이 역시 인재라고 할 것이다. 바이러스의 발현을 사전에 막지 못해 사회적 거리 두기, 확진자 동선 파악 등과 같은 적극적인 방역 활동으로 대응하며 피해를 최소화하기 위해 필사의 노력 중이지만 무차별적이고 강력한 바이러스의 공격에 역부족이다.

재난을 사전에 대비하고 피해를 줄이는 방법이 있다. 자연재해의 경우, 슈퍼컴퓨터와 각종 첨단 장비를 활용하여 기상이변 발생 시기와 경로, 영향력 등을 사전에, 비교적 정확하게 예측할 수 있다. 사실 기상 상태를 예보한다는 것은 매우 복잡하고 어려운 작업이다. 기상청의 역할은 완벽한 예측정보 생산이 아니라 해당 지역의 인명과 재산 피해를 최소화하는 것이어야 한다. 더하여 기상이변에 대해 어떤 준비와 대처를 해야 하는지 지역 주민들에게 상세하게 알려주어야 한다. 즉, 긴급 상황 발생시 행동 요령과 정보를 주민에게 빠르게 공유하는 것이 기상청 전문가들의 기본자세일 것이다. 재난 관리는 무엇보다 예방과 실시간 대비에 중점을 두어야 한다. 그리고 인간의 탐욕과 실수, 오판으로 발생하는 폭발, 붕괴, 핵 관련 사고 등은 정부 안전 관련 기관과 지방자치단체의 협력과 대비를 통해 미연에 방지하고 피해를 최소화해야 한다. 얼마 전 아랍의 한 창고에서 발생한 대형폭발사고도 안전 당국의 안이한 관리가 사고의 주원인인 것으로 드러났다. 오랫동안 방치되어 있던 위험 화학물질이 작은 관리 소홀과 안전대책 부실로 엄청난 재난을 만들어 낸 경우이다. 우리나라에도 94년 성수대교 붕괴, 95년 삼풍백화점 붕괴라는 대형 참사가 있었다. 안전 의식이 미흡하고 매뉴얼에 따른 안전점검을 제대로 시행하지 않은 결과이다. '재난은 우리의 일상에 결코 포함되어서는 안 된다.'는 철저한 안전 의식과 점검, 관리가 있었다면 일어나지 않았을 사고인 것이다. 이는 우리의 열정과 집념으로 가능한 일이다. 매년 봄이면 연례행사처럼 산불이 발생한다. 그 원인이 담배꽁초 또는 방화였다는 사실 역시 크게 다르지 않다. 한순간의 실수로 발생한 산불은 수십수백 년의 숲을 태우고, 그 피해를 복구하려면 수십년에 걸친 조림사업이 필요하다. 최근 우리나라도 중앙정부에 '국민안전처'를 만들고 행정자치부를 '행정안전부'로 변경하는 등 안전 의식이 고조되고 재난 관리에 각별한 노력을 기울이고 있다. 반면 지방자치단체는 재난에 대비하는 특별한 조직이나 인력, 프로그램이 여전히 미흡하다. 재난 발생시 해당 지자체가 실제 관리 업무의 주축이 되어야 하지만, 재난전문가와 관련 예산이 부족하다보니 항상 임시방편에 가까운 대응을 하고 있는 실정이다. 재난 관리는 절대적으로 시스템과 매뉴얼에 의해 수행되어야 한다. 즉, 지자체에 재난 관리 인력과 프로그램이 별도로 운영되어야 한다는 뜻이다. 앞에서 언급한 것처럼 재난의 종류는 매우 다양하고 복잡다단하다. 재난 대비 프로그램을 만들고 운영하고 실행하는 일에는 반드시 일관성과 전문성이 담보되어야 한다. 지자체의 재난 관리 모니터링 시설은 반드시 전문 인력이 운영·유지해야 하고 재난 관련 대비 프로그램도 지역 맞춤형으로 만들어야 상황 발생시 효율적인 대응이 가능하다. 매년 비슷한 시기에 발생하는 산불과 지진 등의 자연재해는 기상청, 해당 연구기관과 긴밀한 협조를 통해 대비책을 세워야 하며, 지역 내 공공시설과 공장 등 일반 안전과 위험물도 정기적으로 점검 관리되어야 한다. 특히 하천, 바다, 산악, 연약지반 등 자연재해 발생 가능성이 높은 지역은 빈번한 점검과 관리가 필수이다. 더불어 사회 안전 기반 시설물에 대한 안전 매뉴얼도 철저하게 운영하여 예기치 못한 사건사고에 대비해야 할 것이다. 방역업무도 지역 보건소와 재난관리부서의 업무협조를 통해서 피해를 최소화하고 다른 지역으로의 전파를 막는 대책을 실행에 옮겨야 한다.

필자는 1990년도 초 미국 핵발전소의 재난 관리 프로그램 개발에 참여한 적이 있다. 당시 미국은 1979년 원자력발전소에서 발생한 대형 누출사고로 적지 않은 피해를 본 후 안전에 대한 경각심이 높아져 핵발전소 재난 관리 프로그램 개발에 큰 노력을 쏟고 있었다. 필자는 핵발전소 사고 발생시 주민들을 안전한 지역으로 대피시키는 방법을 교통공학 측면에서 개발하는 일을 담당했다. 교통공학 이론에 근거한 시뮬레이션 작업을 통해 최적의 대피 과정과 대피 루트를 개발하여 사고 발생 지점으로부터 가장 빨리, 가장 멀리 벗어날 수 있는 실시간 경로를 찾아냈다. 핵발전소 담당 인력과 관련 공무원 수십 명에게 연구 결과를 발표하였는데, 참석자들의 예리한 질문과 재난 대피 프로그램에 대한 진지하고도 성실한 자세에 깊은 감명을 받았다. 재난 관리 프로그램에서 예방대책, 시설물 설치 운영, 전문가 양성 등 여러 중요한 사안이 있지만 주민들의 생명과 재산을 보장하는 일은 기본이다. 다시 말해 모든 재난 관리의 목표는 해당 지역 주민을 재난 발생지역으로부터 안전한 곳으로 대피시키는 것이다. 핵발전소 사고와 유사한 재난 상황인 허리케인도 재난 발생 전 주민 대피가 가장 효과적인 대책이다. 허리케인 발생 예보가 나면 TV에서 안전한 장소로 이동하는 수많은 차량 행렬을 보게 된다. 재난발생시 가장 중요한 것은 생명 보호이다. 피할 수 없는 재난 상황일지라도 잘 준비된 재난 관리 프로그램을 활용하면 피해를 최소화할 수 있다는 사실을 여러 사례들을 통해 알 수 있다. 일본의 경우 지진 발생 전, 발생 영향 범주와 진도를 예측하여 지진의 피해를 큰 폭으로 줄여왔다. 모든 건물은 지진 내구성을 갖추도록 강제하고, 각종 공공시설물의 정기 점검·관리 덕분에 지진으로 인한 대형 피해는 최근에는 거의 발생하고 있지 않다. 일본 외 세계 각국도 지진으로 큰 피해를 입었다. 우리나라도 '불의 고리'라고 불리는 지진 발생지역에 포함되어 있어 예외가 아니라는 연구 결과가 속속 발표되고 있다. 이에 따라 우리나라도 지진 재난 관련 예방효과가 입증된 대비체계를 신속하게 도입하여야 할 것이다.

또한 코로나 사태 전까지만 해도 바이러스 재난 관리 프로그램이 이렇게 시급할지 그 누구도 상상하지 못했다. 불과 백 년 전 스페인 독감으로 유럽에서 약 오천만 명이 죽었다는 사실도 우리에겐 '강 건너 불구경'처럼 남 이야기에 불과했다. 하지만 코로나 바이러스로 소중한 일상이 무너지고 수많은 생명을 잃으면서 바이오 재난 역시 실제 재난 상황이라는 것을 체감하고 있다. 우리나라의 방역체계는 세계 최고 수준이어서 방역 효과와 결과를 톡톡히 보고 있지만, 세계는 그야말로 지구

촌이기 때문에 우리만 방역을 잘한다고 해결될 일은 아니다. 최첨단 의료 기술과 전세계 집단 지성으로 백신과 치료제를 개발한다 해도 계속해서 변이하는 바이러스는 쉽사리 인간의 곁을 떠날 것 같지 않다. 그래서 바이러스 재난은 이제부터 시작이라는 불안한 말들이 여기저기에서 들려온다.

그렇다면 이처럼 불편하고 힘든 재난 상황이 우리의 새로운 일상이 되는 것일까? 우리가 겪고 있는 현실과 불투명한 미래를 고려할 때 신개념 재난 관리 프로그램이 필요하다. 지금까지 우리는 자연재해와 해당 발생 지역을 대상으로 재난 관리 프로그램을 운영해왔다. 이제는 언제 어디서나 어떤 재난이 발생할지 모른다는 가정 아래 광범위한 지역을 대상으로 준비해 나가야 한다. 이번 코로나바이러스는 인간이 자연의 경계를 넘어서면서 발생했다고 보는데, 인간이 인공적으로 개발한 화학물질 또는 독극물들도 새로운 바이러스를 생산해 공격해올지 아무도 모른다. 사람들이 모여 사는 대도시에는 매연, 폐기물, 폐수 등 상상하기조차 어려운 바이러스와 미생물들이 가득하고, 우리가 머무는 건물에도 위험한 유해물질들이 널려 있다.

국내 위험물 및 독극물 운송의 약 80% 이상이 육상 운송 수단을 통해 이루어진다. 따라서 위험물 운송 차량은 도로 교통사고에 항상 노출되어 있다. 위험물 운송 사고는 차량의 충돌·추돌 및 전복 등과 같은 직접적 1차 피해와 더불어 위험물 누출로 인한 화재·폭발 등 2차 피해로 이어질 수 있다. 그러므로 위험물질의 도로운송 전 과정을 국가의 안전 관리 기관이 총괄적으로 관리하는 것이 바람직하다고 본다. 사고 예방을 위한 루트 설정과 실시간 모니터링이 필요하고 사고 발생 시 신속하고 정확한 사고처리를 위해 사고정보 및 대응 정보체계를 구축·운영하여야 할 것이다. 우리나라 위험물 관련 사고는 계속 발생하고 있는데, 운송 차량의 폭발로 도로의 혼잡은 물론 도로 구조가 손상을 입어 장기간 통행이 불가능한 상황도 벌어진다. 운송 차량에 탑재된 물질이 독극물일 경우에는 그 피해가 더욱 커서 주변 지역 전체에 오랫동안 끔찍한 피해가 남을 수 있다. 현재는 위험물 운송 차량에 대해 특별 관리가 없어 출발지에서 거의 모든 도로를 거쳐 목적지로 이동할 수 있다. 만일 그런 사고가 도심에서 발생한다면? 상상만 해도 아찔한 상황이 연출될 것이다. 영화 속 설정이지만 위험물을 운반하던 트럭 한 대가 사고로 도시의 일부분을 완전히 마비시키는 재난영화도 있었다. 위험물 이동 사고를 사전에 방지하는 가장 좋은 방법은 위험물 차량은 특정 루트를 통해서만 이동하도록 하고, 사고가 발생해도 피해 범위를 축소하여 최소화하는 것이다. 서울 올림픽 도로에서 대형 쓰레기 수송 차량이 전복되면서 몇 시간 동안 도로가 통제되는 어처구니없는 상황이 발생하기도 하였다. 만일 그 쓰레기 차량이 다른 루트를 이용했다면 차량 통제 같은 2차 피해는 상대적으로 적었을 것이다. 그렇다면 해외에서는 위험물 차량을 어떻게 관리하고 있을까? 자동차 왕국인 미국의 경우, 위험 차량은 다음 4가지 차원으로 관리하고 있다. 인간에게 영향을 줄 수 있는 위험 감소 [안전 차원], 위험물 또는 독극물 수송이 자연환경에 줄 수 있는 위험요인 감소 [환경 차원], 위험물 또는 독극물 수송과정의 안정성과 안전성 지속 관리 [운송 신뢰성], 위험물 또는 독극물 수송 중 피치 못하게 사고가 발생할 때 사회와 경제에 미치는 영향을 최소화 [대응체계]. 미국은 관리체계 아래 위험물 차량이 사전 결정된 안전한 루트에 따라 운행 중이며, 차량 이동의 전 과정이 국가의 안전기관에 의해 실시간 철저하게 관리되고 있다. 캐나다에서도 위험물 수송시 수송 신고 및 허가, 수송 수단에 위험물질 알림 표시 및 특정 오염 측정, 비상시 대응, 사고 보고 및 교육 등이 정부 주도로 운영 중이다. 캐나다는 UN의 위험물질 수송 규정의 일부를 수용하여 위험물질 관련 법을 제정하였으며, 안전 관련 표준 및 법 규정을 정립하고 위험물 사고 발생시 전문가들을 통한 비상 대응 정보를 제공하고 있다. 또한 캐나다 내에서뿐만 아니라 인접국인 미국과 모든 운송모드로 이동하는 위험물 운송을 관리하여 공공의 안전을 확보하고자 공동 노력 중이다. 싱가포르도 위험물 수송 차량을 잘 관리하는 편인데, 주로 유해 화학 물질과 폐기물의 생산 및 처리를 회피, 예방, 방재로 구분하여 관리·감독하고 있다. 이 중에서 '회피' 과정은 대량 위험물 운송을 가능한 줄이고, 계획적으로 설비를 설치해 사고를 미리 방지하도록 하였다. 저수지나 인구밀도가 높은 지역은 피해감으로써 대형 사고시 악영향을 최소화하는 방식으로  시스템 구축 노력 중이다. 우리나라는 아직 위험물 차량에 대한 안전 의식이 미흡하여 정부 차원에만 머무르고 있어 국민 대상의 교육과 대비가 필요하다. 해외 위험물 차량 관리 프로그램의 성공 사례를 벤치마킹하는 일이 시급하다.

필자는 미국에서 대형 트럭을 빌려 승용차와 연결한 후 장거리 이사를 한 적이 있다. 평소 승용차 운전할 때와 같이 고속도로에 진입하려 했는데, 요금소 관리 직원의 통제로 고속도로를 이용하지 못하고 주변 국도를 이용했던 기억이 생생하다. 고속도로는 대형 화물차의 통행이 제한되며, 두 차량을 연결하면 고속도로 진입이 절대 불가하다는 것이다. 국도로 이동하는 바람에 하루면 이동 가능한 거리를 1박 2일에 걸쳐 이동하게 되었다. 미국은 고속도로에 대한 개념이 모호한데, 우리가 흔히 생각하는 고속도로를 미국의 유료 고속도로라고 보면 된다. 덕분에 미국의 유료 고속도로에서 일정 길이와 무게를 초과하는 트럭은 통행이 제한된다는 것을 배웠다. 이런 정책의 근간에는 유료 고속도로는 승용차만 이용하게 하여 승용차 통행의 안전성을 향상시키고 고속 주행을 보장한다는 원칙이 자리하고 있다. 우리나라는 어떠한가? 새로운 고속도로가 개통되면 곧바로 트럭을 포함한 모든 차량의 이용이 가능하다. 한국도로공사에 따르면 최근 5년간 고속도로의 화물차 교통량은 전체 교통량 대비 27%이다. 하지만 화물차 사고로 인한 사망자는 523명으로 전체 고속도로 사망자 1,079명의 48.5%를 차지하며 그 비중은 매년 증가하는 추세이다. 화물차의 이동 안전성을 위해서 비상 자동 제동장치, 차로 이탈 경고 장치 등 첨단 안전장치의 확대 보급 및 의무 장착 추진과 화물 낙하 사고 예방을 위한 폐쇄형 적재함 설치도 사고 예방에 도움이 될 것이며, 적재 불량 화물차 단속을 강화하고 상습 법규 위반차량에 대해서는 심야 통행료 할인 제한 등 규제를 강화하는 방안도 적절한 사고 방지 대책일 것이다. 한편, 고속도로에서 가장 위험한 것은 교통사고의 3대 원인인 운전자, 도로, 차량이 아니라, 고속도로를 주행하는 차량의 속도 차이라고 할 수 있다. 승용차 간 주행속도의 차이가 차량의 정상적인 흐름을 해쳐 불필요한 차량 정체 현상이 발생한다. 게다가 승용차와 화물트럭은 가·감속과 주행 성능에서 크게 차이가 나기 때문에, 고속도로 사고를 유발하는 주요 위험요인이 될 수 있다. 한 지역에서 다른 지역으로 이동할 때 해당 경로상에 고속도로 이외 다른 도로가 존재하지 않는다면, 당연히 화물트럭도 고속도로 주행을 허용해야 한다. 하지만 최근 국도의 운영 여건과 시설도 고속도로 수준에 버금가며, 같은 지역에 국도와 고속도로가 병행 설치 운영 중인 구간도 다수 존재한다. 따라서 도로의 안전성을 극대화하고 사고를 사전 방지하는 차원에서 화물차와 승용차의 주행을 각각 다른 도로로 분리하는 방안도 필요하다. 특히 위험물과 독극물 차량은 이동 경로를 철저하게 제한하는 것이 재난으로부터 인명 보호에 효과적이다. 아울러 대형버스도 승용차와 동시 주행을 제한함으로써 승용차와 대형버스 간 충돌을 사전에 차단할 수 있다. 지금처럼 승용차, 버스, 트럭이 함께 섞여 주행하면 교통사고 발생 가능성이 커지고 시간도 더 걸리는 등 부정적인 결과를 초래하므로 버스와 화물차의 일부 도로 이용 제한 정책은 재난 관리 차원에서 꼭 필요하다. 교통사고도 재난의 범주에 포함해 재난 관리 프로그램을 개발·운영하고, 관련 정책도 신속성보다는 안전성 위주로 추진하는 것이 바람직하다. 이처럼 자연 재난, 교통사고를 포함한 모든 인공 재난은 예방과 대비를 철저히 한다면 얼마든지 재정적 물리적 피해를 최소화하고 우리 일상의 안전 지속성을 보장받을 수 있을 것이다.

Part 2

# 우리는 과연 안전한 세상에 살고 있는가?

# 코로나 방역 규칙은 잘 지키면서 교통법규는 왜 안 지킬까요?

그동안 우리는 코로나 사태를 겪으며 평범한 일상이 얼마나 소중한 것인지 깨닫게 되었다. 더불어 코로나 감염과 확산을 막기 위해 정부와 전국민이 한마음으로 방역 기준을 세우고 지침을 준수하는 모습을 보여주었다. 그런데 필자는 교통전문가로서 한 가지 의문이 들었다. 세계 여러 나라의 찬사를 받을 정도로 높은 수준의 대응을 보여준 우리 국민들이  왜 교통 질서, 규칙 준수에는 강력한 의지가 없을까?  교통사고 사망자가 코로나 감염 사망자보다 적다고 여기는 걸까? 우리나라의 코로나 공식 사망자 수는 약 2만 명인데, 여기에는 기저질환 환자가 포함되어 순수하게 코로나 사망자 수라고 할 수 없다. 반면 교통사고 사망자는 지난 10년 평균 일 년에 약 3~5천 명이며, 부상자 수는 매년 30만 명을 상회하고 있다. (교통사고 통계는 경찰 보고에 의한 건 수를 기반으로 작성하기 때문에 실제 교통사고가 주는 실질적인 피해와 치명률은 더 높다.) 이러한 통계는 교통사고로 발생하는 피해와 상해가 코로나보다 약하지 않다는 사실을 보여주고 있다. 또한 코로나는 잠시 왔다가 사라지는 계절 질환인데 반해, 교통사고는 매순간 우리 주변에서 발생한다. 자동차는 매년 5~60만대가 증가하는데 도로는 거의 늘지 않는 주변 여건을 감안하면, 앞으로 교통사고는 크게 줄지 않을 것으로 예상한다. 그런데도 우리는 교통질서와 법규 준수에 대해 주의와 긴장감을 찾아보기 어렵다. 교통위반과 교통질서를 지키지 않아 발생하는 교통사고 때문에 일상적인 통행이 매우 위험한 상황에 처할 수도, 생명을 잃을 수도 있다는 사실은 왜 애써 외면하는 것일까? 무질서하고 불법 천지인 우리의 도로 환경에 우리가 너무도 익숙해져서일까? 교통사고가 나에게만 발생하지 않으면 아무 상관이 없다는 이기적인 마음 때문일까? 우리가 교통질서와 법규를 잘 지키지 않은 원인에 관해서 역사적으로 한번 살펴보자.

바이러스 감염은 역사상 오랫동안, 수차례에 걸쳐서 수많은 생명을 앗아갔는데, 그와 같은 역사적인 사실로 인해 사람들은 바이러스 감염의 위험성과 치명성을 확실하게 인지하고 있는 것 같다. 반면에, 인류가 이동하는데 유용한 교통수단이 등장한 시기는 불과 100여 년도 되지 않았다. 그전까지는 오로지 선박을 이용하여 바다를 항해하는 수준의 교통수단이 전부였다고 할 수 있다. 지금 우리 생활의 필수품인 자동차와 비행기는 세계 2차 대전이 끝난 후에야 대중적인 이동 수단으로 자리 잡기 시작하였다. 그래서 교통은 인간의 이동과 일상에 긴요한 도움을 준다는 긍정적 측면이, 생명을 잃을 수도 있다는 부정적 측면보다 훨씬 크게 주목받아 왔다. 사실 그동안 항공, 도로, 해운 각 분야에서 수많은 사람이 목숨을 잃고 다치고, 재산 손실을 보아왔음에도 불구하고 교통사고가 심각한 문제라는 인식이 형성되지는 않았다. 실제 교통사고 대부분이 교통법규와 질서 위반으로 발생하기 때문에 법규를 준수하고 주의를 기울이면 사고 발생률은 확연히 낮아질 수밖에 없는데도 말이다. 현재 발생 교통사고의 주요 원인인 과속, 난폭운전, 전방주시 태만, 교통신호와 표지, 졸음 등 평범한 교통법규와 질서를 위반하지 않는다면 해결될 수 있는 문제이다. 바이러스 감염이 나도 모르는 사이 주변 사람들로부터 전염되고 잘못하면 사망으로 이어진다는 사실은 교통사고가 타인의 실수와 잘못으로 내가 손해를 입을 수도 있는 구조와 흡사한 면이 있다. 바이러스와 교통사고를 피하기 위해서는 각별하게 조심해야 하며, 일상생활에서 적지 않은 두려움과 불편함이 따르게 된다. 또한 바이러스에 감염되거나 교통사고를 당하게 되면, 매우 귀찮아지며 일상이 파괴되는 경우가 발생하게 된다. 바이러스는 이론적으로는 방역과 백신으로 막을 수 있다, 하지만 바이오와 생명과학 분야가 아무리 획기적으로 발전한다고 해도 바이러스를 완벽하게 퇴치하기는 쉽지 않다. 마찬가지로 컴퓨터, 반도체, AI, 정밀기계, 첨단 소재 등 수많은 첨단기술의 합작품인 교통 수단과 시스템 역시 교통사고를 적절하게 예방하기에는 역부족이다. 이와 같은 의학 분야와 교통 분야의 현실적인 한계를 극복하는 방법으로서 방역 수칙 준수와 교통질서 준수는 피해의 정도를 크게 낮출 수 있으며 억울하게 죽어가는 생명을 줄일 수 있다고 본다.

우리나라는 22년 1분기 기준 인구 2.06명당 자동차 1대를 보유하고 있다. 앞으로 자동차는 더 늘어나고 사람들의 이동 역시 늘면 교통사고 발생은 더욱 커질 것으로 예상한다. 그런데 운전 습관은 무질서하고 난폭해서 도로는 위험천만한 공간이 되어가고 있다. 실제 우리나라의 교통사고 건수와 부상자 수 또한 꾸준히 늘고 있는데, 이는 자동차 보유 대수의 증가와 무질서한 운전행위 때문이다. 게다가 늘어나는 교통질서 위반행위를 단속이 따라잡지 못하고 있다. 더군다나 코로나 사태로 거리두기와 비대면이 일상화되면서 대중교통수단보다 개인 승용차를 이용하려는 심리 또한 늘어났다. 승용차 통행량이 늘수록 도로 혼잡과 사고 증가가 우려된다. 더군다나 우리 사회는 '교통질서를 지키면 나만 손해'라는 분위기가 지배적이라 교통질서 위반행위의 전염 현상을 부추기고 있다. 난폭운전, 보복 운전, 신호 위반 같은 교통위반 바이러스를 막으려면 교통안전 교육이 필수다. 하지만 운전면허 필기시험은 암기식 안전교육에 그치며, 교통사고가 개인과 사회에 얼마나 큰 악영향을 미치는지에 대해 제대로 된 교통안전 교육을 받은 적이 없다. 또 우리는 일상 속에서 알게 모르게 각종 교통질서 위반행위로 피해를 보며 살고 있다. 집 앞의 2중, 3중 주차로 주차와 이동에 적잖은 수고와 시간을 소모하고, 신호 위반, 주정차 위반, 속도 위반으로 매 순간 위기를 넘긴다. 어릴 때부터 올바른 교통안전 교육을 시행하고, 교통법규 위반자에게 효과적인 교육과정을 제공한다면 얼마든지 개선이 가능하다고 본다. 더불어 현재와 같이 가벼운 벌금 체계와 처벌은 가짜 백신과 같아서 2차 감염과 3차 감염에 노출될 수 있다. 즉, 교통위반 바이러스를 제대로 퇴치하려면 지금보다 훨씬 강력한 벌금 체계와 처벌이 필요하다. 운전을 하다 보면 양보와 친절은 정말 오래된 옛날이야기 같다. 서로를 배려하는 '양보와 친절' 운전이 있었는지 기억이 가물가물하다. 변화는 아주 작은 것으로부터 시작된다. 나부터, 기본 교통질서 준수로 새로운 교통 문화를 만들어간다면 교통사고 제로 집단 면역을 차근차근 준비하는 일이 필요한 때이다.

## 낚시와 음주 운전 단속

우리는 꽤 오랫동안 음주 운전에 대한 경각심을 가지고, 음주 운전을 근절시키기 위해서 캠페인, 단속, 법령 제정 등 다양한 노력을 해왔다. 음주 운전이 우리 사회에 미치는 악영향을 최소화하는 데 적지 않은 예산과 시간을 투자한 결과 음주 운전은 줄어들었을까? 음주 단속을 본격적으로 시행한 1990년부터 음주 운전 관련 교통사고는 계속 증가하다 10년 전부터 감소 추세로 접어들었다. 한 해에만 네 자릿수까지 치솟던 음주 운전 관련 사망자 수치가 연간 2~300명으로 줄었으니 분명 긍정적인 신호라고 볼 수 있다. 반면 발생 건수와 부상자는 최근에도 각각 매년 약 2만 건 내외, 2만~3만 명이 발생하여 아직 안심할 단계는 아니다. 관련 자료를 자세히 들여다보면, 2020년 코로나 발생 후에는 전년도와 비교해 다시 증가추세에 들어선 것으로 나타났다. 사망자는 비슷한 수준이나, 발생 건수와 부상자 수가 각각 약 10%, 8% 정도 증가하였다. 하지만 지난 20년간 음주 운전 통계 수치를 포괄적으로 분석해보면 음주 운전 행위는 확실하게 줄어드는 추세에 있는 것으로 해석된다. 음주운전 관련 교통사고의 피해가 매우 심각하다는 인식이 확고하게 자리 잡았고, 게다가 음주 운전을 범죄 행위로 취급하는 사회의 분위기가 교통사고 감소에 나름대로 기여했다고 할 수 있다. 그리고 우리나라에서만 대중적으로 이용이 활성화된 대리운전이 음주 운전 억제에 지대한 공헌을 해왔다. 하지만 최근 비대면 선호 현상이 확산되면서 대리운전을 거부하고 음주 운전을 시도하는 운전자가 늘고 있다. 아직도 위태위태한 상황이다. 음주 운전을 낚시에 빗대어 생각해 보자. 도로 위 음주 운전 차량을 월척 물고기, 단속행위를 낚시로 가정해 보자. 낚시꾼에 월척 물고기를 잡으려 해도 물속에 물고기가 없다면 낚시꾼이 아무리 애를 써도 허탕을 치게 된다. 다시 말해, 도로 위 음주 운전행위 자체가 없다면 단속이 불가능하다. 가장 이상적인 상황이다. 그러나 현실적으로는 물속에 월척 물고기가 있는지 없는지 명확하게 알 수 없다. 왜냐하면 물속의 모든 물고기를 조사할 수는 없기 때문이다. 마찬가지로 도로 위를 달리는 음주 운전 차량을 빠짐없이 단속한다는 것은 있을 수 없다. 불가능한 일이다. 그렇다면 도로 위의 음주 운전 차량을 찾아내는 방법이 중요해진다. 어떤 방법을 사용하느냐에 따라 음주 운전 차량의 증감 조사 결과에 영향을 미치기 때문이다. 기본적으로는 음주 운전 차량을 단속하는 표본의 규모와 빈도가 음주 운전 증감을 판별하는 열쇠다. 도시 인구 규모와 자동차 대수에 맞는, 적정 빈도로 단속을 시행하지 않으면 음주 운전 차량을 효과적으로 찾아내기 어렵다. 단속을 강화하면 음주 운전이 많은 것처럼 보이고, 단속이 허술하면 음주 운전이 줄어든 것처럼 보일 것이다. 이처럼 단속의 강약은 음주 운전이 실제로 줄었는지 늘었는지를 판명하는 데 방해가 된다. 예를 들어 단속의 방식을 살펴보자. 과거에는 도시의 주요 지점에서 통행하는 모든 차량을 가로막고 검문하는 일제 단속방식으로 음주 운전 단속을 했다. 음주 차량을 찾아내는 데는 매우 수월하고 효과적이었다. 지금은 일제 단속방식이 교통의 흐름을 방해하고 사생활을 침해한다는 이유로 의심 차량 중심의 단속을 시행한다. 두 가지 단속 방법은 음주 운전자를 찾아내는 데 큰 차이가 있어, 기간별 음주 운전 차량의 증감 여부를 명확하게 파악하기 어렵다. 사실 우리나라처럼 운전자에게 음주 여부 측정기를 들이대는 방식으로 단속하는 경우는 세계적으로 찾기 어렵다. 낚시의 목표가 물속의 월척 물고기를 잡는 것이듯 음주 단속의 목표도 전체 음주 운전을 줄이는 것, 결국 음주 운전의 근절이 훨씬 중요하다는 뜻이다.

음주 운전 단속정책에서 반드시 지켜야 할 원칙이 있다. 그것은 바로 형평성과 공정성이다. 음주 운전이라는 범죄 행위가 우리 사회에 너무나 큰 피해를 주기 때문에 무거운 처벌조항을 만들고 근절 캠페인을 활발하게 벌이고 있다. 온 사회가 다양한 노력을 하는 마당에 특정인은 음주 운전을 하고도 처벌받지 않는다면 해당 법률에 대한 신뢰성은 큰 타격을 받는다. 그동안 소위 사회지도층 인사들은 음주 운전 처벌로부터 자유로웠다. 일반 국민이 음주 운전을 하면 법적인 처벌을 받고 자동차 보험 사고부담금이 상향되는 등 그에 상응하는 책임을 묻는 상황과 정반대이다. 특정인과 집단에 대한 면죄부는 음주 운전 단속에 반감을 갖게 하고 법과 제도에 대한 신뢰감을 상실하게 하는 부정적인 결과를 불러온다. 국민 간 위화감 조성은 국가 성장과 발전의 원동력을 파괴하는 안타까운 상황을 만든다. 피해자를 더욱 철저하게 보호하고 음주 운전을 예방하자는 취지의 교통사고 처벌 특별법인 '윤창호법'은 최대 무기징역까지 선고할 수 있음에도 불구하고 현실은 아주 적은 형량이 선고되는 실정이어서 피해자의 분노와 슬픔을 더욱 크게 만들고 있다. 실제 여러 사례에서 '윤창호법'이 오히려 피해자보다는 가해자를 더욱 유리하게 만드는 판결이 나오고 있는 현실이다.

그렇다면 다른 나라들은 음주 운전에 어떻게 대응하고 있을까? 일단 음주 운전은 범죄이고, 위반시 엄격하게 처벌해야 한다는 사회적 공감대와 인식이 확실하게 잡혀 있다. 강력하고 가혹한 처벌, 공명정대한 법 집행, 지속적인 캠페인을 오랫동안 추진해 온 덕분이다. 그래서 음주 운전이 그들 사회에 주는 폐해는 현격히 낮다. 왜냐하면 음주 운전자는 현장에서 즉시 체포되고 까다로운 처벌 과정과 막대한 벌금, 가혹한 처벌을 통해 음주 운전을 하지 못하게 만들기 때문이다. 게다가 음주 상태에서 운전했다는 사실 외에도 난폭운전, 과속, 교통법규 위반, 공무집행방해 등의 죄목이 추가되어 운전대를 잡지 못하는 경우가 허다하다. 이제 우리도 음주 운전을 완전히 근절할 때가 되었다. 물속 월척 물고기, 음주운전을 효과적으로 단속하는 방법은 기존의 법률과 제도에 따라 성실하게 시행하는 것이다. 그렇다고 음주 운전을 완벽하게 근절할 수는 없다. 단속을 아무리 철저하게 한다 해도 물속 월척 물고기를 모두 잡을 수는 없는 것과 마찬가지이다. 강화된 새로운 법령을 최대한 활용하여 강력한 처벌을 해야 하며, 현장의 경찰 대응에도 변화가 필요하다. 월척을 여러 마리 잡는 것보다 한 마리를 제대로 잡아 강력하게 처벌하는 방식이 더 효과적이다. 음주 운전자를 현장에서 체포하는 장면과 처벌하는 과정을 언론을 통해 가감 없이 보여줌으로써 모든 운전자에게 강력한 인상을 남길 수 있기 때문이다. 음주 운전을 하면 가정, 직장, 사회에서 완전히 퇴출당한다는 사실을 전국민에게 각인시켜야 한다. 추가로 음주 운전 단속 사례 교육은 학교, 직장, 행정기관 등에서 지속적으로 시행하고, 위반시 모든 국민이 똑같이 법과 원칙에 따라 처벌받는다는 사실을 행동으로 보여주어야 한다. 이와 같이 여러 가지 정책을 동시다발적으로 시행함으로써 "음주 운전은 범죄행위"라는 인식이 형성되고, 예방 차원에서도 바람직한 결과를 낼 것이다. 이젠 흑묘든 백묘든 모든 수단과 방법을 가리지 말고 우리 사회로부터 음주 운전을 영원히 퇴출시켜야 하며, 이는 우리 사회가 교통안전 부문을 정상화하는 데 중추적인 역할을 할 것이다.

## 교통위반의 생활화

우리 일상생활에서 '이동'은 필수 행위다. 사람들이 모여 사는 도시에서 움직임은 끊임없이 생겨나고, 생계 활동에도 '이동'은 매우 중요한 역할을 한다. 따라서 안전하고 편안한 일상생활과 원활한 생계유지를 위해 이러한 '교통 행위'와 관련된 법규와 질서를 준수하는 것은 필수 불가결하다. 하지만 안타깝게도 현실은 그렇지 못하다, 지금 가까운 도로에 나가 주변을 살펴보자. 불법주정차 차량을 목격하는 데 그리 오랜 시간이 걸리지 않는다. 도로변 한 차선을 점유하고 있는 차량, 건물 앞 불법 공간에 주차된 차량, 심지어 보행로 위에 주차된 차량 등 불법주정차 차량을 쉽게 찾을 수 있다. 이 차들은 교통의 원활한 흐름을 방해하고 보행자의 안전한 통행에 지장을 준다. 교통위반 행위가 다른 사람과 주변 차량에 피해를 주는 전형적인 위반행태이다. 주차 문제로 이웃 간에 심각한 갈등과 충돌을 일으키는 경우도 이제 흔한 일상이 되어가고 있다. 불필요한 시비로 기분이 상하는 정도가 아니라 몸싸움이나 칼부림으로까지 번져 개인뿐 아니라 사회 전체에 큰 문제가 되기도 한다. 이런 상황을 보면 우리 사회에 교통위반이 이미 습관으로 자리 잡은 것 같아 자괴감이 들기도 한다. 사실 개인의 실수나 불찰로 교통법규와 질서를 어기면 그에 상응하는 벌칙을 받으면 된다. 아울러 그 벌칙은 같은 행위를 반복하지 않도록 아주 위중하고 엄격해야 한다는 것이다. 만일 유사한 교통질서 위반행위가 계속해서 발생한다면 현재 시행 중인 처벌 법규에 문제가 있는 것은 아닌지 다각도에서 심도 있게 고민하고 검토해봐야 한다. 더군다나 최근 우리 주변의 교통상황은 그야말로 시시각각 변하고 있다. 도로와 철도를 비롯한 교통시설물이 빠른 속도로 건설되고 있기 때문이다. 새롭게 바뀐 교통 여건과 흐름에 탄력적으로 대응하는 것은 당연한 일이다. 이때 새로운 교통의 흐름에 쉽게 적응하고 정상적인 통행을 위해서 기본적인 교통 관련 법규와 질서는 반드시 지켜져야 하며, 질서 위반행위를 막기 위해서는 다양하고 효과적인 제재방식이 필요하다. 또한 자동차를 운전하는 운전자인 동시에 보행자인 우리의 운전의식과 습관에도 고쳐야 할 점이 많다. 도로 위를 달리고 있는 차량 대부분은 목적지를 향해 빠르게 달려가려 한다. 필자는 운전 중 마치 자동차경주 대열 속에 있는 느낌을 받을 때가 있다. 운전 목적이 출발지에서 목적지까지 안전하게 이동하는 데 있는 것이 아니라, 내 차가 다른 차보다 빨리 달리는 것으로 변질되어 버린듯하다. 하루에 십 수 명이 자동차 사고로 사망하고 수천 명이 상처를 입어도 안전보다 빠른 통행이 우선이라는 말인가! 교통량이 점점 늘어가는 마당에 안전보다 더 중요한 것은 없다. 우리 모두 이기적인 운전을 일삼고 있음을 부인하기 어렵다.

한편 교차로에서는 위반 같지 않은 위반행태를 자주 볼 수 있다. 교차로에서 출발 대기 중인 차량이 녹색신호가 들어왔는데도 출발하지 않는다. 적지 않은 운전자들이 녹색신호 점등 후 몇 초의 시간이 흐른 뒤에 출발한다. 왜 그럴까? 아마도 다른 생각에 잠겨 있거나 핸드폰을 들여다보거나 전화 통화를 하거나, 문자 메시지를 보내느라 녹색불이 켜진

지도 모르고 있어서일 것이다. 이는 전방주시 태만으로 발생하는 대표적인 교통질서 위반사례이다. 큰 피해를 주는 것이 아니라고, 위반이 아니라고 생각할 수도 있지만 교차로 짧은 신호에 몇 초가 지연되면 통과할 수 있는 차량 대수는 큰 폭으로 줄어든다. 명백히  잘못된 습관이다. 이번에는 신호등 운영원칙을 알아보자. 일반적으로 신호등은 교차로의 방향별 교통량, 보행량, 도로 폭, 출발 시 손실시간 등 여러 요인을 면밀하게 고려하여 전체 신호등을 설계하고 운영한다. 여러 방향에서 교차로로 진입하는 차량들이 형평성에 맞게, 차례대로 통과할 수 있도록 방향별 최적의 신호 시간을 결정한다. 그런데 교차로 녹색 신호에 출발이 늦거나 빨간 신호가 켜졌음에도 교차로 내부로 진입하면 신호등 운영은 사전 계획과 달라진다. 한번 어긋난 교통신호체계는 순식간에 엉망이 될 수 있다. 교통신호등은 교차로 진·출입 차량의 움직임을 마치 드론이 위에서 보고 있는 것처럼 상황에 맞는 신호 주기와 표시로 운영되어야 한다. 운전자의 교통신호등 위반과 비정상적인 이용은 추돌과 충돌사고를 유발하며, 교차로 신호 이용 교통량 줄어들게 하여 정체의 원인이 된다.

최근 교통의 주요 이슈는 교차로 우회전 통행이다. 우회전은 좌회전에 비해 차량이 서로 마주칠 기회가 적다 보니 운전자는 우회전 행위를 상대적으로 쉽게 생각하는 경향이 있다. 하지만 통행량이 많은 교차로의 경우, 우회전 신호등을 별도 설치할 정도로 중요한 교통 행위이다. 우회전 신호등이 없는 경우, 오히려 사고 위험성이 크기 때문에 다른 방향의 차량 움직임과 횡단보도 이용 보행자를 잘 살핀 후에 우회전해야 한다. 만일 우회전을 하다 다른 차량과 충돌이 발생하면 매우 복잡한 상황이 된다. 반드시 알아야 할 원칙은 우회전 차량은 다른 방향의 차량과 비교할 때 통행 우선권 면에서 뒤처져 있다는 사실이다. 더 큰 문제는 우회전 차량과 보행자의 충돌이다. 보행자는 모든 차량 통행에 대해 통행 우선권을 가지기 때문에 우회전 사고 발생시 절대적 가해자가 될 수밖에 없다. 다시 말해 교차로 운영에서는 보행자의 안전이 가장 우선적으로 고려되어야 한다. 한편 교통공학에서 RTOR(Right Turn On Red)라는 우회전 원칙이 있다. 교차로에서 직진 차량의 신호등이 적색일 때 우회전을 허용하는 법규를 말하는데 우리나라는 아직 기관들 사이 이견이 정리되지 않았다. "보행자 안전 우선"이라는 원칙 아래 모든 교차로에서 공통 적용되는 맞춤형 우회전 통행 원칙을 만들어야 한다. 최근 우회전 충돌사고가 빈번하게 발생하면서 2022년 1월부터 우회전 차량에 대한 통행 원칙이 강화되었다. 보행자가 횡단보도를 건널 때는 반드시 일시 정지한 후 우회전해야 한다. 위반 시 모두 단속 대상이 될 뿐 아니라 벌점과 벌금도 부과된다. 보행자 보호의무 위반으로 적발되면 운전자는 벌점 10점, 승용차 6만 원, 승합차 7만 원의 벌금을 내야 한다. 뉴욕시에서는 우회전 차량과 보행자의 충돌을 방지하기 위해서 보행신호를 직진 신호보다 약 3초 정도 더 길게 하는 정책을 시행 중인데 실제 교통사고를 줄이는 효과를 보고 있다. 우리 역시 강화된 정책으로 우리 아이들이 우회전 사고 없이 안전하게 횡단보도를 건너길 바란다.

또 다른 이슈는 추월차로이다. 우리가 자주 위반하는 교통질서이기도 하다. 차량의 이동은 교통공학 이론에서는 물 흐름에 비유되곤 하는데, 도로의 차선 수, 즉 물길이 많으면 차량 흐름이 원활하고 반대로 도로의 차선 수가 적으면 정체가 발생한다는 원리이다. 그런데 강의 폭이 일정하다면 물은 일정한 속도로 이동하지만, 자동차는 일정한 차선에서 일정한 속도로 이동할 수 없다. 그 이유는 물과 달리 각각의 자동차는 주행 성능이 다르고 운전자의 운전 능력이나 습관이 다르기 때문이다. 따라서 도로 차선을 주행차로와 추월차로로 분리 운영함으로써 불필요한 도로 정체를 완화하고자 하는 것이다. 도로에 한 방향으로 차선이 두 개일 경우, 왼쪽은 추월차로, 오른쪽은 주행차로로 운영하고 있다. 대부분의 차량이 주행차로를 달리다가 앞차를 추월할 때만 추월차로를 잠시 이용하고 다시 주행차로로 복귀하는 방식이다. 추월 차로 운영은 전체적인 교통의 흐름을 일정하고 원활하게 유지하는 데 큰 역할을 한다. 만일 저속차량이 추월차로를 계속 주행한다면 차량의 흐름은 일관성을 잃고 오히려 정체 현상을 가중시키게 될 것이다. 한 방향 차선 수가 3차로 이상일 경우는 추월차로가 안전한 교통 흐름에 더 큰 역할을 한다. 현재 고속도로에서 추월차로 이용방식을 준수하지 않아 차량 사이 갈등과 혼잡이 많이 일어난다. 이를 방지하려면 추월차로에서 오랫동안 주행하는 위반차량을 단속해야 한다. 우리보다 자동차 문화가 먼저 자리 잡은 미국, 독일 등과 같은 나라에서는 이미 추월차로 위반 차량을 찾기가 어려울 정도로 도로가 정상 운영 중이다. 우리 역시 명확한 단속 기준을 세우고 효율적인 단속 방법을 개발해야 할 것이다. 우리에게 맞는 단속 방식을 활용하여 차량의 흐름이 물의 흐름처럼 원활해지기를 기대해본다.

그렇다면 외국은 어떤 이유로 교통위반 행위가 우리보다 적은 걸까? 우리와 무엇이 달라서 이런 결과가 나오는 걸까? 왜 우리는 정지표지와 제한 속도를 무시하고 상대 차량에 대한 배려와 양보가 어려운 걸까? 차선을 바꿀 때, 좌회전, 우회전할 때 왜 방향 지시등을 켜지 않는 걸까? 필자의 경험에 근거하여 판단할 때 그들과 우리 사이에 가장 뚜렷한 차이점은 교통 당국의 의지라고 본다. 우리나라 교통 당국은 교통이 우리의 일상과 사회에 큰 영향을 미치며 교통 문제가 얼마나 큰 피해를 주는지 정확하게 인지하지 못하고 있다. 그러다 보니 교통질서와 법규 위반 문제 해결을 위해 강력한 방지 대책을 집행하지 못하는 것이다. 사례를 들어보자. 주차 단속에 대해 시민들의 의견이 강력하게 단속해야 한다는 쪽과 무리하게 단속하면 안 된다는 두 가지로 갈릴 때 단속기관은 어떻게 처리해야 할까? 공무 집행권을 가진 단속기관은 다수의 시민을 위한 정책을 법대로 집행해야 한다, 그러나 현실은 전혀 그러하지 못하다. 법 집행을 강력하게 추진하기보다는 민원 발생을 피하기 위해 편안한 보신주의에 매몰되어 있는 건 아닌지 반드시 돌아봐야 한다. 도로와 주변에 너무나 많은 불법 주차 차량을 전부 단속하기에는 인력과 예산이 부족하여 단속 자체를 포기하는 경우가 많다고 변명할지 모른다. 그럼 인력과 예산을 핑계로 지금처럼 불법 주차 를 허용하는 것이 올바른 일일까? 다른 방법은 없는 걸까? 교통선진국의 경우 도로 위 불법 주차 차량은 거의 찾아볼 수 없다. 교통선진국의 주차 정돈이 잘 된 골목길을 방문할 때마다 우리나라의 상습 불법 주차에 익숙한 필자는 충격과 감탄을 금치 못한다. 주차 단속카메라도 없는데 어떻게 가능한 걸까? 사실 그들의 불법 주차 단속 방식은 매우 원시적이다. 주차 전문 단속원이 도로를 오가며 위반행위를 감시하고 불법 주차 차량 발견 즉시 주차 티켓을 부과한다. 주차 단속원이 정기적으로 같은 장소의 위반 여부를 확인하러 다닐 정도로 철저하게 단속하기 때문에 주차 위반 차량은 꼼짝없이 단속에 걸리고 만다. 게다가 주차 벌금과 벌점이 엄청나기 때문에 대부분 차량은 불법 주차를 아예 생각조차 하지 않으며, 불법차량에 대한 신속한 견인도 불법행위를 근절에 큰 역할을 한다. 대도시나 중소도시나 똑같은 방법으로 단속을 철저하게 시행한 결과 불법 주차 행위는 전국 어느 지역에서든지 하면 안 된다는 준법의식이 심어지고 있다. 위반행위를 근본적으로 근절하려면 벌금의 강화와 함께 국민 의식의 개선이 필요하다는 교훈을 얻을 수 있다. 아울러 "불법 주차를 해도 별문제 없다"는 잘못된 생각을 바꾸기 위한 교통 심리와 강력한 정책 실행 또한 시급하다.

# 암행 단속의 득과 실

요즘 고속도로를 주행하다 보면 자동차가 정말 많아졌다는 생각이 든다. 더하여 교통 상황은 여전히 불안정하다는 사실을 재확인하게 된다. 도로 증가율이 교통량 증가율을 따라가지 못해서 생기는 당연한 결과로 추정할 수 있다. 전체 차량의 약 70% 이상이 승용차로 도로 혼잡을 유발하는 주요 원인이 되고 있다. 게다가 많은 차량이 과속으로 질주하고 있었는데, 규정 속도로 주행 중인 운전자들은 추월당할 수밖에 없는 상황이 반복되고 있었다. 도로가 자동차 경주장인 듯 한 대가 과속하면 주위 차량도 덩달아 과속하는 기이한 현상이 벌어진다. 교통당국이 이런 위반 차량을 단속하기 위해 설치한 "암행 단속합니다" 현수막을 도로 곳곳에서 심심찮게 볼 수 있다. 경찰이 모습을 드러내지 않은 채 단속하겠다는 공지 사항이다. '형법 제 20조(정당행위)'를 보면, "법령에 의한 행위 또는 업무로 인한 행위 기타 사회상규에 위배 되지 아니하는 행위는 벌하지 아니한다"고 명시하고 있다. 위반차량 검거 행위는 정당한 법 집행 행위에 포함된다는 뜻이다. 암행 단속이 함정수사라는 지적에 대해서 "함정수사란 수사기관이 범행 의도가 없는 사람에게 범행 의도를 유발함으로써, 범죄를 저지르게 유도하는 수사"이므로 암행 단속은 함정수사가 아니라는 주장이다. 경찰의 주장은 분명 일리가 있으며, 현재 심각한 교통상황을 고려할 때, 안전한 통행을 보장하기 위한 정책

집행의 일환이라고 봐도 무방하다. 암행 순찰 단속 임무는 준비, 탐지 및 접근, 유도, 정차, 복귀 등 5단계로 세분화되어 있다. 우선 블랙박스와 캠코더를 이용해 문제 차량의 범법 행위에 대한 증거자료를 확보한다. 증거 확보가 끝난 이후 위반차량 30m 후방까지 접근해서 경광등과 문자전광판 및 사이렌 송출 후 해당 차량을 하위 차로로 유도하게 된다. 그리고 차량을 정차시킨 뒤 위반 항목을 알리며, 운전자가 부인할 경우 확보한 증거 영상을 제시하며, 중대한 범법 행위를 저질렀을 경우 형사 입건 대상이라는 점을 통고하게 된다. 필자는 경찰이 우리사회에 커다란 손해를 끼치는 교통법규 질서 위반자를 지나치게 친절하게 대하고 있다는 생각이 든다. 교통선진국 사례를 보면, 과속 차량을 발견하는 즉시 단속하고 운전자에게 위반 티켓을 발부하고 "이의가 있으면 법정에서 소명하시면 된다"고 고지 후 현장을 떠난다. 우리의 경우 위반 단속카메라가 등장하기 전까지는 경찰과 운전자가 위반 내용과 증거를 가지고 실랑이를 벌이는 모습을 종종 볼 수 있었다. 공공의 이익을 위해 업무를 수행중인 경찰이 운전자와 도로상에서 잘잘못을 따진다는 것은 있을 수 없는 일이다. 경찰은 단속을 전문으로 하는 공직자이고 수많은 경험과 자료를 바탕으로 업무를 수행하기 때문에, 단속과 관련된 모든 책임과 권한은 해당 경찰에게 있는 것이다. 위반 차량 단속 절차를 단순하게 만들어 실행하는 것이 현실적이고 상식적이다. 경찰은 수많은 운전자를 상대하기 때문에 한 명을 상대로 불필요한 논쟁에 시간을 소모해서는 안 된다. 경찰의 권위가 온전히 지켜져야만 위반차량을 제대로 단속하고, 교통질서를 바로 잡을 수 있다.

그렇다면 암행 단속을 통해 실제 단속되는 위반차량은 어느 정도일까? 암행 단속의 철저한 준비와 실행에도 불구하고 암행 단속은 전체 위반 건수의 약 1~2%에 그치고 있다. 암행 단속이 교통법규 및 질서 위반차량을 효과적으로 단속하고 있다고 보기에는 매우 낮은 통계 수치이다. 암행 단속정책이 차량의 질서 위반을 예방하는 데 큰 효과가 있다고 보기 어렵다. 암행 단속의 본래 의도는 경찰이 암행 단속 중이니 조심해서 안전 운전하라는 뜻이다. 즉, 경찰이 도로를 순찰함으로써 운전자에게 경각심을 주고 사고를 예방하는 차원에서 시행하는 정책이다. 하지만 고속도로 순찰대의 현재 단속인력으로는 일반 단속과 암행 단속을 병행하는 것이 가능할까 하는 의문이 든다. 원칙적으로 고속도로의 과속과 난폭 운전 관리는 순찰대의 선택 사항이 아니라 의무사항이며, 도로의 운영과 관리에서 교통단속은 핵심 요인이다. 이름처럼 암행어사 출두 같은 깜짝쇼를 하려는 마음은 버려야 한다. 도로에 CCTV 카메라 몇 대 설치한다고 저절로 해결되지 않는다. 도로의 안전한 운영과 관리를 위한 단속은 지극히 정상적인 업무수행이다. 사실 운전자 처지에서 가장 불편한 상황은 운전 중에 갑자기 경찰을 만나는 일이다. 즉, 단속 경찰이 도로를 왔다 갔다 하는 것만으로도, 대부분 차량은 위반할 엄두를 내지 못한다. 고속도로에는 위반 단속을 위해서 경찰차가 대기하는 공간이 있다. 그 공간에 경찰차가 대기 중이라는 사실만으로도 운전자는 적지 않은 긴장감을 느끼게 된다. 위반행위를 효율적으로 단속하려면 지역별 시간대별 위반행태 정보를 확보하여야 한다. 언제 어디에서 어떤 위반이 가장 많이 발생하는지에 대한 정확한 정보를 얻으려면 기존 교통 흐름 빅데이터를 확보하여 다양한 분석을 수행해야 한다. 다시 말해 경찰이 도로를 순회하면서 교통질서 위반 운전자와 교통흐름을 방해하는 차량을 찾아내려면 언제 어느 구역에서 단속하고 언제 어느 방향으로 이동해야 하는지 연구와 노력이 필수이다. 외국의 단속 사례를 살펴보면 경찰의 단속 대기 공간은 시즌과 날씨에 따라 바뀌고, 상습 과속 구간이나 난폭운전 발생 장소에 대한 집중 관리가 안정적인 교통흐름을 만드는 데 기여하고 있다. 한편, 현재 전체 단속 건수의 약 70%가 CCTV 단속으로 가장 많은 실적을 보이는데, 그다지 바람직한 상황은 아니다. 카메라를 활용한 지점 단속 방식은 교통의 흐름을 급작스레 깨뜨려 오히려 교통사고 발생의 빌미를 제공하기도 한다. 과속 운전자가 지점 단속 카메라 설치 지점 부근에서 급감속하면서 뒤 차량과 추돌 가능성을 높이기 때문이다. 따라서 지점 단속카메라 설치 운영보다는 해당 지점 부근에 단속인력의 감시 강화가 보다 효과적이다. 앞으로 현장에서 위반 행위를 직접 단속하는 비율을 높이는 방안에 대한 진지한 연구와 논의가 필요하다. 더불어 최근 급격하게 늘어난 구간 단속은 과속 예방에 큰 효과를 보이고 있어 지속해서 확장 운영하는 것이 바람직하다. 또한 모든 요금소, 휴게소, 쉼터에 구간 단속카메라 시스템을 설치·운영하여 모든 도로에서 과속은 항상 감시되고 단속되고 있다는 사실을 운전자에게 인지시키는 것이 현명하고도 바람직하다.

해외의 과속 단속 방식을 살펴보면, 우리와는 정반대 현상을 보인다. 미국의 경우 과속 단속 카메라 설치는 거의 없으며, 대부분 현장 경찰 인력에 의해 단속정책이 집행되고 있다. 경찰차가 도로를 배회하는 방식과 특정 지점에서 대기하다가 단속하는 방식, 크게 두 가지로 분류할 수 있다. 두 방식 모두 위반차량을 효과적으로 감시, 단속하는데, 운전자가 순간적으로 과속을 하면 어디선가 경찰이 귀신같이 나타나 경광등을 켜며 위반차량에 정지를 요구하는 모습은 매우 익숙한 미국의 일상 풍경이다. 필자도 운전 중 과속 단속에 걸린 적이 있는데, 적시에 정확한 방법으로 위반행위를 포착했기 때문에 단속 경찰에게 아무런 항의나 반박을 하지 못했다. 위반 사실을 자인할 수밖에 없었으며 값비싼 벌금을 내면서는 다시는 위반하지 말아야겠다는 생각이 절로 들었다. 이처럼 효과적인 단속을 위해서는 교통전문가 수준의 기술과 경험이 요구된다. 암행 단속정책 덕분에 우리도 고성능 경찰차를 보유하게 되었으므로 일반 차량과 함께 도로 위를 주행하면서 단속을 집행할 수 있게 되었다. 이는 차량간 속도 차이를 줄이는 효과를 만들어 안정감을 크게 높일 것으로 예상한다. 단속 목적은 위반차량을 적발하여 완전하게 사라지게 하는 데 있다. 단속 자체에 그 목적이 존재하지 않는다. 단속 제도를 강화하고 강력하게 집행하는 방법이 운전자의 자발적인 질서 준수보다 훨씬 효과적인 정책이라는 사실을 잊지 말아야 한다.

## 어린이보호구역 정책의 시행 효과를 높이려면

1995년 "도로교통법"에 의해 도입된 '어린이보호구역'이란 어린이들을 교통사고 위험으로부터 보호하기 위해 유치원과 초등학교, 학원 주변에 설정한 특별 보호구역을 말한다. 어린이는 사회와 국가의 미래이자 희망이기 때문에 특별하게 보호되고 관리되어야 한다는 차원에서 그 중요성과 당위성이 존재한다. 어린이보호구역이 설치되는 대상에 대해서는 "유아교육법", "영유아보육법", "학원의 설립·운영 및 과외교습에 관한 법률", "초·중등교육법" 등에 명시되어 있다. 어린이보호구역은 각종 학교와 학원 등 정문을 중심으로 반경 300m 이내의 주변 도로의 일정 구간을 대상으로 하여 지정할 수 있게 규정되어 있다. 2019년 기준으로 전국에 약 1,700군데의 어린이보호구역이 운영 중이다. 지방경찰청장이나 경찰서장은 어린이보호구역에서 구간별·시간대별로 다음과 같이 조치할 수 있다. 차마의 통행을 금지하거나 제한하는 것, 차마의 정차나 주차를 금지하는 것, 운행속도를 시속 30㎞ 이내로 제한하는 것, 이면도로를 일방통행로로 지정·운영하는 것. 이러한 조치를 시행하는 경우에는 적절한 장소에 반드시 안전표지를 설치해야 한다. 차량이 어린이보호구역에서의 규정을 위반했을 때는 벌점 및 범칙금이 2배로 가중처벌된다. 즉, 제한 속도 40km/h 초과 시 범칙금은 기존 30점의 두 배인 60점으로 60일 면허정지 처분을 받게 된다. 특히 어린이보호구역 내 교통사고의 경우 특례법상 12대 중과실에 해당하며, 형사 처분 대상이 된다. 그렇다면 운전자들은 어린이보호구역의 교통 법규, 질서를 잘 지키고 있을까? 지난 3~40년 동안 자동차 대수가 늘고, 기술은 발전했지만, 교통질서와 법규를 제대로 준수하는 교통문화는 오히려 퇴보하는 모습을 보여 왔다. 최근에도 어린이보호구역에서의 어린이 교통사고가 발생하여 심각한 사회문제로 대두되고 있다. 어린이보호구역의 법규를 이해하고 준수하기에 아직 한참 부족하다. 이에 정부는 어린이보호구역에서 교통사고를 줄이고 안전한 보행을 위해 '민식이법'이라는 새로운 법률을 제정했다. 어린이보호구역 법령은 1995년 도로교통법이 제정한 "어린이 보호구역의 지정 및 관리에 관한 규칙"에 따라 도입되었고, 2011년 "어린이·노인 및 장애인 보호구역"으로 개정되었다가, 2020년 3월 25일부터 '민식이법'을 시행하게 된 것이다. '민식이법'에 따르면 어린이보호구역에서 사고가 나서 어린이가 사망에 이르면 운전자는 벌금형 없이 무기징역 또는 3년 이상의 징역으로 처벌받고, 상해를 입혔다면 5백만~3천만 원의 벌금이나 1~15년의 징역형에 처한다고 되어 있다. 그동안 어린이보호구역의 위반에 관한 관심과 처벌 미약하고, 교통안전 의식 취약했기 때문에 이와 같은 강력한 법률이 등장하게 된 것이다.

<표> 민식이법 시행 전후 어린이보호구역 교통사고 현황

단위: 건

| 구분 | 교통사고 | 부상 | 속도위반 단속 건수 |
|---|---|---|---|
| 2019년 3/25~4/30 | 50 | 50 | 153,397 |
| 2020년 3/25~4/30 | 21 | 23 | 152,729 |

자료: 경찰청

'민식이법' 시행 후 사고의 증감 현황을 위 표에서 살펴보면, 교통사고와 부상 건수 50% 이하로 감소한 것으로 나타났고, 어린이보호구역에서의 속도위반 단속 건수는 거의 비슷하다. 그러나 위 자료만 가지고 '민식이법'이 어린이보호구역에서의 교통사고가 줄었다고 단정하기는 쉽지 않다. 어린이보호구역에서의 교통사고는 계속해서 발생하고 있으며, '민식이법'에 따른 실제 처벌과정에서 가해자와 피해자 간 갈등이 심각하다. 심지어는 '민식이법'을 개정하거나 폐지해야 한다는 주장이 반복적으로 정부 청원게시판에 올라오고 있다. 갈등의 초점은 처벌이 지나치게 강하다는 것이다. 교통흐름과 전반적인 도로운영 차원에서 어린이들의 과실 여부를 제대로 반영하지 못한 부분이 있는 것은 사실이지만, 법률이 시행되자마자 개정을 요구하는 것은 적절치 못하다고 본다. 향후 시행 효과와 문제점들을 분석하여 개선할 부분을 구체적으로 찾아내고 개선 방안을 마련하는 것이 바람직하다. 예컨대, 어린이보호구역의 운영시간과 공간을 적절하게 재설정하는 것은 운전자와 어린이 모두에게 합리적인 방향이라고 할 수 있다. 어린이보호구역 사고는 대부분 운전자가 어린이보호구역에 대한 인식이 부족하거나 실수로 해당 구역을 인지하지 못해서 발생한다. 따라서 '민식이법'은 교통질서 전반과 법규준수 문제를 바로잡는 데 좋은 전환점이 될 것으로 생각한다. '민식이법'을 시행하자마자 교통사고 건수와 부상 건수가 50% 이하로 감소했다는 사실은 향후 어린이보호구역에서의 안전도가 크게 높아질 수 있다는 가능성을 보여주는 매우 중요한 지표라고 볼 수 있다.

그에 더하여 어린이보호구역에서 보행자의 안전도를 높이고 교통사고를 예방하기 위해서는 시설물 설치가 매우 중요하다. 시설물 설치와 운영은 운전자와 보행자의 의식과 행동을 강제로 규제함으로써 교통사고를 사전에 방지할 수 있다. 즉, 어린이보호구역 제정의 궁극적 목적은 어린이 사고를 막는 것이기 때문에 교통사고의 후속 처리보다는 사전 예방 조치에 중점을 두는 것이 훨씬 바람직하고 현명한 정책이라고 할 수 있다. 가장 대표적인 어린이보호구역 시설물은 교통안내와 경고 표지 시설이다. 우선 도로 주변에 '어린이 보호구역 SCHOOL ZONE', '속도 제한 30', '어린이보호구역' 등의 내용을 숫자와 문자로 눈에 띄게 표시한 표지판이 있다. 또한 어린이보호구역의 노면을 적색으로 색칠하거나 '30'이라는 제한 속도 숫자와 '어린이 보호구역'이라는 문자를 바닥에 쓰거나 지그재그 표시를 하여 운전자에게 해당 구역에서는 안전 운전해야 한다는 경고를 전한다.  최근에는 어린이보호구역을 지나는 차량의 운전 속도를 알려주는 디지털 속도 표지시설 '당신의 현재 속도는?'이 설치되어 운전자의 경각심을 높이는 역할을 하고 있다. 마찬가지로  어린이보호구역에서 과속은 금지 행위라는 사실을 알려주기 위해 과속 단속카메라를  설치하여 운영 중이다. 이와 관련하여 '민식이법'에서는 2021년부터 매년 예산 1,000억 원을 투입하여 과속 단속카메라 1,500대와 교통신호등 2,000대를 전국 곳곳에 추가로 설치하기로 계획하였다. 과속카메라를 지속 설치한다는 것은 위반자에 관한 법률 집행을 확대하여 재범률을 줄이고 어린이 교통안전에 대한 의지를 표명하는 것이라고 볼 수 있다. 또한 어린이보호구역의 효과적인 교통안전 시설물인 과속방지턱 역시 '민식이법'에 근거하여 매년 추가 설치할 계획이라고 한다. 과속

방지턱은 물리적으로 자동차의 속도를 감소시켜서 구역 내 안전속도를 유지하고자 하는 정책인데, 과속방지턱의 높이와 개수는 구역별로 특성을 고려하여 맞춤형으로 설치한다. 교통 안전도를 효과적으로 높이는 데 매우 중요한 요인이다.

이외에도 매우 획기적인 시설물을 설치하여 사고를 줄이기 위한 노력을 하고 있다. 예를 들면 등하교하는 어린이들의 가방 뒷면에 '30'이라는 숫자를 눈에 띄게, 형광으로 표시하여 운전자의 서행을 유도한다든지 어린이보호구역에 눈에 띄는 색을 칠해서 운전자의 경각심을 일깨우는 방식이다. 그 예로 어린이보호구역의 횡단보도 주위 도로 벽면, 바닥에 노란 페인트를 칠하는 '노란 카펫'이 있다. 바닥부터 벽면까지 모두 노란색으로 칠해 아이들이 차도에 내려가지 않고 보도 위 '노란 카펫'에 들어가 있도록 유도하며 운전자는 더욱 주의를 기울이고 안전하게 운전하도록 한다. 실제 도로교통공단의 연구 결과에 따르면 '노란 카펫' 설치 후 보행자가 횡단보도 대기선 안에서 대기하는 비율은 67%에서 91%로 약 24%나 상승한 것으로 나타났다. 이렇게 긍정적인 효과가 증명되자 최근 서울시, 부산시, 광주시, 경기도 등에서도 '노란 카펫'을 도입하여 시행하고 있다. 아울러 어린이보호구역의 도로 주변에는 차도와 보도를 분리하는 안전 펜스가 설치되어 있는데, 도로를 따라 설치된 펜스는 사고 예방에 커다란 효과를 보고 있다. 어린이들이 많이 몰리는 등하교시간에 차도로 밀려나거나 내려서는 것을 막아 주는 시설물로 사고 예방에 반드시 필요하다. 특히나 보행자가 잘 보이지 않는 밤이나 겨울철에는 안전 펜스가 보행자의 불안감을 해소하는 데에도 크게 도움이 된다.

또한 ‘노란 카펫’에 더하여 요즘 학교 주변 횡단보도 앞에는 ‘노란색 발자국’이 그려져 있는 모습을 볼 수 있다. 아이들이 신호를 기다릴 때, 바닥의 발자국 그림에 맞추어 안전하게 보도에 머무르게 하자는 취지에서 운영 중인 정책이다. 아이들이 횡단보도 앞에서 신호 대기 중에 차도에 너무 가깝게 서 있거나 아예 차도에 내려와 기다리는 경우, 키가 작은 아이를 보지 못해 교통사고로 이어질 수 있다. 이 ‘노란 발자국’은 노란색 보행자 정지선과 노란 발자국을 그려 넣어 차도와 약 1m 떨어진 곳에서 대기하도록 아이들의 행동을 유도하여 학부모들의 뜨거운 호응을 받고 있다. 게다가 ‘노란 발자국’이 그려진 후 어린이 교통사고는 지난해 17건에서 8건으로 53% 감소했다는 결과 역시 매우 고무적이다. 그야말로 작은 차이가 큰 변화를 만들고 있다.

이처럼 현재 어린이보호구역의 안전시설은 충분히 설치되어 있다고 할 수 있다. 교통사고를 줄이기 위해서는 시설물들의 적절한 유지관리가 관건이다. 즉, 어린이보호구역 내의 표지판, 노면 표시, 속도 표시, 과속카메라 등의 시설물이 고장 없이 상시 작동하도록 정책을 집행해야 한다. 표지판이 훼손되고 시인성이 떨어진다거나 노면 표시의 숫자와 문자, 색깔이 운전자에게 보이지 않을 정도로 바랬다면 그 시설은 있어도 쓸모가 없는 것이다. 과속방지턱도 지나치게 높게 설치되거나 개수가 너무 많으면 차량의 속도를 감속하는 기능을 넘어서 운전자에게 심리적으로 부담을 주어 오히려 운전자의 질서 준수 의지에 방해가 될 수도 있다. 만일 과속방지턱이 파손되어 있다면 그 시설을 피하려다 보행자에게 위험을 주는 경우가 발생할 수도 있다. 이처럼 시설물의 철저한 점검과 합리적인 운영, 유지는 어린이보호구역의 안전을 유지하는 데 더욱 중요하다.

교통문화 선진국이라고 할 수 있는 미국이나 유럽의 어린이보호구역 운영 정책을 통해 우리의 어린이보호구역 개선 방안을 생각해 보자. 대부분의 유럽국가들은 '홈존' 도로를 운영 중이다. 1970년대 도로교통법 규정에 명시된 이 도로는 보행자 중심의 도로를 말한다. 이 도로에서 보행자는 어디든 갈 수 있고, 어린이들은 뛰어놀아도 된다. 반면 운전자는 이에 대해 충분히 대처할 수 있도록 여유를 가지고 천천히 주행해야 한다. 이 도로에서 법으로 규정된 차량의 제한 속도는 시속 30㎞ 이하이다. 홈존의 주요 특징은 보행자 중심이므로 과속방지턱이 설치되어 있고, 신호등의 보행 시간과 황색 시간이 길다. 우리와 크게 다른 점은 홈존에는 주차장이 없다. 대신 홈존에서 떨어진 외곽지역에 주차 구역이 별도로 마련되어 있다. 우리나라의 어린이보호구역에서 교통사고를 유발하는 주요 원인으로 어린이보호구역 내 불법 주차를 꼽을 수 있는데 유럽은 홈존 내 주차를 금지함으로써 불법 주차로 인한 교통사고를 미리 방지하는 것이다. 우리도 이와 같이 어린이보호구역에서 주차와 정차를 모두 금지하는 제도를 즉각 도입해야 한다. 미국에서는 '차량 통행이 어린이 보행 안전보다 절대 중요하지 않다'는 대원칙 아래 어린이보호구역에서는 차량이 그야말로 유리 위를 걷듯이 주행한다. 필자에게 가장 인상적이었던 것은 등하교시간 어린이보호구역에서 모든 차량이 마치 느린 동작을 연상케 할 정도로 감속 주행을 하는 모습이었다. 오랫동안 미국에 거주했음에도 불구하고 미국에 갈 때마다 운전자들이 어린이보호구역에서는 기존 속도의 1/2 수준으로 주행하는 습관에 감탄을 금할 수 없다. 노란색 '골동품' 스쿨버스가 도로에 나타나면 스쿨버스가 '도로의 무법자'인양 양방향 모든 차량이 일단 정지하는 모습은 미국 도시 어디서나 볼 수 있는 풍경이다. 이렇게 스쿨버스가 매일 아침 구급차, 소방차와 같은 대우를 받는 모습을 아이들과 주민들에게 보여주는 것이 바로 어린이의 교통안전이 얼마나 중요한지를 알리고 교육하는 것이다.

우리나라는 '민식이법'이 시행되면서 처벌이 강력해졌다고 하지만 교통선진국에 비하면 처벌 수위가 여전히 낮다. 미국은 어린이보호구역 내 불법주정차도 엄격히 금지하는데, 이를 어기면 벌금 500달러가 부과되고 과속을 할 경우 벌금이 약 500달러, 면허정지가 60일, 벌점 3점에 보험료가 크게 인상되는 등 무거운 처벌이 기다린다. 반면 우리나라는 어린이보호구역이 다른 구역의 두 배라고 하지만 벌금은 12만 원에 그친다. 어린이보호구역 교통안전 시설물 현황은 교통 문화 선진국과 비교해도 크게 부족하다거나 미흡하다고 할 수 없다. 오히려 무인 과속카메라와 속도 표시시설 등은 훨씬 우수하며 과하다 싶은 정도로 충분하게 설치·운영 중이다. 미국의 경우 교통량이 많지 않은 주거지역의 어린이 보호구역에는 점멸 신호등과 안내 표시가 시설물의 전부이다. 부족하다 싶을 만큼 미비한 시설이지만 운전자들은 어린이만 보면 무조건 정지하는 등 교통법규와 질서를 철저하게 지키고 있다. 그러나 초등학생 수가 많고 상가와 주거지역이 혼재된 경우, 유럽과 미국 모두 굴곡도로, 차선 감소, 과속방지턱을 적절하게 설치·운영함으로써 어린이보호구역의 안전을 보장하고 있다. 우리가 어린이보호구역의 보도와 차도에만 안전 시설물을 배치한 것과 달리 미국은 어린이가 움직이는 모든 길목과 경로에 안전시설을 배치하면 안전성이 더욱 높아진다고 생각한다. 이에 따라 어린이가 집에서 출발하여 학교 정문에 도착하는 동선을 따라 통학로 전체에 안전 시설물이 배치·운영되고 있다. 우리와 다른 점 또 하나는 등하교시간만 집중적으로 차량의 흐름을 통제 관리하며, 그 외 시간에는 어린이보호구역도 다른 일반도로와 똑같은 방식으로 운영한다는 사실이다. 복잡한 도시에서는 차량의 흐름이 도시의 관리·운영에 매우 중요하기 때문에 어린이보호구역도 등하교시간에만 운영한다. 외국 사례를 보면 어린이보호구역과 어린 안전의 중요성을 오랫동안 철저하게 교육받았기 때문에 까다로운 법규와 질서에도 순응하고 있다는 느낌이 든다. 도로 교통 관리기관과 국민들 모두 어린이 교통안전의 중요성을 명확하게 인지하고 지속해서 어린이보호구역의 법규를 준수하다 보면 우리도 모르는 사이에 어린이를 철저하게 보호하는 방향으로 운전 습관이 바뀔 것으로 생각한다.

어린이보호구역의 안전도를 실질적으로 높이려면 어린이보호구역을 생명 존으로 여겨야 한다. 우리는 자동차를 타면 바로 안전띠를 착용한다. 안전띠가 나의 생명을 살린다는 인식이 우리 사회에 완전히 자리 잡았기 때문에 운전 중 안전띠 착용은 생활화되었다. 하지만 지금과 같이 누가 뭐라 하지 않아도 스스로 안전띠를 매기까지는 적지 않은 시간과 사회적인 노력이 필요했다. 우리 소중한 자녀와 손자를 위해서도 어린이보호구역 법규를 따라야 한다. 우리 사회에 어린이보호구역에 대한 인식이 자리 잡고 익숙해지기 위해서는 초기에는 강력한 처벌이 필요하고 또 적응 기간도 필요하다. 만일 어린이보호구역에서 모든 사람이 법규를 잘 지킨다면 안전 시설물들은 무용지물이 되고 처벌받는 사람은 아무도 없고 단속도 필요가 없게 된다. 반대로 어린이보호구역 내에서 사고가 빈번하게 발생하고 어린이가 위험에 빠지는 상황이 계속된다면 더욱 강력한 법안이 생겨날 것이고 더욱더 많은 시설물을 설치하고 운영해야 할 것이다. 얼마나 낭비이고 비효율적인가! 아울러 어린이는 스스로 지킬 능력이 없다는 사실을 인식하는 것도 어린이보호구역의 안전도를 높이는 지름길이다. 어린이가 안전하면 장애인, 노인, 여성 등 다른 교통약자도 모두 안전하다. 머지않아 어린이의 교통안전 인식이 세계적 수준이 되기를 간절하게 기원한다.

# 대중교통 폭력 없는 세상

최근 택시 기사 한 분이 승객의 폭행으로 숨지는 끔찍한 일이 발생했다. 개인적 비극임은 물론 사회적으로도 안타깝고도 불행한 일이 아닐 수 없다. 해당 사건은 승객과 특별한 다툼이나 이유도 없었기에 더욱 안타깝다. 만취 상태의 승객, 조현병 환자 또는 분노 조절 장애인 등 불특정 다수를 상대하는 택시 기사 입장에서 보면 항상 위험하고 불안한 환경에 노출되어 있는 것이다. 버스 역시 비슷한 상황에 직면해 있다. 코로나 방역으로 버스 탑승시 마스크 착용을 강제하자 이를 시비로 승객들이 기사를 폭행하는 사건이 자주 발생하고 있다. 많은 승객을 태우고 운행하는 버스 기사를 폭행하는 일은 더욱 위험하다고 할 수 있다. 이와 같은 대중교통 관련 범죄의 지속적인 발생을 막기 위해서 강력한 법령의 수립과 처벌의 강화 등 특별 대책이 필요한 상태이다. 운수종사자를 폭행하는 사건이 끊이지 않는 것은 현행 처벌법에 문제가 있다는 방증이다. 즉, 현재 해당 범죄와 범죄자에 대한 처벌이 미흡하여 폭행 사건이 계속 발생한다고 본다. 아울러 우리 사회의 대중교통과 대중교통 종사자의 중요성을 제대로 인식하지 못해 문제를 계속 키워가고 있다. 급기야는 정부의 고위 공직자가 별다른 이유도 없이 택시 기사를 폭행했는데, 그에 대한 적절한 처벌이 이루어지지 않아 사회적인 문제가 되고 있다. 만취 상태의 공직자가 기사에게 폭언을 하고 폭행한, 우리 사회의 민낯을 드러낸 사건으로 씁쓸한 마음을 감출 수 없다. 직업에는 귀천이 없으며 우리는 자신의 적성과 능력에 맞는 직업을 선택하여 살아간다. 공직자가 기사를 폭행했다는 사실은 우리가 마치 오래전에 사라졌다고 믿어 왔던 계급사회에 살고 있는 것인가 하는 의구심이 들게 하였다. 사실 그동안 대중교통과 관련된 국회, 지자체 의원, 검찰, 고위직 관료들의 몰상식한 행동은 수도 없이 많았지만 거의 대부분 아무런 처벌 없이 무마되곤 했다. 소위 사회 지도층 인사들이 그런 폭력적인 행동을 하면서 어떻게 국민을 상대로 올바른 정책과 법을 만들고 집행할 수 있단 말인가! 교통선진국에서는 대중교통 운전자를 폭행하는 일은 상상도 할 수 없으며 발생하지도 않는다. 그 이유는 사회 구성원 모두가 대중교통의 중요성과 해당 범죄가 사회에 주는 악영향을 확실하게 인지하고 있기 때문이다. 만일 그 나라에서 공직자 또는 국회의원이 그런 일을 했다면 곧바로 파면되었을 일이다. 미국도 반사회적이고 폭력적인 범죄에 대해서는 지위고하를 막론하고 강력한 처벌을 실행함으로써 모든 국민에게 그런 범죄행위는 절대로 허용되지 않는다는 사실을 명확하게 보여준다. 유럽 국가들도 대중교통 기사에 대한 폭행 사건이 발생하면 곧바로 처벌할 수 있는 법률 조항으로 비극적인 사건 발생 자체를 방지하고 있다. 폭력에 대한 사회적 공감대와 공정하고 평등한 처벌이 범죄를 최대한 억제하는 효과를 만들어 낸다는 점을 반드시 기억해야 한다.

가장 시급한 것은 폭행을 막는 시설을 설치하는 것이다. 택시는 기사와 승객 사이에 의무적으로 가림막을 설치하면 사건 발생을 억제하는 데 매우 효과적이다. 가림막 설치는 그동안 지자체 주관으로 추진해왔으나, 아직 모든 차량에 설치되지는 않은 상태이다. 교통선진국들은 대부분 택시 가림막을 의무적으로 설치하여 기사와 승객의 접촉을 막음으로써 상호 간 폭행 사고를 최소화하고 있다. 최근 우리나라의 버스에서도 기사 보호를 위해서 방호 분리 시설이 설치된 경우가 많은데, 모든 버스에 설치하도록 해야 한다. 더하여 흉기를 소지하고 기사를 위협하는 경우도 발생하므로 버스에 테이저건이나 호신용 장비를 의무적으로 비치하는 제도를 만들 필요가 있다. 물론 기사가 불법적인 용도로 해당 무기를 사용했을 때는 그에 상응하는 강력한 처벌을 받아야 할 것이다. 차내 CCTV의 설치와 운영에 대한 지침도 지금보다 더욱 강력하게 운영하여 기사와 승객 모두를 안전하게 보호하는 법률이 필요하다. 무엇보다 중요한 것이 교육인데, 대중교통수단에서 폭력이 발생하면 패가망신한다는 인식이 확고하게 자리 잡도록 교육을 강화할 필요가 있다. 학생과 직장인 대상 교육은 당연하며, 운전면허시험 과정에서 해당 사항에 대한 교육과 시험 모두 철저하게 집행하여야 한다. 그리고 대중교통수단의 현재 위치와 이동 경로를 추적할 수 있으므로 해당 정보를 완전 공개하고 활용할 수 있는 제도적인 보완 또한 필요하다. 대중교통 수단 내에서 폭력 사건이 다시는 발생하지 않도록 모든 수단과 방법을 동원해야 한다. 공공의 질서와 국민의 생명을 안전하게 보호하는 일이 최우선으로 취급되어야 한다는 교통안전 정책 기조를 바탕으로 효과적인 법률의 실행을 기대해본다.

반대의 경우도 적지 않게 발생하는데, 택시 기사의 폭력 행사이다. 아직도 우리나라 사람들은 여성이 늦은 밤에 택시를 타는 일을 매우 위험한 일로 여긴다. 택시 기사가 승객을 성폭행하고 살해하는 사건은 잊을만하면 일어나는, 우리의 부끄러운 자화상이다. 기사는 여성 승객에게 불필요한 개인적인 대화를 유도한다거나 본인의 주장과 이야기를 장황하게 늘어놓기 때문에 여성들이 택시 이용을 기피하고 시간이 조금 더 걸리더라도 버스나 도시철도를 이용하고 있다. 택시의 이용 감소를 택시 기사가 자초하고 있는 셈이다. 이처럼 일부 택시 기사들은 운전 기술과 경험도 부족하고 승객을 대하는 기본적인 소양도 갖추지 못한 상태라고 할 수 있다. 필자도 늦은 밤 택시를 탔다가 과속과 난폭 운전에 불안했던 적이 여러 번 있었다. 여성의 입장이라면 더욱 불안했을 것이다! 왜 비용을 지불해가면서 교통질서의 기본은 고사하고 교통사고를 유발할 것 같은 난폭한 운전에 시달려야 한단 말인가! 깨진 유리창의 법칙처럼 사회의 규범과 질서는 한 번 망가지면 무너져 내리게 되어 있다. 택시 기사 관리와 교육이 충분한지 점검하고, 택시 기사 면허정책에 대한 수정과 보완 절차를 밟아야 한다. 더불어 유사 사건이 계속 반복되지 않도록 범죄행위와 교통질서와 법규 위반 시 최고 수준의 강력한 처벌이 동반되는 법 조항의 개정이 시급하다. 처벌 제도는 사건 발생을 사전에 방지하는 장치이기 때문에 관련 사건의 폐해, 악영향, 그리고 처리 과정을 언론과 교육과정을 통해 국민에게 상세히 알려야 할 것이다. 세계 최상의 대중교통 시설과 서비스를 보유한 선진 대한민국 수준에 걸맞게 공공질서 의식 수준을 끌어올리기 위한 다방면의 노력이 절실한 순간이다.

## ‘카파라치’를 어떻게 생각하시나요?

필자는 1990년대 초 정부 기관과의 회의에서 파파라치를 본떠 ‘카파라치’를 허용하는 제도를 만들자는 제안을 한 적이 있다. 당시 회의에 참석한 사람 대부분이 말도 안 되는 정책이라며 반대하여 무산되었다. 그로부터 불과 수년 뒤 교통법규 위반 신고제도가 만들어져 ‘카파라치’ 단속이 실행되었다. 사실 용어도 생소하고 부정적인 면도 없지 않지만 우리의 안전한 일상을 위해 교통 신고제를 활용하자는 취지가 받아들여져 제도로 시행되어 매우 다행스럽게 생각한다. 정부는 국민 누구나, 편리하게 위반 신고를 할 수 있도록 ‘안전신문고’라는 앱을 개발하여 운영하고 있는데, 세부 신고 7개 항목 중 교통 관련 사항이 3개나 된다. 교통위반 행위에 대한 정부의 처벌과 개선 의지가 강력해졌다는 증거로 볼 수 있겠다. 2014년 9월부터 시행해 온 안전신문고의 기대효과를 분석한 결과, 지난 5년 동안(2014~2019) 약 3천억 원에 가까운 경제적 효과가 있는 것으로 나타났다. 아울러 5대 불법주정차 주민 신고제가 시행 중인데, 그 내용은 소화전 5m 이내, 교차로 모퉁이 5m 이내, 버스 정류장 10m 이내, 횡단보도 위, 어린이보호구역내 불법 주정차 모습을 촬영하여 신고하는 행위를 포함하고 있다. 국민 누구나 안전신문고 앱을 통해 위반 현장 사진 2장을 1분 간격으로 촬영하여 신고하면 담당 공무원이 확인 없이 즉시 과태료를 부과하게 된다. 시행 초기 100일간 약 20만

건이 있었으며, 횡단보도 불법주정차 신고가 전체 신고 내용 중 55% 이상을 차지할 정도로 위반이 가장 많은 유형이었다. 이와 같은 5대 불법주정차 신고제 시행 이후, 위반행위가 크게 줄어 주민 신고제도가 효과적이라고 평가받고 있다. 해당 제도에 대한 찬성 의견도 60% 이상으로 신고제도의 지속 운영을 바라는 것으로 조사되었다. 소화전 주변의 불법주정차에 대해서는 2배 상향된 8만 원(승용차)으로 조정되어 운영중이다. 우리나라에서는 주민 신고제가 아직 익숙하지 않아 낯선 면이 있지만, 외국에서는 이미 생활화되어 있다. 사람이 직접 신고하는 방식이 아니라 갈등 발생의 원인을 제거한 시스템 신고제도 도입이 성공의 비결이라고 할 수 있겠다. 또한 실제로 수많은 성공·개선 사례들이 내가 신고하면 해당 문제가 해결된다는 인식을 갖게 만들어 주민들의 적극적인 참여가 유지되었다. 사실 교통질서를 바로잡고 법규를 위반한 사람들을 일일이 찾아내 처벌하기엔 공공 인력이나 예산이 턱없이 부족한 것이 현실이다. 따라서 신고에 의한 위반자 처벌과 관리는 불가피한 정책이라고 생각한다. 공공과 민간의 슬기로운 협업을 통해 위반행위를 줄이고 교통질서를 바로 잡는 적절한 방법이다.

교통질서 위반은 교통사고와 불필요한 혼잡을 유발하기 때문에 교통단속에 적발되면 정해진 법으로 처벌하는 것은 당연하다. 객관적이고 냉정한 처벌이 위반행위의 반복을 막는 결정적 요인이다. 만일 처벌을 제대로 하지 않거나 법정 처벌보다 미약할 경우 사회 구성원에게 "위반해도 별문제 없다"는 인식을 심어주게 된다. 실제 교통단속에 적발되어도 법대로 처벌받지 않거나 신고로 위반행위가 단속되어도 위반자가 범칙금이나 과태료를 내고 벌점을 받는 경우는 그리 많지 않다. 전체 신고 단속 건수 중 약 60%만 처벌을 받는 실정이라고 하는데, 처벌 비율을 더욱 높이고 그 수치를 유지하는 일이 중요하다. 향후 '카파라치'에 의해 신고가 접수된 단속 건은 큰 문제가 있지 않은 한 모두 벌금이나 벌점 처리되도록 해야 한다. 경찰과 지자체 등 단속기관은 단속의 목적이 단속 자체가 아니라 운전자의 위반 의지를 사전에 떨어뜨려 위반행위를 꾸준히 줄여나가는 데 있음을 구성원들에게 명확하게 알려야 한다. 무엇보다 모든 사람은 법 앞에 평등하다는 사실을 있는 그대로 실천하는 것 말고는 교통질서를 바로 잡을 방법이 없음을 단속기관 스스로 분명하게 인지하는 것이 중요하다. 초기의 강력한 단속과 동시에 그에 상응하는 처벌만이 교통질서를 바로 잡을 수 있다는 것을 외국 사례에서 쉽게 찾아볼 수 있다.

향후 '카파라치' 제도의 보다 적극적인 운영을 기대한다. 안전신문고 앱의 이용 편리성을 개선하고 신고 내용을 분석·조사하는 교통 전문 인력을 확보해야 하며 신고자 보상에 대한 예산도 충분히 책정하고 신고자의 신분은 비밀로 보장해주는 수고를 아끼지 말아야 할 것이다. 안전신문고를 이용한 위반 신고는 외부 카메라 촬영뿐만 아니라 자동차 내부의 블랙박스 또는 주변 CCTV를 활용하는 것도 적극 추진해야 할 것이다. 경찰이 추월차로에서 주행하는 차량을 단속하기는 매우 어렵다. 이를 차량의 블랙박스 영상으로 신고한다면 증거자료로 활용할 수 있다. 블랙박스의 증거영상을 경찰에 손쉽게 전송할 수 있는 방식을 도입하여 신고 편의성을 개선해야 한다. 과속이나 난폭운전은 언제 어디서 발생할 수 있으므로 역시 블랙박스의 활약이 절대적이다. 특히 대부분의 난폭운전은 분명한 증거가 없어서 애매한 경우가 많은데 확실한 위반 상황 증거 확보와 적법한 처벌을 위해서는 각종 영상 장비가 더욱 중요하게 활용될 수 있다. 교통사고 예방 차원에서도 운전자들에게 난폭운전과 과속은 블랙박스가 잡는다는 인식이 형성되면 관련 위반행위가 크게 줄어 안전한 도로운영에 크게 기여할 것으로 보인다. 얼마 전 경찰은 방향지시등 위반 단속을 위해 외부 CCTV를 동원한다고 발표했는데, 위반자를 정확하게 가려 내는 일이 쉽지 않다. 이 경우도 안전신문고의 위력이 크게 발휘될 것이다. 또 교차로 신호 위반 여부 판별도 매우 어려운데 마찬가지로 주변 차량의 블랙박스 활용이 효과적이다. 현재 교차로의 신호 위반 단속카메라는 제 역할을 거의 하지 못하는 상태이므로 새로운 단속 방법에 관한 연구가 필요하다.

다시 한번 말하지만 우리나라의 교통 범칙금 수준은 매우 낮다. 위반과 단속을 겁내지 않는 우리의 현실은 이미 심각한 수준이다. 위반을 방지할 수 있는 수준의 벌금 상향 조정이 시급하다. 아무리 신고를 하고, 단속을 해도 위반을 계속한다면 아무 소용이 없다. 아울러 벌금으로 확보된 예산은 반드시 교통 관련 제도의 효율적 운영과 시설물 개선에 활용되어야 한다. 우리의 위험한 교통 현실을 고려할 때 안전신문고와 같은 신고 제도가 최선은 아닐 수 있어도, 당분간 우리가 감내하고 시행해야 하는 제도임에는 틀림이 없다.

## 교통사고 안 당하는 요령

TV를 시청하다 뉴스에서 교통사고 동영상을 보게 될 때가 있다. 끔찍한 사고 현장 영상에 놀라고, 또 어떻게 저런 일이 매일 우리 주변에서 일어나는지 경악을 금치 못하겠다. 우리 동네 주변의 CCTV와 자동차 블랙박스 덕분에 편리하고, 안전을 보장받을 수 있어 감사하다가도 사고 소식을 듣고 나면 운전을 한다는 것이 두려울 때가 있다. 일 년에 수천 명의 교통사고 사망자가 발생하는데, 그로 인한 손해와 아픔은 이루 말할 수 없을 정도이다. 최근 교통사고 사망자가 4천 명에서 3천 명대로 감소세를 보여 다소 긍정적인 신호이기는 하나 계속되는 자동차 증가와 교통 혼잡 현상을 고려하면 안심할 단계는 아니다. 교통사고 발생 건수가 매년 약 130만 건이고, 부상자는 연간 약 200만 명이 발생하는 현실을 생각하면 교통사고는 안전한 일상에 심각한 방해요인이 아닐 수 없다. 아울러 교통사고로 인한 경제적인 비용 손실이 연간 수십조 원에 달하고 있다. 2019년 교통사고로 인한 연간 손실은 약 43조 원으로 국민총생산의 약 2.26%를 차지한다. 이처럼 교통사고는 국가 생산성과 국가 경제의 성장을 저해하는 주요 원인으로 지목된다. 미국 약 1.85%, 일본 약 1.35%, 영국 약 1.54%인 것을 감안할 때 우리나라의 교통사고 손실 비용이 더욱 크게 보인다. 이와 같은 재정적인 손해는 교통사고 후속 대책을 수립하는 데 들어가는 추가 비용으로 이어진다. 교통사고로 손상된 교통시설물과 자동차는 폐기되고 새로운 시설물을 건설하고 새 자동차를 구매해야 하기 때문이다. 더욱 심각한 일은 교통사고로 차량 정체와 혼잡이 가중되고 이동시간이 늘어난다는 사실이다. 교통사고는 교통혼잡을 유발하고 그 교통혼잡은 교통사고를 유발한다. 교통사고가 없었다면 주변의 수많은 차량이 혼잡으로 인한 시간 낭비와 경제적인 손실을 입지 않았을 것이다. 예상치 못한 교통사고와 정체 현상으로 정상적인 일정 소화가 불가능하고 그로 인한 스트레스와 피해도 적지 않다. 그러한 상황이 반복적으로 발생함으로써 교통사고는 우리 일상에 엄청난 짐으로 작용하고 있다.

교통사고의 원인은 무엇일까? 부실한 도로 설계, 자동차의 결함 등 여러 요인이 있겠지만 대부분의 교통사고는 운전자에 의해 발생한다. 최근 교통사고 통계를 보면 졸음, 음주, 과속, 전방주시 태만 등이 원인이라는 것을 알 수 있다. 사고의 원인이 복합적이기는 하지만, 운전자의 과실이 사고 발생에 가장 직접적인 원인이라는 평가가 지배적이다. 운전이라는 행위는 체력적으로 정신적으로 많은 에너지와 집중력을 요구한다. 따라서 몸과 정신의 상태가 양호한 상태여야만 안전한 운전이 가능하다. 피곤한 상태이거나 건강에 이상이 있다면 운전 중 졸음이 오거나 집중력이 크게 떨어질 수밖에 없다. 건강한 운전자도 순간적으로 졸음 상태에 빠지는 일은 언제든지 가능하기 때문에 졸음운전은 가장 위험한 사고 요인의 하나이다. 운전 중 깜빡하는 순간은 짧지만 교통사고를 유발하기에는 충분히 긴 시간이다. 게다가 운전자가 음주를 했다면 졸음 현상은 더욱 쉽게 발생한다. 그만큼 교통사고의 발생 가능성은 높아진다. 음주 운전은 평소 건강하던 운전자의 정신과 신체 상태를 갑작스레 나쁘게 만들어 과격한 운전행태를 유발한다. 음주 운전의 또다른 문제점은 운전자에게 평소보다 운전을 더 잘할 수 있다고 착각하게 만든다는 것이다. 본인과 주변 다른 차량의 안전에 시한폭탄과 같은 존재가 되는 것이다. 더 충격적인 것은 수많은 음주 운전자가 단속에 걸리지 않고 도로에서 주행하고 있다는 사실이다. 이상하고 불안정한 운전 행태를 보이는 차량을 보면 음주 운전을 의심하지 않을 수 없다. 이렇게 위험천만한 음주 운전을 완전하게 근절하기 위해서는 획기적인 대책의 추진이 요구된다.

과속 역시 교통사고 발생의 주요 원인이다. 과속행태는 도로를 달리는 차량 간의 속도 차이를 크게 벌려 교통사고가 발생할 수 있는 위험한 상태로 만든다. 차이가 크다는 것은 갈등과 충돌을 일으키는 원인이기 때문이다. 차량도 사람도 안전하고 편안한 관계를 유지하려면 서로 간의 의견 차이를 줄이는 것이 중요하다고 생각한다. 과속 상태에서는 교통사고의 운전자의 작은 실수와 집중력 저하가 큰 사고로 이어질 수 있다. 속도만 줄여도 대형 교통사고는 분명히 막을 수 있다. 교통사고를 피하기 위해서는 운전자 스스로 조심하고 주의력을 잃지 않아야 한다.

더하여 교통사고를 방지하기 위해서는 제도 차원에서 좀 더 다양한 노력이 필요하다. 장기적으로는 교통사고 방지 캠페인과 교육 강화가 가장 효율적인 대책이다. 언론을 통해 음주와 졸음운전의 위험성, 교통사고의 폐해를 지속적으로 알리고, 끼어들기, 신호 위반 등 운전 부주의 관련 교통 위반 사례를 통해 철저한 교육을 시행하면 장기적으로 교통사고는 확연히 줄어들 것이다. 교통안전 교육은 유아원, 학교, 직장, 관공서, 노인정 등을 가리지 말고 해야 한다. 교육과 홍보는 교통안전에 대한 지식과 경험을 축적해 우리 사회에 교통사고는 반드시 사라져야 할 일상의 걸림돌이라는 인식을 만들어 줄 것이다. 다음은 운전면허 취득과정에 교통안전 부분에 대한 교육과 시험을 강화하는 것이다. 예컨대, 면허 취득과정에 운전 시뮬레이션 시험을 포함하면 안전 의식을 더욱 높일 수 있다고 본다. 항공 조종사들은 주기적으로 비행 시뮬레이션 테스트를 받는다. 이는 항공 시스템의 안전성을 극대화하는 데 큰 역할을 하고 있다. 자동차 운전 면허시험 과정에서도 그와 같은 시뮬레이션 테스트를 여러 차례 거치면 교통사고를 줄이는 데 분명 효과가 있을 것이다. 지금과 같은 약식 교통안전 교육을 벗어나고 체험을 통해 실제로 교통안전에 익숙해지는 것이 중요하다. 자동차 운전도 이제는 기술과 시스템을 활용하여 교통안전 의식 제고를 위한 새로운 교육방식의 도입이 필요하다. 아울러 교통안전 관련 지식과 사례를 중심으로 필기시험 난이도를 상향 조정하는 것도 안전의식 향상에 도움이 된다. 최근 교통사고 사망자가 가장 많은 부문이 화물차인데, 화물차 운전 규정을 강화하는 것이 우선이다. 화물의 적재 방식, 안전 운전에 대한 교육, 화물차 경로 규정을 개선하는 제도적인 보완이 시급하며, 무엇보다 운전자가 언제나 피곤하지 않은 상태에서 운행할 수 있도록 운전 일정의 효과적인 조정도 매우 중요하다.

교통사고에서 자유로울 수 있는 가장 이상적인 방법은 모든 운전자가 교통질서와 법규를 있는 그대로 지키는 것이다. 도로의 설계와 운영은 '교통사고 제로'를 목표로 만들어진다. 모든 운전자가 주어진 법규를 제대로 지킨다면 그 목표는 어렵지 않게 달성할 수 있다. 바꾸어 말하면, 교통사고가 나는 이유는 교통질서를 위반하기 때문이다. 교통사고는 운전자가 교통질서와 법규를 충분히 모르는 상태에서 운전을 허용하는 제도적인 결함에 의하여 발생한다. 만일 운전자가 알고도 위반한다면, 운전자는 분명히 그에 상응하는 처벌을 받아야 할 것이다. 단속의 목표와 벌금의 효력은 단속에 걸린 운전자가 추후 똑같은 위반행위를 저지르는 것을 막는 데 있다. 운전의 목표는 교통사고 없이 무사히 목적지에 도착하는 것이다. 따라서 교통사고를 당하지 않기 위해서는 단속을 두려워하기보다는 주어진 법규와 교통질서를 준수하면 된다. 아무런 문제없이 목적지에 도착할 수 있다. 최대한 질서를 준수하고 주변 차량에 대해 배려하고 양보한다면 교통사고 발생 가능성은 크게 낮아진다. 운전대를 잡을 때 운전 자체가 목적이 아니라는 사실을 인지하고 평상심을 유지하는 것이 중요하다. 군대에서는 스스로 다른 차량으로부터 방어하고 보호한다는 원칙 아래 '방어운전'을 한다. '방어운전'은 교통사고는 불필요한 전력의 낭비이므로 이를 최소화한다는 개념에 근거하여 만들어졌다. 사회에도 이 개념을 적용하여 운전의 공격성을 최대한 배제하고 안전 운전에 집중하는 자세를 견지한다면 교통사고는 발생하지 않을 것이다. 결국 본인의 안전은 본인 스스로 지키려는 자세와 끊임없는 노력이 교통사고를 당하지 않는 기본이자 핵심이다.

# 끼어들기는 엄연한 위법행위이다

도로를 주행할 때 차선 변경은 정상적인 운전행위의 하나이다. 현재 주행 중인 도로에서 다른 도로로 진입하거나 진출하기 위해서는 반드시 필요하기 때문이다. 그래서 신호등이 있는 일반도로에서도, 고속도로에서도 합법적인 차선 변경은 수시로 발생한다. 만일 차선을 변경하지 않는다면 목적지에 도착할 수 없다. 반면 우리가 일반적으로 말하는 '끼어들기'는 불법 차선 변경을 말한다. 내가 지금 주행하고 있는 차선에서 옆 다른 차선으로 갈아타는 행위를 불법적으로 저지르는 행위이다. 끼어들기를 예시로 과도한 차선 변경 또는 조금이라도 빨리 주행하기 위해서 요리조리 차선을 옮기면서 난폭 주행을 하는 행위를 들 수 있다. 방향지시등을 켜지 않고 차선 변경을 하는 행위도 법적으로 위법이며 여러 차선을 한꺼번에 변경하는 것도 끼어들기에 해당하는 행위이다. 왼쪽 깜빡이를 켜고 오른쪽 차선으로 이동하는 경우도 주변 차량에 혼돈을 주는 불법행위라고 할 수 있다. 실제 도로에서 발생하는 차선 변경이 위법은 아닌지 모호한 경우에는 상대 차량 운전자의 반응을 보면 금방 알 수 있다. 상대 운전자가 예상을 못 하여 놀라거나, 화를 낸다거나 사고가 발생하면 해당 차량이 불법행위를 한 것으로 추정할 수 있다. 끼어들기가 문제가 되는 이유는 도로 혼잡을 가중시키고 교통사고의 원인이 되기 때문이다. 내가 끼어든다고 무슨 큰 문제가 생기냐고 생각하겠지만, 끼어들기 행위의 여파는 생각보다 멀리, 오랫동안 퍼져나간다. 도로 이곳저곳에서 끼어들기 행위가 빈번하게 발생한다면 당연히 교통의 전체 흐름은 엉망이 될 것이다. 사고 위험성은 올라가고 운전자들 사이에 갈등이 생겨 난폭운전과 보복 운전이 발생하고 있다. 실제로 끼어들기 때문에 운전자 간 폭행 사고도 종종 발생하곤 하는데, 그런 불필요한 갈등은 서로를 위해 불행하고도 안타까운 일이 아닐 수 없다. 자동차의 끼어들기를 보행의 줄서기 경우와 비교하면 그 영향이 얼마나 큰지 금방 알 수 있다. 성수기에 테마파크에 가서 놀이기구를 타려면 아주 긴 줄을 서서 기다려야 한다. 우리나라에서는 긴 줄서기에서 정해진 순서를 지키지 않고 '새치기'를 한다 해도 법적인 제재는 거의 없지만 교통선진국에서는 현장에서 위반자에게 바로 쇠고랑을 채우고 체포하는 경우가 종종 발생한다. 정해진 순서를 지키지 않는 행위는 사회의 기본적인 규범과 질서를 깨뜨리는 위중한 범죄행위로 취급하고 있다는 사실을 여실히 보여주는 장면이다. 보행의 줄서기에서는 일반적으로 '새치기' 행위가 이차 피해와 충돌사고로 이어지지 않지만, 도로에서는 끼어들기 위법 차량 때문에 주변 또는 후미에서 대형 교통사고가 발생할 확률이 매우 높아진다. 그만큼 자동차 주행 중의 끼어들기는 질서 파괴행위일 뿐만 아니라 교통사고를 일으키는 주요 원인으로 작용한다. 가장 기본적인 법질서 위반행위이기 때문에 과하다 싶을 정도의 처벌을 해야만 더 큰 교통질서 위법 행위를 안 하게 된다고 생각한다. '바늘 도둑이 소도둑 된다'는 속담처럼 더 큰 교통사고를 사전에 방지하는 차원에서 장기적인 안목으로 정책을 수립해야 한다. 더군다나 도로 위에는 수많은 차량이 동시에 주행 중이어서 한 사람의 위반행위는 다른 사람의 위반행위를 유발시킬 수 있으므로 더욱 엄중하고 합리적인 단속이 필요하다.

차선 변경을 할 때는 기본 원칙을 지켜야 한다. 우선 방향지시등을 켜서 본인의 차선 변경 의사를 옆 차량에 분명하게 전달하여야 한다. 방향 지시등은 옆 차량에 차량 사이 간격을 마련할 시간을 주며, 차선 변경 차량은 가속을 통해 넓어진 간격을 활용함으로써 안전하게 차선 변경을 할 수 있게 된다. 방향지시등은 차선 변경뿐 아니라 좌회전과 우회전, 유턴할 때 반드시 켜게 되어 있다. 이처럼 방향지시등은 장식품이 아니라 운전을 위한 필수 장치이다. 방향지시등은 주변 차량에 대한 기본예의 차원이나 소통의 수단이기도 하지만 안전한 운전을 위해 반드시 준수해야 할 기본 교통법규이다. 도로교통법에 따르면 진로를 오른쪽 또는 왼쪽으로 변경하려고 할 때, 그 지점에 이르기 30m 전부터 방향지시등을 켜도록 규정되어 있고, 고속도로의 경우에는 100m 이전부터 신호를 하도록 규정되어 있다. '방향 전환·진로 변경시 신호 불이행' 규정으로 이를 위반하면 승합차, 승용차 모두 3만 원의 범칙금이 부과된다. 방향지시등 규정 위반으로 차량끼리 부딪칠 수도 있고 사람이 상해를 입을 수도 있는데, 범칙금이 고작 3만 원이라니! 너무 미약한 처벌이 아닐 수 없다. 게다가 방향지시등 미점등 차량을 신고한다고 해서 무조건 범칙금이 부과되는 것도 아니고 도로의 통행을 방해하지 않고 무리해서 끼어든 것이 아니라면 단순 경고로 끝나는 경우도 많다. 끼어들기 행위 자체가 주관적인 판단으로 교통사고와 무관하게 처리될 수도 있다는 것인데, 해당 법률 규정이 합리적이며 효과적이라고 보기 어렵다. 위반행위의 중대성과 악영향에 비추어 볼 때, 낮은 벌금 수준은 해당 법규를 쉽게 위반하게 하여 교통 환경을 어지럽히고 위험한 상태로 만들 수 있다. 그렇다면, 다른 나라는 어떨까? 호주의 경우는 방향지시등 관련 법규 위반 시 과태료 약 200불에 감점 2점이 부과된다고 한다. 우리나라 돈으로는 약 20만 원 정도이며, 일본은  벌금으로 10만 원 이상을 부과하고 있다. 미국에서도 방향지시등 규정은 경찰에 의해 철저하게 단속의 대상이 되고 있다. 한동안 우리나라 단속 당국에서도 방향지시등을 켜지 않는 운전자를 단속하기 위해 CCTV를 활용하겠다고 했는데 흐지부지 무산되어 버렸다. 주행 중 단순 차선 변경할 때의 방향지시등 신호 위반을 단속하기보다는 우선 좌회전, 우회전, 유턴 시 방향지시등을 켜지 않고 대기하는 차량에 대한 단속을 시행하는 것이 효과적인 전략이라고 본다. 최근엔 블랙박스 영상을 활용한 신고 체계가 잘 구성되어 있어서 적지 않은 위반 신고가 접수되고 있는데, 추후 해당 법규의 위반 건수가 줄어들기를 기대한다.

한편, 고속도로에서 대표적인 끼어들기가 발생하는 곳은 진·출입구인데, 그중에서도 버스전용차선이 운영되는 구간에는 버스가 가장 바깥 차선부터 가장 안쪽 차선까지 여러 차선을 변경하기 때문에 차량 간 양보와 배려가 필요하다. 방향지시등을 켜고 차선을 변경한다면 대부분의 차량이 자연스럽게 양보하며 비켜설 수 있다. 반면 방향지시등 점등 없이 한꺼번에 차선을 변경하게 되면 주변 차량의 반발을 일으켜 도로는 삽시간에 혼돈 상태에 빠지게 된다. 운전할 때는 항상 다른 차량의 움직임에 대한 주의와 배려가 중요하며, 질서와 법규를 지키는 안전한 운전 습관을 몸과 머리에 습관화하는 것이 바람직하다 할 것이다. 또한 차량 간의 소통이 매우 중요하다다. 내가 하고자 하는 행위에 대해서 방향 지시등을 통한 사전 의사 표시는 나와 상대방을 교통사고로부터 안전하게 보호하는 당연하고도 필수적인 행위이다. 불법적인 끼어들기와 합법적인 차선 변경이 눈에 보이는 차이는 그리 커 보이지 않지만, 두 행위의 결과는 확연한 차이를 만들어 낼 수 있다. 끼어들기가 운전자 사이의 갈등을 불러오고 심한 경우 교통사고를 유발하는 데 반해 합법적인 차선 변경은 교통흐름을 더욱 원활하게 만드는 효과를 준다. 차선 변경은 운전자 사이에 공감대가 형성되고 양보와 배려가 바탕이 되어야만 교통혼잡과 교통사고 없이 안전하게 종료할 수 있다. 하나의 차선에 머물면서 운전해도 아무 문제 없이 안전하게 목적지에 도착할 수 있는 운전 환경과 올바른 교통문화 의식이 정착될 때가 되었다.

## '정지' 표지는 지키라고 만든 것이다

신호등이 없는 교차로, 즉 비신호교차로에 정지표지가 설치되어 있다. 정지표시가 설치되어 있지 않은 교차로도 있는데, 그 이유는 현재 관련 법령에 표지 설치가 의무조항이 아니기 때문이다. 정지표지는 누가 먼저 통과하는지 알려주는 역할을 하며, 정지표지 앞에서는 무조건 일단 정지하는 게 원칙이다. 거꾸로 '정지' 표지가 없다면 무슨 일이 생길지 상상해보면 정지표지가 왜 필요한지 쉽게 알 수 있다. 정지표지 없는 교차로에서는 차량이 서로 추돌하고 충돌하여 주변 도로는 제 기능을 수행하기 어려운 상태가 될 것이기 때문이다. 운전면허 실기시험에서 정지표지 위반은 불합격의 주요 원인이기도 하다. 그만큼 정지표지는 교통의 흐름을 관리·통제하는데 중요한 수단이자 도구이다. 정지표시는 도로의 합리적인 운영과 관리를 위해서 만들어졌는데, 차량이 교차로에서 정지표지를 지키기만 한다면 사고 없이 각 방향 순서대로 통과할 수 있다. 신호등이 없는 교차로 운영방식은 크게 두 가지로 구분되는데, 교차로의 모든 방향에 정지표지가 설치되어 있는 경우이다. 이때 모든 방향의 차량은 교차로 통과에 대한 권한을 모두 동등하게 가지고 있다. 예컨대, 교차로의 네 방향 중에서 가장 먼저 도착한 차량이 먼저 출발하는 우선권을 가지게 된다는 것이다. 물론 그 우선권과 상관없이 모든 방향의 차량은 무조건 교차로 정지선에 멈추는 것이 원칙이다. 누가 먼저 도착했는지 어떻게 판정하느냐 하는 문제는 스포츠 경기를 비유해 보면 쉽게 이해할 수 있다. 미세한 차이를 다투는 기록 경기에서 운동선수들은 누가 가장 먼저 결승선에 도달했는지는 경기에 참여한 선수라면 누구나 분명하게 인지하며 인정하는 것이 그 좋은 예이다. 육상 경기 또는 쇼트트랙 경기를 보면 누가 결승선을 먼저 통과했는지 선수들은 알 수 있지만, 선수들의 속도가 워낙 빠르기때뮤에 비디오 분석을 통해 우승자와 순위를 최종결정한다. 교차로에서는 방향별로 도착순서가 애매한 경우에는, 운전자들 간의 눈길과 수신호를 통해서 누가 먼저 통과할지를 결정하게 된다. 두 번째, 두 방향에는 정지표지가 설치되어 있고 나머지 두 방향에는 양보 표지가 설치된 경우이다. 양보 표지가 설치되어 있는 방향의 차량들은 교차로에서 완전 멈춤 없이 주변의 차량 유무를 확인하고 통과하면 되고, 정지표지가 설치되어 있는 방향의 차량은 교차로 도착 차량의 유무와 상관없이 교차로에서 완전히 정지한 후 다른 방향 차량의 유무를 확인하고 통과하는 것이 원칙이다. 그러니까 양보 표지가 설치되어 있는 방향의 차량이 정지표지가 설치된 차량보다 통과에 대한 우선권이 있다는 말이다. 운전자들이 이런 원칙을 잘 모르는 경우가 많은데, 그래서 지속적인 교육과 계도가 절실하다. 모든 교차로에 양보와 정지표시가 제대로 설치되었는지 그 상태를 점검하는 일도 국민의 안전한 이동을 위해서 시급한 사안이다. 사실 정지표지는 모든 차량이 교차로에서 완전히 정지한다는 가정하에 설치 운영되고 있는데, 만일 교차로에서 정지표지가 무시된다면 차량의 통행량이 많고 적음과 상관없이 충돌과 접촉 사고는 반드시 일어날 것이다. 거꾸로 교차로에서 주어진 정지표지와 양보 표지를 모든 차량이 주어진 규정대로 지킨다면 신호등의 설치가 불필요한 일이 될지도 모른다. 실제 교통전문가들은 차량 통행이 잦은 교차로에 신호등이 없어도 차량이 충돌 없이 지나는 시뮬레이션을 연구 중이다. 운전자가 교차로에서 통행의 우선권을 완벽하게 지키는 상황을 연출하는 실험인데, 향후 무인자동차가 도입되면 사전에 통행우선권 원칙을 무인자동차 AI 프로그램에 입력함으로써 사고 없는 교차로 통과가 실현될 것으로 보인다. 매우 흥미로운 실험인데 조만간 좋은 결과를 기대해 본다.

그렇다면 정지와 양보 표시를 지키지 않아서 발생하는 위반과 사고 발생 사례를 살펴보자. 정지표지를 지키지 않아 사고 발생이 가장 높은 경우는 골목길에서 대로로 진입하는 차량이 정지표지를 지키지 않을 때이다. 대로를 주행하는 차량은 차량의 흐름에 따라 이동하기 때문에 골목길의 차량이 정지 없이 대로에 진입한다면 충돌을 피하지 못하는 것은 당연하다. 골목길에서 진입하는 차량이 진입부, 즉 바로 눈앞에 설치된 정지표시를 무시하는 교통위반 행위가 안타까운 교통사고를 일으키는 장본인이다. 대부분 운전자가 '정지'의 의미를 정확하게 알고 있음에도 불구하고, 현실에서는 많은 차량이 골목길에서 정지 없이 대로에 진입함으로써 대형 사고로 이어지는 경우가 많다. 교통선진국의 경우, 정지표지 준수는 도로관리 운영 기관과 정부가 가장 중점을 두고 비중 있게 통제하고 있는 교통법규와 질서 부문이다. 정지표시를 지키지 않으면 반드시 교통사고가 발생한다는 사실을 인지하고 있기 때문이다. 이들은 정지 표시위반에 대해서 매우 높은 벌점을 부과하고 있으며, 일상

생활에서 골목길 정지표시 위반 벌금 티켓 발부는 매우 흔한 일이다. 지나치다는 생각이 들 정도로 정지표지 위반 단속을 철저하게 시행함으로 교통질서와 교통사고를 미리 방지하고 있다. 정지표시를 위반하면 관광객이나 여행자에게도 예외 없이 티켓을 발부하고 있으며, 출국 때 공항에서 위반 여부를 의무적으로 확인 점검하고 있다. 수백 달러에 달하는 벌금 티켓은 정지표지가 얼마나 위험한 위반행위인지를 여행객들에게도 명확하게 인지시키고 있다.

반면 우리는 정지표시의 존재를 명확하게 인지하지도 못하고 그로 인해 불필요한 갈등과 시비가 발생한다. 이런 상황에 비신호교차로에서 사고가 나지 않는 현실이 신기할 정도이다. 비신호교차로의 많은 차량이 정지 없이 통과하여 차량이 엉키고 심각한 정체가 발생하는 경우가 허다하다. 특히 도시철도역 주변의 이면도로 교차로에서 출·퇴근 시에 심각한 교통혼잡이 발생하는데, 대부분의 경우 교차로 통과 수칙을 제대로 준수하지 않아서이다. 보행자와 차량이 혼재되고 차량과 차량 간에 먼저 통과하려는 모습은 정말로 창피스러울 정도이다. 교차로에서 모든 운전자가 원칙대로 무조건 정지 후에 출발하면 심리적으로 편안한 상태를 유지할 수 있고 사고의 위험으로부터 벗어날 수 있음에도 운전자 스스로 위기를 자초하고 있는 것이다. 교차로에서 정지하지 않음으로써 충돌, 접촉 사고가 발생하면 얼마나 불편하고 거추장스러운 일인가! 필자는 왜 교통법규를 일부러 지키지 않는지 정말로 이해하지 못할 때가 많다. 일반인들도 횡단보도를 이용하다보면 교차로의 정지표지를 지키지 않은 차량 때문에 불편할 때가 한두 번이 아닌데 어린이, 노인, 장애인들에게는 얼마나 큰 고역이겠는가! 운전자가 정지표지 규정을 위반하는 유형과 이유를 살펴보면 세 가지로 나눌 수 있다. 먼저 실수로 위반하는 경우이다. 신호등의 빨간불에서만 정지해야 하는 줄로 착각하여 정지표지를 무시하게 된다는 것이다. 정확하게 말하면 실수라기보다는 교통법규 준수보다 본인의 편의를 우선으로 여기는 내면의 이기적인 마음자세 때문이라는 생각을 지우기 힘들다. 그 실수가 처음이라면 벌금 내고 다음부터 위반하지 않으면 된다. 하지만 여러 차례의 실수는 실수로 봐줄 수 없는 노릇이다. 본인의 실수가 남들에게는 지울 수 없는 교통사고의 상처를 안겨줄 수 있기 때문이다. 따라서 상습 위반자에 대해서는 특별한 가중 처벌 기준이 필요하다는 의견이다. 두 번째는 정지표지의 시설물 문제인데, 정지표지의 위치가 부적절하여 운전자가 분명하게 인지하지 못하거나 표지가 아예 설치되어 있지 않은 경우이다. 실제 현장에서 표지 규모와 글자의 크기도 문제이고 표지 시설 자체가 낡아서 제 역할을 하지 못해 시인성이 떨어지고 운전자에게 경각심을 주지 못하는 경우도 많이 발견되고 있다. 또한 일부 교차로의 정지표시가 외국어로 되어 있는 곳이 있는데, 빨간 바탕의 팔각 표지는 일단정지라는 걸 대부분 외국인도 알 텐데 굳이 외국어로 표기하는 것은 무슨 이유인지 알 수가 없다. 여기는 대한민국이고, 한글로 표기해야 한다는 사실을 도로 관리기관은 명확히 인식하기를 바란다. 세 번째는 단속의 부재 때문이다. 모든 운전자가 정지표시를 스스로 알아서 잘 지키기를 바라는 것은 정말로 안일한 생각이다. 사람들은 법규와 질서를 준수하기보다는 어떻게 하면 걸리지 않고 나 편한 대로 주행할 수 있을까 하는 생각을 갖고 있다.

도로에 나가보면 교차로에서 정지표지 위반행위를 단속하는 경찰을 찾아보기는 매우 힘들다. 대부분의 단속은 음주 운전이나 신호와 차선 위반에 집중해서 이루어지고 있다. 정지표시 위반을 단속하지 않는 이유가 실제로 현장에서 단속하기 어렵다는 판단 때문인지 정지표시가 중요하지 않다는 판단에 근거한 것인지 참으로 궁금하다. 필자는 이처럼 단속을 거의 하지 않기 때문에 운전자들이 정지표시를 지키지 않고 있는 것이라고 본다. 오히려 비신호교차로에서 정지하게 되면 뒤 차량의 추돌을 걱정하게 되는 것이 불편한 현실이다. 결과적으로 경찰과 도로관리 기관이 정지표지의 중요성을 제대로 인식하지 못하고 있다고 판단되며, 정지표지는 지키지 않아도 된다는 암묵적 신호를 주고 있다고 생각한다. 운전자의 작은 위반이 누적되어 대형 교통사고를 유발한다는 것은 모두가 알고 있는 사실인데, 정지표지 위반 단속 소홀이 교통사고 비극의 시발점이 될까 안타깝다.

따라서 가장 기본적인 교통질서인 정지표지 지키기는 단속을 대폭 강화하는 것이 바람직하다고 본다. 운전의 핵심은 달리는 데 있는 것이 아니고 법규대로 올바르게 서는 것이라고 보는 관점에서, 정지해야 할 지점에서 정지하지 않는 행위를 철저하게 단속함으로써 전반적인 교통질서를 바로 잡는 일은 매우 중요하고도 필수적이다. 정지표시의 중요성을 부각하기 위해서 특별 단속 기간을 정하고 벌금이나 처벌 규정을 최대한 높여서 단속을 시행하는 것이 바람직하다. 운전자 스스로 교통질서를 지킬 거라는 생각은 버리고 제도의 강화를 통한 의식의 변화를 촉구하는 것이 합리적이다. 아울러 정지표지 설치가 매우 미비한 지역이 많으므로 정지표지를 설치하는 법과 규정을 개선하고 그에 맞추어 표지를 정상적으로 설치·운영하여야 한다. 우선 운전자가 정지표지를 멀리서도 인지할 수 있도록 내용구성과 설치의 위치 선정에 주력하고 특히 야간에 표지의 시인성을 높이는 방향으로 개선해야 할 것이다. 현재 표지의 설치는 지자체에서 하지만 단속권은 경찰에 있어 표지 시설의 운영관리 주체가 애매한 부분이 있다. 전반적인 표지시설 관리에 대한 총괄 책임 소재를 명확하게 하는 일 또한 기본질서 준수에 필요하다고 본다. 정지표지 관련 운전자 간에 갈등과 민원이 있을 때, 어디에 연락하여 해결해야 하는지 행정체계도 분명하게 정리하여 운전자의 편의성을 높여야 한다. 기본적인 교통질서 준수 캠페인과 홍보를 강화하는 것도 빠뜨릴 수 없다. 운전면허 시험 과정에서 정지표지 준수에 대한 배점을 크게 상향 조정하여 정지표지 준수가 실제 운전에서 얼마나 중요한지를 인지하도록 해야 한다. 정부와 언론은 정지표지 준수 캠페인을 지속적으로 시행하여 모든 국민이 반드시 준수해야 하는 교통질서라는 것을 확고하게 알려야 할 의무가 있다. 너무도 쉬워 보이지만 실천하지 않는 정지표지 준수, 이제는 제대로 실천해야 하지 않을까? 우리 모두 정지표지만 잘 지켜도 교통사고는 현격히 줄어들고 우리의 도로 환경은 안전하게 바뀔 것으로 확신한다.

Part 3

# 자동차
# 3천만
# 시대가
# 오고 있다.

## 5분 먼저 가려다 50년 먼저 간다!

우리나라의 도로와 주변 시설은 자타가 공인하는 세계적 수준이다. 그래서일까? 질 닦인 도로를 성능 좋은 자동차로 신나게 달린다. 아니 신나는 정도를 넘어 도로 위에서 레이싱을 하는 것 같다. 운전을 하다 다른 차량이 쌩하고 지나가면 '아~ 저 사람은 정말 바쁜 일이 있구나!'하고 생각한다. 살다 보면 업무로 매우 시급한 일이 있거나 병원에 갑작스레 가야 하는 긴급 상황이 발생할 수도 있다. 그들이 아무런 사고 없이 무사히 목적지에 도착하길 마음속으로 바란다. 하지만 바쁘지도 않은데 도로 규정 속도를 넘어 과속으로 폭주하는 경우는 정말 곤란하다. 적지 않은 차량이 너도나도 과속으로 달린다면 어떤 일이 일어나겠는가? 과속은 교통사고를 동반하게 되어 있다. 모든 충돌과 추돌사고는 속도의 차이에서 발생하는데, 과속하는 차량과 제한 속도를 유지하는 차량 사이에는 상당한 속도 차이가 나기 때문에 교통 공학적으로 사고를 유발하지 않을 수 없다. 빨리 달리려는 운전자는 사고 발생 시 책임지겠다는 각오를 해야만 한다. 사고는 본인뿐 아니라 주변 다른 차량과 운전자에게 엄청난 피해를 주게 된다. 정상적으로 안전 운전을 하는 사람이 왜 과속 운전자 때문에 그런 피해를 보아야 하는가? 교통사고는 일생일대 최악의 사건이며 그 피해 또한 정신적으로, 물질적으로 막대하다. 평생 큰 고통과 아픔 속에 살아갈 수도 있다. 심지어는 교통사고로 소중한 생명을 잃는 경우도 발생한다. 교통사고로 사망하는 사람이 일 년에 3,000명이 넘는다는 사실이 우리의 끔찍한 교통 현실이다. 그렇다. 고속도로 도로변의 '5분 먼저 가려다가 50년 먼저 간다'는 무시무시한 표어는 단순한 경고가 아니라 도로에서 벌어지는 실제 상황을 적나라하게 표현한 것임을 깨달아야 한다.

원래 이동의 본질은 출발해서 목적지에 안전하게 도착하는 것 아닌가! 이동의 목적이 다른 차보다 빨리 달리는 것으로 변질된 듯하다. 일찍 도착하면 좋은 일이라도 있는 것일까? 평소에 도로가 워낙 막히니까 도로에 조금이라도 여유가 생기면 보상심리 차원에서 마구 과속을 하는 것이 아닐까 하는 생각을 해 본다. 교통혼잡이 발생하면 어떡하지 하는 심리적인 불안감과 조바심도 위험천만한 과속을 유발하는 동기일 수 있다. 아울러 네가 하니 나도 한다는 경쟁 심리도 과속을 조장하는 데 한몫한다. 사실 우리나라는 그렇게 빨리 달릴만한 직선 도로나 공간도 넉넉지 않고, 국토가 넓지 않기 때문에 아무리 빨리 달려도 도착시간에 큰 차이가 나지 않는다. 그동안 여러 기관에서 경로를 달리하거나 차선을 달리하여 출발지와 도착지 사이의 이동시간을 비교 조사해 본 결과 거의 차이가 발생하지 않았다. 이는 과속이 결코 신속한 이동을 보장하지 않는다는 사실을 입증해준다. 오히려 과속으로 발생하는 교통사고는 도로를 더욱 혼잡하게 만들고 전반적인 이동시간을 증가시킨다. 반대로 과속이 없었다면 그런 혼잡과 사고는 발생하지 않았을 것이다. 우리는 이동 본연의 목적을 잊고 엄청난 손해를 자초하고 있다. 과속은 본인도 모르는 사이에 굳어진 습관적 위반행위이므로 강력한 단속과 계도를 통해서 위반의 고리를 끊도록 도로관리 당국이 도와주는 것이 최선이다. 단속을 강화하면 처음엔 민원이나 불만이 많겠지만, 시간이 지나면 과속은 저절로 사라지고 단속 자체가 아예 필요 없는 정상적인 교통흐름을 되찾을 수 있다. 정부가 국민의 안전이 최우선이라는 소신과 원칙에 근거하여 도로 이동 본연의 목적을 상기시키고 확실한 단속 방법을 적절하게 실행한다면 도로 주변에 설치된 '죽음으로 가는 고속열차', '자살행위', '5분 먼저 가려다 50년 먼저 간다' 등의 위협적인 표지들은 무용지물이 될 것이다.

내비게이션으로 주행 경로를 검색할 때, 가장 빠른 길을 찾기보다는 가장 안전한 도로를 찾을 수 있다면 어떨까? 요즘은 고속도로, 국도, 지방도, 시군도 등 도로 네트워크가 거미줄처럼 촘촘하게 연결되어 있어서 혼잡한 도로를 우회할 수 있는 여지가 많다. 내비게이션이 해당 도로에서 얼마나 자주 사고가 발생했었는지, 도로와 주변 시설물은 안전한지, 통행량은 얼마나 되는지 등을 참작하여 안전한 경로를 가르쳐준다면 운전자는 선택의 폭이 더욱 넓어진다. 안전한 경로에 대한 정보를 제공하기 위해서는 도로의 안전 상태를 철저하게 조사·분석하여 도로별 안전 수준을 분류할 필요가 있다. 구체적으로는 기존 도로별 통계자료와 사회경제 지표를 분석하는 것이 필요하고, 현장에서 실제 안전하고 편리한 도로인지 상세하게 점검하는 것도 필수적인 작업이다. 현재는 차량의 실시간 위치와 이동시간에 근거하여 도로의 혼잡 정도를 판별하여 출발지와 목적지 사이의 가장 빠른 경로를 제공한다. 여기에 더하여 안전한 경로가 새롭게 제시되면 차량의 이동이 빠른 길과 안전한 길로 분산되면서 결과적으로는 도로의 효용성이 높아지고 교통사고 발생 확률은 크게 줄어들 것으로 보인다. 원래 도로에서 사고는 발생하지 않는 것이 원칙이다. 그 이유는 공학적인 기준과 이론에 근거하여 도로와 시설물들이 과학적으로 설계되고 건설되었기 때문이다. 교통사고는 자동차가 도로에서 달릴 수 있는 규정 속도를 무시하고 교통 수칙을 지키지 않아서 발생하는 것이다. 운전자가 에베레스트 등정하는 기분으로 도로를 주행하는 것이 아니라 동네 뒷산 오르는 일상의 마음가짐으로 운전 과정을 즐긴다면 잔잔한 '소확행'을 느낄 수 있다. 운전은 경쟁이 아니라 매일 반복하는 평범한 일상이라는 사실을 잊지 말아야 한다.

한 걸음 더 나아가 안전한 도로를 선택하는 수준을 넘어 도로 주변 풍광을 즐기면서 주행하는 건 어떨까? '경관도로'란 다양한 자연환경과 요소들이 조화되어 좋은 경관을 보유한 도로를 말한다. 다시 말해 경관도로에서는 운전자가 시각적 심미적으로 쾌적함을 느끼면서 운전할 수 있으며, 전망이 좋은 곳에서 휴식과 동시에 주변 경치를 감상할 수 있다. 생각보다 많은 지역에 경관도로가 자리 잡고 있다. 물론 이동 경로 대부분을 경관도로로 주행한다면 이동시간이 길어지겠지만 고속 도로와 경관도로를 조합하여 운행한다면 한결 즐겁고 편안해질 것이다. 예를 들어, 강원도를 여행한다면 동해안 고성~삼척 간 경관도로를 운전해 보기를 권한다. 바닷가를 따라 드라이브하면서 바다와 산의 경관을 파노라마로 감상하는 것은 색다른 경험일 것이다. 이런 바닷가 경관도로는 강원도에서 부산까지 연결되어 있어 여행의 즐거움을 배가시켜준다. 경관도로 중간중간 자동차 야영장 등 관광·편의시설도 관광의 새로운 묘미를 제공한다. 그동안 바다 감상의 걸림돌이었던 군부대 경계 철책도 철거·정비되어 지금은 해외 유명 바닷가 도로와 비교해도 손색이 없는 수준이 되었다. 천혜의 관광지인 제주도에도 삼방산 해안선을 따라서 만들어진 도로는 세계 어디 내놔도 빠지지 않을 정도로 아름답다. 경관도로 주변의 식당과 시설들도 큰 호황을 맞을 것으로 보인다. 경관도로는 건설보다 운영과 유지관리가 훨씬 중요한데, 자연과 시설물을 보호하는 철저한 원칙을 만들고 단속과 감시를 체계적으로 하여 원래 모습 그대로 유지하는 것이 중요하다. 최근 정부는 우리나라 전 지역에 52개의 경관도로 우수 지역을 선정하여 정보를 제공하고 있다. 지속적으로 늘어나는 관광 여가 수요와 자동차 통행량을 고려하면 경관도로 이용은 더욱 잦아질 것이다. 해외도 우리와 비슷한 현상을 보이는데, 산악경관이 뛰어난 그랜드 캐년 경관도로는 주변 풍광 감상이 용이하도록 산자락이나 가장자리에 건설되어 있어 이동과 경관 두 가지 역할을 담당하고 있다. 캘리포니아 해안 경관도로 역시 오랫동안 지역 주민과 세계 관광객의 사랑을 받아왔다. 바다 자체 경관도 아름답지만, 바다 물개를 비롯한 동물, 식물, 조류를 감상하는 일은 여행을 더욱 풍요롭게 해준다. 경관도로는 이처럼 원래 도로라는 것이 빨리 달리기 위해서 만들어진 것이 아니라 이동과 함께 주변 지역의 풍광을 느끼는 것이라는 사실을 깨닫게 해준다. 이제 우리도 자동차 운행을 시작한 지 3~40년이 되어간다. 빨리 달림으로써 얻는 것보다는 잃는 것이 많다는 사실을 분명하게 인지할 때가 되었다. 앞으로 운전의 목적에 따라서 경로 선택 방식과 운전 습관을 바꾸어 성숙한 사회로 이동하기를 기대해 본다.

## 회전교차로와 고무줄놀이

회전교차로란 중앙에 있는 원형 교통섬을 중심으로 차량이 반시계 방향으로 회전하면서 통과하는 교차로를 말한다. 교차로에 도착한 차량은 '양보' 표지를 준수하여 순서대로 회전하면서 통과하게 된다. 일반 신호등 교차로에서는 정해진 신호등에 따라 일정 시간 멈추었다가 출발하는 방식인데 회전교차로에서는 내부 혼잡이 없다면 멈춤 없이 교차로를 통과할 수 있다. 일반적으로 교통량이 비교적 적고 교차로의 구조상 사고 위험성이 낮은 장소에서는 회전교차로가 더 편리하고 차량 소통에 적합하다고 알려져 있다. 회전교차로에 진입하는 순서를 제대로 지킨다면 어려움 없이 편안하게 통행할 수 있다는 것도 큰 장점이다. 우리나라도 회전교차로를 운영하면서 긍정적인 효과가 나타나고 있다. 현재 전국 국도·지방도 등에 약 1,600개의 회전교차로가 운영되고 있다. 행정안전부와 한국교통연구원 조사결과 회전교차로 설치 후 교통사고 건수는 회전교차로 시행 전보다 약 36%, 교통사고 부상자 수는 약 42% 감소했으며, 특히 사망자 수는 무려 63%가 감소한 것으로 나타났다. 회전교차로 설치·운영 기간이 1년에 불과한 것을 고려하면 매우 놀라운 결과이다.  사상자가 현격히 줄어들었다는 통계는 향후 교차로 운영을 위해서 매우 고무적인 일이다. 또한 회전교차로의 규모가 작을수록 실질적인 운영 효과가 더 큰 것으로 나타났는데, 교차로 내부 차선이 1개 차로 이기 때문에 차량이 통과 순서를 자연스럽게 지키게 되면서 발생한 자연스러운 결과라고 본다. 아울러 위 정부의 발표 자료에 따르면 교차로 평균 통행시간은 설치 전 약 25초에서 설치 후 약 18초로 7초 정도 감소했다(27% 감소 효과). 이는 회전교차로에서 차량이 멈춤 없이 통과하기 때문에 기존의 신호등 교차로보다 신속하게 통과하고 있음을 보여주는 결과이다. 최근 도로교통공단의 회전교차로 운영 효과 분석 자료를 보면, 설치 전과 설치 후 교통사고가 약 50% 감소한 것으로 나타났다. 불과 2년 동안의 비교 분석 자료임을 고려하면 매우 커다란 성과라고 할 수 있다. 이와 같은 교통사고의 증감과 통과 속도의 변화 자료를 종합해 보면 일반신호 교차로보다 회전교차로가 특정 지역에서의 교통흐름을 관리, 통제하는데 상대적으로 우수하다는 것을 알 수 있다. 하지만 실제 현장에서는 운영상의 어려움이 크다. 가장 큰 문제점은 운전자들이 회전교차로 통과 규칙을 제대로 알지 못한다는 것이다. 필자는 서울시 세종대로 근방 종로 소방서와 KT 건물 사이에 있는 회전교차로의 통행 상황을 지켜보았다. 자동차들의 통행방식을 관찰한 지 채 2분도 되지 않아 결정적인 문제점을 발견했다. 회전교차로 안에서 회전 통행하고 있던 차량이 갑자기 멈춰 선 것이다. 교차로 밖에서 안으로 차량이 진입하자 충돌할까 봐 정지한 것이다. 바로 이 모습이 운전자가 회전교차로 이용방식을 모르고 있다는 것을 보여주는 장면이다. 교차로 안에서 회전하고 있는 차량은 회전 통행에 대한 우선권이 있다. 이것이 회전교차로 통행의 핵심 원칙이다. 회전교차로 안으로 진입하는 차량은 교차로 안에서 회전 중인 차량이 있는지 살피고 양보 운전을 해야 하며, 회전교차로 안에서 회전하는 차량은 교차로 밖으로 나가기 전까지는 멈추지 말고 계속 주행하여야 한다. 회전 중인 차량이 교차로 내부에서 갑자기 멈추어 서면 뒤따라오던 회전 차량도 멈출 수밖에 없어서 회전교차로의 통행은 엉망이 된다. 이런 경우 교차로 내부에서는 추돌과 충돌이 발생하는 위험한 상황이 될 수 있으며, 회전교차로 내부의 사고 여파로 회전교차로 주변 도로에서는 도로 혼잡과 정체가 발생함으로써 해당 지역 도로의 전반적인 통행에 큰 불편이 생기게 된다.

회전교차로에는 모든 방향별 진입부에 '양보'표지가 설치되어 있다는 사실에 주목하자. 그 양보 표지는 회전교차로 내부로 진입하고자 하는 차량은 이미 회전교차로 안에 있는 차량에 통행우선권을 양보하라는 뜻이다. 회전교차로 안의 차량은 시계 반대 방향으로 돌고 있으므로 진입하는 차량은 왼쪽 부분을 주시하면서 회전 차량이 지나가기를 기다려야 한다. 왼쪽에서 오른쪽으로 주행하고 있는 차량이 지나가고 난 후에 진입하면 충돌의 위험은 전혀 없다. 좀 더 쉽게 이해하기 위해서 회전교차로의 개념을 우리의 전통 놀이인 '고무줄놀이'로 생각해 보자. 고무줄놀이는 떨어져 선 두 사람이 고무줄의 양끝을 잡아 크게 돌리면 회전하는 고무줄 안으로 사람들이 차례차례 진입하는 놀이이다. 고무줄에 진입하려는 사람은 회전하는 고무줄 안에서 뜀박질하는 사람들의 리듬에 맞추어 조심해서 진입하여야 한다. 고무줄의 회전 리듬을 맞추지 못한 채 진입하면 고무줄에 걸려 회전은 멈추고 만다. 즉, 충돌 사고가 발생한 것이다. 고무줄 길이가 길면 많은 사람이 뜀박질하게 되므로 고무줄 안으로 더욱 신중하게 진입해야만 회전이 계속 유지 될 수 있다. 회전

교차로도 마찬가지다. 회전교차로 안에 차량이 많은 경우에 회전부 안으로 진입하는 차량은 양보를 넘어 정지에 가깝게 속도를 줄이면서 교차로 안의 상황을 보고 진입하여야 한다. 회전교차로 통행 우선순위를 올바르게 인지하면 충돌 사고 없이 안전하게 교차로를 통과할 수 있다. 회전교차로가 정상적으로 운영된다면 신호 대기 없이 직진 또는 좌·우회전 통행이 가능하기 때문에 통과 시간을 크게 줄일 수 있다. 유럽은 오래전부터 회전교차로를 활용해 왔는데 도시 교통의 편리성은 높이고 교통사고는 감소시키는 일석이조의 효과를 보고 있다. 좁고 굴국이 심한 도심에 회전교차로를 설치하여 문화재와 역사 건축물을 보호하고 홍보하는 부수적인 효과도 덤으로 얻었다. 유럽의 중소도시에서 운전하면 회전교차로를 매우 자주 만나게 되는데, 여행이 끝날 무렵에는 관광객들도 회전교차로 이용방식에 저절로 익숙해질 정도이다.

앞으로 우리나라도 지역의 신호 교차로를 회전교차로로 변경하는 것을 적극 검토해볼 만하다. 전국 곳곳에 불필요한 신호 교차로가 많은 것으로 조사된 바 있다. 교차지점의 물리적인 구조 형태, 위치, 교통량, 보행량 등을 면밀하게 검토하여 회전교차로 방식으로 변경할 필요가 있다. 일부 지자체는 운전자에게 혼란을 주거나 불필요한 신호등 교차로를 자체 조사해 정비하고 있는데, 도로교통공단과 경찰청이 협의를 통해서 불필요한 신호등은 철거할 예정이라고 한다. 일단 교차로간 거리가 짧은 구역에 무리하게 설치된 교통신호등, 에너지를 낭비하거나 도시미관을 떨어뜨리는 신호등이 정비대상이다. 철거 대상 신호등은 보행자 안전교육에 재활용하면 될 것이다. 지금이 바로 전국 도시, 신호등

교차로의 효용성과 회전교차로 설치 타당성에 대한 대대적인 점검이 필요한 시점이다. 신호등은 비신호교차로와 회전교차로가 감당하지 못할 정도로 자동차 교통량과 보행량이 많은 지역을 대상으로 운영하는 것이 바람직하다. '신호등이 항상 차량의 움직임을 지켜보고 있네.'라는 생각이 들도록 효율적으로 운영하여야 한다. 지금까지 신호등은 차량을 잘 관리하고 통제해왔다. 하지만 앞으로는 시설물들이 노후화되면서 안전 문제가 발생할 가능성이 매우 높다. 따라서 차량과 보행자의 안전을 위해 수시로 신호등과 관련 시설물을 점검해야 한다. 반면 회전교차로는 한번 설치하면 특별한 유지비용이 거의 들지 않기 때문에 예산과 투입 인력 측면에서도 신호등 교차로 체계보다 훨씬 우수하다. 다행히 정부는 지난 10여 년간의 회전교차로 운영 성과를 토대로 앞으로 회전교차로 설치를 더욱 확대해 나갈 방침이라고 한다. 행정안전부는 체계적인 회전교차로 설치·관리를 위해 중장기 시설 개선계획을 수립하고, 사업대상지 선정 기준, 회전교차로 설치를 위한 구체적인 절차와 방법 등을 포함한 설계·운영 매뉴얼을 마련할 예정이며, 국토교통부는 2차로형 회전교차로에서 자주 발생하는 차로 변경에 따른 교통사고를 예방하기 위해 설계지침을 보완하고 주택가 작은 교차로에도 설치할 수 있도록 초소형 회전교차로 설계기준도 마련할 예정이다. 교차로 통과 시간이 감소하고 불필요한 대기 시간이 줄어든다면 지금보다 주행이 훨씬 편해질 것으로 예상된다. 이제 우리도 교차로 별 특성에 적합한 맞춤형 교차로 운영 방식을 선택하여 더 원활하고 안전하게 주행할 수 있기를 기대해 본다.

## 유령 교통체증

신호등 없는 고속도로를 달리다 보면 갑자기 차량이 밀리면서 막혔다가 어느 순간 풀리는 현상이 반복적으로 발생한다. 고속도로 주변을 유심히 살펴봐도 정체가 일어나는 이유가 없어 보인다. 하지만 이런 '유령'과도 같은 정체현상은 통행시간을 증가시킬 뿐만 아니라 추돌과 충돌 사고를 유발하기도 한다. 운전자들은 이유를 알 수 없는 정체 때문에 답답하기만 하다. 왜 이런 일이 일어나는 걸까? 첫 번째는 시설물 설치·운영의 문제라고 볼 수 있다. 고속도로에는 신호등 대신 인터체인지(IC, InterChange)와 분기점(JC, JunCtion)이 곳곳에 설치되어 있다. 인터체인지는 고속도로와 일반도로를 연결하는 고속도로 진·출입부를 말하고 분기점은 고속도로와 고속도로를 연결해주는 통로로, 모두 차량 통행에 꼭 필요한 시설물이다. 도로망이 발달하면서 전국의 여러 고속도로가 격자형으로 연결되어 주행 중인 고속도로에서 다른 고속도로로 경로를 바꿀 때 분기점을 만나게 된다. 수도권의 신갈분기점과 호법분기점은 남북방향의 도로와 동서 방향의 도로가 상호·교차하기 때문에 차량 통행량이 많은 대표적인 분기점이다. 인터체인지와 분기점의 차선 수는 고속도로의 차선 수보다 적기 때문에, 분기점으로 접근하려면 서행할 수밖에 없다. 정체가 예상외로 길어지고 속도가 급격하게 감소한다면 인터체인지와 분기점 설계 문제일 가능성이 농후하다. 차량이 고속도로 본선에서 인터체인지를 통해 일반도로로 진출할 때, 감속차로가 반드시 있어야 하는데, 그 감속차로의 길이는 본선 통행량과 일반도로 차량의 주행 속도를 고려하여 정한다. 만일 감속차로의 길이가 짧거나 시설물이 부실하게 시공되었다면 고속도로 진출 차량이 속도를 과하게 줄이거나 비정상적인 운전행태를 보이게 된다. 이런 예상치 못한 현상이 정체를 일으켜 고속도로 본선에서 주행하는 차량의 흐름이 영향을 받는다는 말이다. 반대로 차량이 일반도로에서 고속도로로 진입할 때 본선 고속도로의 고속 주행 차량과 속도를 맞추려면 일정 거리 가속을 해야 한다. 이렇게 고속도로의 본선에 합류하는 자동차가 안전하게 합류할 수 있는 속도까지 가속시키기 위한 변속 차선을 가속차선이라고 한다. 인터체인지를 통해서 고속도로 본선에 합류하는 차량이 늘어나 본선 진입부에 교통체증이 생기는 건 당연한 현상이다. 하지만 정체가 과하게 길어진다면 분명히 진입부 가속차선의 부적격 설계와 운영이 주요 원인일 것이다. 가속 차로의 길이나 설치 방법이 잘못되었다면 진입하는 차량 때문에 본선의 차량이 속도를 줄여야 해서 심각한 정체가 발생할 수 있다. 이런 경우를 예방하기 위해 한국도로공사는 램프 미터링(Ramp metering)이라는 진입부 차량 제어 방법을 사용하고 있다. 램프 미터링이란 고속도로 진입부의 연결로에 신호등을 설치하여 진입교통량을 제어하는 방법이다. 즉, 본선 고속도로 차량의 통행량과 속도를 고려하여 진입 차량의 진입 가능 여부를 램프 미터링 시스템의 신호등으로 통제한다. 따라서 진입부 연결로에 대기하고 있는 차량은 신호등이 지시하는 대로 진입하면 본선의 차량과 접촉 없이 안전하게 고속도로 본선에 합류할 수 있게 된다. 램프 미터링이 국내에는 아직 많이 적용되고 있지는 않지만 고속도로의 '유령' 차량 정체를 방지하는 매우 효과적인 방식이라고 본다. 또한 분기점 연결도로의 차선 수가 차량 정체와 큰 연관이 있다. 우리나라는 분기점 연결로가 일차선인 경우가 대부분이라 분기점 부근 도로는 정체인 경우가 많다. 연결로의 차선 수를 늘린다면 발생하지 않을 정체이므로 분기점 연결로 설계 시에는 반드시 차선 수에 대한 면밀한 검토가 필요하다. 다행히 최근 2차선 이상의 연결로가 여러 곳에서 운영되면서 '유령' 교통체증은 줄어드는 추세이다.

두 번째 유령 교통체증의 원인은 잘못된 운전 습관 때문이다. 다른 운전자에게 피해를 주는 무리한 끼어들기, 위협 운전, 난폭운전, 보복 운전 등이 대표적이다. 인터체인지와 분기점 연결로에서 일어난 그런 잘못된 운전행위가 정체로 이어지고, 그 정체의 여파는 전체 도로에 영향을 미치게 된다. 예를 들어, 고속도로의 진출부 감속차선에 서 있는 동안 위험하게 대기차량 행렬로 끼어드는 수많은 위반 차량을 보면 유령 교통혼잡이 왜 발생하는지 쉽게 이해할 수 있다. 또한 최근 고속도로에서 일어나는 위협 운전행위도 유령 정체현상의 원인 중 하나이다. 위협 운전은 화물차나 버스 등 속도가 느린 차량과 승용차와 사이에서 발생할 수 있고, 과속승용차가 앞 차량을 추월하려고 위협하는 경우도 많다. 그 과정에서 차량끼리 속도 경쟁을 하거나 보복운전이 벌어지기도 한다. 이런 불법 끼어들기로 선량한 운전자들이 피해를 보고 있다. 최근 보복 운전에 강력한 처벌을 부과하면서 그런 불법 운전행위가 다소 줄고 있어 그에 따른 유령 정체현상 역시 이후 강력한 단속을 통해 얼마든지 정상화할 수 있다고 본다.

세 번째 유령 교통체증의 원인은 차량 간 속도 차이이다. 도로에서 가장 위험한 현상 중 하나인 차량 간 속도 차이가 유령 정체현상을 만들고 결국 교통사고를 유발하게 된다. 고속도로에서 과속차량이 큰 문제라고 생각하지만 저속차량도 차량의 일정한 흐름을 방해한다. 운전하면서 앞 차량이 너무 느리거나 뒤 차량이 속도를 낼 경우 운전자는 불편함을 느끼고 차선 변경을 시도한다. 그럼 옆 차선의 차량은 자연스럽게 감속할 수밖에 없고 그 여파가 뒤로 계속 전달되면서 뒤따라오던 차량은 영문도 모른채 유령 정체현상에 휘말리게 되는 것이다.

네 번째 유령 정체의 원인은 운전 미숙이다. 운전이 익숙하지 않은 초보운전자와 숙련운전자는 운전하는 방식이 다르다. 더군다나 초보운전자가 고속도로에서 운전을 하면 차량의 빠른 속도에 위축되어 지나치게 소극적인 운전행태를 보이는 경우가 발생한다. 이렇게 각기 다른 운전 습관과 숙련도는 도로가 일시적으로 혼돈 상태에 빠지는 순간을 만들어 유령 정체의 원인을 제공하고 있다. 유사한 사례를 살펴보자. 오르막 차로가 없는 도로에서 버스와 화물차가 앞을 가로막고 주행하면 뒤따라가는 차량은 왜 막히는지 알지도 못한 채 주행하게 된다. 그래서 산악지형 지역을 통과하는 도로에서 그런 종류의 유령정체가 자주 발생하는 편이다. 이를 해결하려면 도로에 저속차량을 위한 차선을 하나 더 만들어 오르막 차선으로 운영하면 된다. 오르막 도로에서 주행속도가 느린 차량이 오른쪽 주행차로를 이용하고 승용차는 왼쪽 추월차로를 이용함으로써 정체 발생을 사전에 차단하여 정상적인 교통흐름을 유지할 수 있다. 하지만 화물차 또는 버스가 오르막차로 구간의 왼쪽, 주행 차선으로 주행함으로써 도로의 정상 흐름을 방해하는 경우가 종종 발생한다. 이 역시 운전자의 미숙한 운전과 실수 때문이다.

그렇다면 교통선진국에서도 유령 정체가 발생할까? 필자의 경험에 의하면 대부분의 차량이 예측가능한 운전방식과 패턴에 따라 주행하기 때문에 유령정체는 거의 발생하지 않는다. 교통법규와 위반행위에 따른 유령 교통체증이 거의 발생하지 않는 이유는 교통위반행위에 대한 가혹한 처벌과 높은 벌금 수준 때문이다. 운전자가 감히 위반할 엄두를 내지 못한다. 더군다나 끼어들기를 시도하는 일은 주위 차량으로부터 상상할 수 없을 정도의 비난이 쏟아지기 때문에 관련 위반사례를 거의 찾아볼 수 없다. 승용차가 일상에 도입된 후 오랜 시간이 흐르면서 도로교통 문화가 정착되어 익숙해졌기 때문이라고 생각한다. 유령 정체현상을 해결하려면 위 네 가지 원인에 대해서 철저하게 분석하고 적절한 대비책을 찾아 실천해야 할 것이다. 예를 들면 유령정체 발생 예상 지역을 집중 관리하는 것이 필요하다. 운전자 위반으로 유령정체가 수시로 발생하고 그에 따라 교통사고 발생 가능성이 높은 지역을 유령정체 발생 예상 지역으로 지정하여 단속을 강화하고 관련 안전 시설물 설치를 확대하여야 할 것이다. 도로의 설계와 시설물은 모두 안전 주행을 위해 만들어졌기 때문에 운전자가 주의해서 운전하고 교통법규와 질서를 준수하면 유령정체 같은 불편한 상황은 발생하지 않는다. 우리도 이제 운전을 제대로 할 때가 되었다고 생각한다. 사소한 위반과 실수가 교통혼잡과 정체를 일으키고 교통사고로 이어진다면 얼마나 안타까운 일인가! 유령 정체를 완전히 없애는 일은 우리 스스로 노력과 열정에 온전하게 달려 있음을 기억해야 할 것이다.

## 만병의 근원 교통 스트레스

우리는 아침에 일어나면 움직이고 걷고, 자동차를 운전하거나 대중교통을 이용하여 이동하며 살아간다. 이처럼 사람이 먹고 입고 일하는 일상을 영위하기 위해 움직이는 것은 누구에게나 필수적인 행위이다. 이제 이동은 '상품'으로 확장되어 우리 삶의 경제적인 부문에도 커다란 영향을 미치고 있다. 도시철도역 근방이나 교통이 편리한 도심 역세권은 경제적 가치가 매우 높게 책정되어 있다. 서울의 부동산값이 높은 이유도 집과 직장 주변에 많은 생활 편의시설이 모여 있기 때문이다. 과거에 대가족이 한 집 또는 가까운 주변에 모여 살았던 것도 이동반경을 최소화하기 위한 지혜라고 할 수 있다. 따라서  이동행위를 최소화시키는 특정 공간, 역세권에 높은 금전적인 가치를 매기는 것이 당연할지 모른다. 최근 자동차 보유대수가 지속적으로 늘어나면서 사람들의 이동에 들어가는 혼잡과 통행시간도 점차 증가하고 이에 따라 출퇴근 교통비용, 여가활동, 여행 비용 등이 점점 대부분 가정 재정에 적지 않은 부담이 되어가고 있다. 그중에서도 항공 교통비는 부담 수준이 월등히 높다. 교통은 이뿐만 아니라 우리 몸에도 영향을 미친다. 자동차 운전은 앞차와의 간격, 안전 속도, 주위 차량의 흐름을 파악하면서 집중해야 하는 긴장의 연속이다. 한순간이라도 집중을 놓치면 끔찍한 사고로 이어질 수도 있다. 게다가 낯선 초행길일 경우에는 전방 주시를 하면서 내비게이션도 확인하고, 도로 안내 시설과 경고, 안내 표지판도 살펴봐야 한다. 매년 5~6만 대씩 늘어나는 자동차는 교통 상황을 더욱 악화시켜 운전하기 더욱 어려워진다. 어떻게 보면 자동차 운전은 온 신경을 집중하게 만드는 종합선물 세트 같기도 하다. 그래서인지 나이가 들면 차량 장치 조작 능력이 떨어지고 비상시 반응 시간은 늘어나 운전을 꺼리게 된다. 비상시 고령자의 대응 속도가 늦어 교통사고가 유발되는 사례가 적잖이 발견되고 있으며, 급발진 사고도 고령층의 브레이크와 액셀 페달 조작 실수인 경우들이 있다. 또한 시력이 급격하게 약화되어 밤이나 악천후에 전방의 사물이 흐릿하게 보이거나 중첩되어서 엄청난 긴장 속에서 운전하게 된다. 고령 운전자의 불편한 무릎, 척추 등 신체 건강상 불리함은 운전 자체를 두려워하거나 포기하게 만드는 주요 원인으로 작용하고 있다. 더하여 반자율 운전기능이 장착된 요즘 최신 차량은 내부 장치가 매우 복잡해서 운전행위 자체가 온 신경을 곤두서게 만든다. 편리한 운전을 위한 첨단기능이 고령층에게는 오히려 운전을 더 피곤하게 만드는 장치가 되어 버린 것이다. 즉, 운전자가 차량의 최첨단 기능을 능숙하게 활용하려면 적잖은 시간과 노력이 필요한데, 고령층에게는 그 시간과 상황이 오히려 불편하고 괴로울 수 있다. 고령자들은 완전 무인 자동차가 복잡한 운전과 차량 조작 스트레스에서 벗어나는 방법일 수 있다.

아울러 주차도 운전자에게 스트레스 요인이다. 주차의 가장 큰 문제점은 주차 공간이 부족하다는 사실이다. 퇴근 후 집 부근에 주차 자리가 없어 주변을 맴도는 행위는 운전자에게 스트레스이다. 특히, 단독 또는 연립주택에 거주하는 운전자들이 주차 공간을 찾기 위해 많은 시간을 낭비하고 있다. 이는 대부분 도시 거주 운전자들이 겪는 일상의 모습이라고 할 수 있다. 목적지에서도 마찬가지다. 목적지에 주차장이 확보되어 있지 않은 경우 주차 공간을 신속하게 찾아내는 일은 대부분 운전자에게 곤혹스러운 일이다. 이처럼 주차장이 마땅치 않은 경우 많은 운전자가 대중교통을 이용하곤 한다. 자동차가 제 역할을 하지 못하는 아이러니한 상황이 발생한다. 주차장이 없어서 자동차 운행을 포기한다면 자동차를 구매할 필요가 없기 때문이다. 자동차를 이용하지 못하는 상황이 빈번하게 발생한다면 자동차는 계속 주차장에 세워져 있게 될 것이다. 현재 건물을 설계·계획 시 교통 영향 평가 제도에 따라 적정 주차 공간에 대한 평가를 시행하고 있지만 상위 제도의 횡포와 명확하지 않은 주차장 공급기준 때문에 주차 공급 부족 문제는 계속되고 있다. 다른 나라처럼 차고지 증명제를 시행하지는 못하더라도 건물 완공 후 발생하는 주차 수요에 대한 철저한 분석이 필요하다. 상가와 도심 건물들은 계속해서 늘어나는데 주차 공간은 부족하니 주변 도로의 혼잡과 사고는 예견된 일이라 할 것이다. 새로운 건물을 건축하기 전 주차장 확보와 주변 도로의 정비는 필수이며 안전하고 원활한 업무 수행을 위해 당연한 일이다. 노후화된 아파트일수록 주차장 부족으로 매일 혼란의 시간을 보내고 있다. 황당한 일은 건물 주차장 공간이 충분한데도 주변 도로에 불법 주차하는 행위이다. 그런 불법주차 차량은 교통약자의 안전을 크게 위협하고 주변 지역으로 진출입하는 차량 안전에도 위험요인이 된다. 자신의 편의만 생각하는 이기적이고 반사회적인 행동이 아닐 수 없다. 그야말로 자기 얼굴에 먹칠하는 꼴이다. 불법주차의 근본 원인이 무엇일까? 부족한 주차 공간인지, 불법주차 차량인지, 건물 설계인지, 매우 안타깝다. 게다가 정부와 지자체는 식당 영업 활성화를 이유로 점심시간에 식당에 오는 주민들의 편의를 고려하여 전국 대부분 지역에서 불법주정차 단속을 유예하고 있다. 그런 예외적인 조치는 결코 허용해서는 안 된다. 식당 주변의 불법주차는 교통혼잡을 유발하고 교통사고 원인이 될 수 있기 때문이다. 또한 식당 주변 불법주차 허용정책이 다른 부류의 사업자들에게는 위화감을 주고 형평성 문제를 초래할 수도 있다. 특정 지역과 대상에 혜택을 주는 정책은 우리 사회의 안정과 지속 발전에 절대 도움이 될 수 없다.

대중교통도 건강에 부정적 영향을 미치는 스트레스 요인이다. 에스컬레이터, 엘리베이터, 무빙 벨트 등 이동 편의시설이 아무리 잘 갖추어져 있다고 해도 도시철도와 버스를 이용하는 건 적잖이 불편하고 쉽지 않다. 더군다나 출퇴근 시간의 대중교통은 상상하기도 싫다. 수많은 사람들 사이에서 공중 부양하듯 떠밀려 다니거나 옴짝달싹하지 못하고 끼여 있는 것은 정말 고역 중의 고역이다. 환승역에서 몰려든 인파 때문에 도시철도 차량을 놓치거나 반대로 등 떠밀려 숨쉴 틈 없는 도시철도에 겨우 오르고 나면 "나는 누구, 여긴 어디?"라는 푸념이 절로 든다. 대중교통수단을 이용할 때 가장 신경 쓰이는 일은 연계, 환승이다. 대중교통 수단이 출발지부터 목적지까지 한 번에 연결된다면 승용차보다 대중교통수단을 선택할 가능성이 매우 크다. 반면 두 번, 세 번의 대중교통 환승은 승용차를 선택하게 만든다.

버스도 운행을 늘린다고 기존 대중교통 이용자를 계속 잡아둘 수 없다. 버스 운행방식, 수단, 시스템을 선정할 때 수요자의 필요와 전체 교통망의 효율성을 따져야 한다. 앞으로 도시의 직주근접(職住近接, 직장과 주거지가 가까운 것) 이 활성화되면 단거리 대중교통 수요가 늘어나고 장거리 수요는 자연스럽게 줄어들 것이다. 최근 교통 스트레스에서 벗어나기 위해 거주지를 직장 가까운 곳으로 이주하는 사람들이 나타나고 있다. 따라서 대중교통 역세권을 중심으로 교통수단의 편리한 환승을 목표로 대중교통 운영계획을 수립하는 것이 바람직하다. 예컨대, 단거리 마을버스 노선, 시스템, 규모, 배차간격 등을 최대한 이용자에게 맞추어 도시 철도와의 연계이용 효과를 극대화해야 한다. 교통약자의 편의성을 위해 야간이나 악천후에는 정류장이 아니더라도 이용객이 원하는 지점에 승하차할 수 있도록 배려하는 정책의 유연성이 필요하다.

보행 이동도 그리 녹록지 않다. 보행로를 향해 돌진하는 차량, 보행로에 불법 주차한 차량, 도로 주변 공사로 매끄럽지 못한 보행로, 폭이 너무 좁은 보행로 등 안전하지 않은 보행로를 걷는 일 자체가 불편함과 더불어 스트레스를 주기 때문이다. 특히 주거지역의 보행환경은 차량과 보행자가 혼재하는 상태로 보행자의 신경을 자극하고 스트레스를 주고 있다. 일부 지역에서 친환경 인간중심의 교통정책을 시행하면서 보행환경이 개선되고 있기는 하지만 아직도 갈 길이 멀다.

이러한 교통 스트레스를 만들어 내는 외적 요인으로 도시화를 들 수 있다. 우리 국민의 약 90%는 도시에서 살고 있을 정도로 도시화 수준은 매우 높은 편이다. 대도시에서 거주하면 수준 높은 교육, 의료시설, 문화공간 등을 누리기에 유리하고 백화점, 상가, 식당, 시장 등이 가까이 있어 생활 편의성이 상당히 높다. 하지만 도시가 점점 비대해지면서 이동해야 하는 거리와 이동시간 역시 증가하여 예전 시골에서 누렸던 일상의 여유와 정은 점차 사라지게 되었다. 더 편리하고 건강하게 살기 위해 도시로 이주했건만 도시 내부의 '이동 스트레스'에 시달리게 되었다. 도시에서는 짧은 거리도 자동차와 대중교통으로 움직일 수밖에 없는 상황도 생긴다. 자동차를 이용하면 주차 걱정을 해야 하고 도로 위 돌발 상황에 대비하느라 신경을 곤두세우게 된다. 이렇게 도시에서는 이동행위 자체가 짐이 되는 경우가 종종 발생한다. 그렇다면 도시에 살아서 더 풍요로워졌는가? 도시의 엄청난 부동산 가격은 과도한 은행 대출로 이어지고 일상 생활비용도 높아 항상 재정적인 어려움에 허덕이게 된다. 도시민이 시골에 거주하는 사람보다 높은 수입을 확보하면 문제가 없겠지만 현실은 그렇지 않다. 최근 귀촌, 귀농하는 도시민이 늘어나는 현상은 도시의 지나치게 높은 거주·생활 비용 때문으로 분석할 수 있다. 그동안 수많은 사람이 새로운 삶의 터전으로 대도시를 선택했지만, 삶의 질은 역전되어가고 있다. 우리나라뿐만 아니라 세계 대부분 지역에서도 대도시의 시대가 저물어 가고 있다. 대도시의 마천루와 빌딩 숲은 노후화되고, 테러와 코로나 같은 공격에는 매우 취약하다. 건강과 생명에 대한 위협은 실제 많은 사람이 대도시를 떠나게 만드는 주요 원인으로 작용하고 있다. 더불어 대도시의 교통수단과 이동행위가 만들어 내는 각종 오염과 미세먼지, 심각한 대기환경도 건강을 해치는 주요 요인으로 하나 하나 밝혀지고 있다. 대도시의 삶이 절대 건강하지 않으며 스트레스를 만드는 주범이라는 사실은 많은 사람이 공감하고 있다. 그런 면에서 우리나라의 서울·수도권은 외견상 아직 문제가 없는 것 같지만, 도시의 미래가 밝지만은 않다.

직장인들에게는 출퇴근을 위한 이동행위 자체가 하나의 일이다. 이동행위가 원활하지 못하면 본연의 업무에도 영향을 미친다. 실제 업무 외에 하루 두 가지, 출퇴근 업무가 일상에 존재한다. 사건 사고가 많은 현실을 생각하면 아무 문제없이 세 가지 업무를 잘 치르고 하루를 마감하는 일은 어찌 보면 대단한 일이기도 하다. 이처럼 이동행위는 우리 몸과 정신에 지속적인 스트레스를 주고 있다. 우리 몸의 신경, 정신, 심리, 관절통, 내장, 순환기, 심혈관 계통 등에 악영향을 미치고 있는 것이다. 교통 행위가 건강에 지속적으로 악영향을 주는 것이 사실이라면, 결국 인간의 수명과도 깊은 관련이 있을 수도 있다. 만병의 원인이 스트레스라는 사실을 상기하면, 교통 행위가 주는 다양한 스트레스도 인간의 질병을 만들어 키우는 데 분명히 한 몫을 한다고 볼 수 있다. 이제 교통 스트레스로 인한 악영향을 최소화하는 문제는 21세기 현실을 살아가는 현대인에게는 중요한 일이 되어가고 있다. 운전보다는 대중교통이, 대중교통보다는 보행이 우리 건강에 훨씬 더 이롭다. 이것이 바로 BMW(Bus, Metro, Walk), 즉 버스, 지하철, 걷기가 건강 친화적이라는 이유일 것이다. 걷는 행위가 일상의 많은 부분을 차지하려면 지금과 같은 도시환경에서는 불가능하다. 즉, 직주근접이 실현되어야 하고 인구와 자산의 집중을 완화하는 공간이 필수적이다. 하지만 현실은 반대로 장거리 대형 교통수단을 지속적으로 계획하고 대형 건물을 끊임없이 건설하고 있다. 교통 스트레스는 대형 교통시설물과 근사해 보이는 교통서비스가 결코 해소해 줄 수 없다. 출퇴근에 하루 3시간 이상을 소모하는 일상생활 교통 방식을 바꿔야 한다. 서울시의 예를 들어보자. 서울시에는 25개의 구가 있는데 통계자료에 따르면 구 내부에서 생활하는 인구가 지금도 50%에 달한다. 앞으로 직주근접이 실현되면 하나의 권역을 넘어서 다른 권역으로 출퇴근하는 사람보다 권역 내에서 일상을 소화하는 사람이 더 많아질 것이다. 따라서, 권역 내부 이동을 위한 단거리 친환경 교통수단이 장거리 교통수단보다 더 많이 이용되는 생활 방식이 자리 잡을 것으로 보인다. 이처럼 앞으로는 교통 스트레스를 크게 줄이는 교통 환경을 만들어가는 획기적인 정책이 대세가 되어야 할 것이다.

## 내비게이션 없으면 운전 못 하는 세상

요즘은 지인과 약속을 정할 때 만남 장소를 지도 위에 표시하여 보내는 것이 당연한 분위기이다. 목적지로 가는 이동 수단과 경로, 소요 시간을 알면 심리적으로 안정되고 미리 준비할 수 있어 허비하는 시간이 줄어든다. 이처럼 컴퓨터와 휴대폰을 통해 지도를 실시간으로 제공하는 내비게이션은 실용화된 지 겨우 10여 년에 불과한데도 이제는 없으면 안 되는 생활 필수 아이템으로 자리 잡았다. 익숙하지 않은 새로운 목적지를 찾아갈 때는 물론이고 익숙한 지역을 갈 때도 실시간 교통정보를 안내받기 위해 내비게이션을 켜고 이동하곤 한다. 그렇다. '돌다리도 두들겨 보고 건너라'는 속담처럼 내비게이션은 이미 모빌리티의 동반자 역할을 충실히 하고 있다. 내비게이션은 매우 손쉽게 찾아 사용할 수 있는데, 휴대폰 앱에서 다양한 내비게이션을 접할 수 있고 자동차에서도 내비게이션을 사용할 수 있다. 그런 내비게이션들은 자동차의 경로를 지도상에 나타내기도 하지만, 대중교통수단인 버스의 현재 위치와 도착시간을 안내하기도 한다. 또 일정 궤도를 따라 이동하는 도시철도의 내비게이션은 도시철도의 실시간 위치 정보와 도착 정보를 정확하게 제공하여 많은 이용자를 확보하고 있다. 20세기에는 상상하기조차 어려웠던 일들이 우리의 일상에서 매 순간 실현되고 있다. 1980년 초반 필자는 함께 걷던 친구들과 복잡한 길에서 서로 잃어버려 곤란했던 적이 있다. 지금 같았다면 휴대폰으로 전화를 하거나 지도 위 친구의 위치를 파악하여 금방 만났을텐데 말이다. 여러 종류의 내비게이션 중에서도 사람들이 가장 많이 이용하는 기능은 최초 출발지부터 최종목적지까지의 최적 경로를 안내해주는 것이다. 예를 들어, 집에서 약속 장소까지 가장 빠르고 편안하게 가려면 어떤 교통수단으로, 어떤 경로를 따라 이동하는 것이 적절한지를 알려주는 내비게이션이 모든 운전자와 보행자에게 필수적인 장비로 활용되고 있다. 또한 대중교통 역사 또는 정류장에서 최종목적지까지 어떤 경로를 선택해야 좋은지를 알려주는 내비게이션 기능은 낯선 주변 환경에 불안한 보행자를 안심시키는 데 매우 적절한 역할을 하고 있다.

그렇다면 내비게이션은 대체 어떻게 만드는 걸까. 내비게이션의 핵심 기술은 위치 추적 기능이다. 과거 군사전략 장비였던 GPS(global positioning system)는 사람이나 사물의 위치를 실시간으로 추적하여 찾아내는 목적으로 사용됐다. 스마트폰에 고급 통신장비와 부품이 장착되면서 군사 장비였던 GPS를 민간영역에 적용한 것이다. 내비게이션의 교통정보를 만드는 첫 번째 과정은 실시간 '교통정보 수집'이다. GPS는 도로 위를 달리는 각종 교통수단의 매 순간 위치 정보를 수집하여 실시간으로 정확하게 알려준다. 이 과정에서 차량 위치를 감지·전송하는 전자통신장비들의 운용이 핵심이다. 아울러 휴대폰을 소지한 사람의 위치 추적도 가능해 차량에 탑승했는지 보행 중인지 여부와 실시간 위치를 판별할 수 있게 해준다. GPS를 통한 위치 정보 수집기능은 도로의 현재 교통상황을 실시간으로 전송해 교통정보 생성을 위한 빅데이터 역할을 하게 된다. 두 번째로 도로 위의 상태를 통행속도, 시간, 거리 등으로 분류한 뒤 조합하면 현재 도로가 혼잡한지 아닌지를 판별하여 지도 위에 혼잡상태를 색깔로 표시할 수 있게 된다. 이렇게 데이터를 분류하여 혼잡 여부를 결정하는 과정을 '교통정보 가공'이라고 한다. 이 과정에서 현재 도로 상태를 기반으로 향후 도로의 변화 상태를 예측하여 경로 정보를 생성하기도 한다. 미래의 교통흐름 예측을 위해서는 해당 도로의 과거 통계 자료를 기반으로 현재 운전자가 이동하는 경로의 실시간 도로 상황을 반영하고 있다. 이런 교통가공 과정은 교통공학 전공자들의 주도로 정보통신 전문가, 지리 전문가, 행정전문가들의 상호협력을 통해 이루어진다. 다음은 '교통정보 제공' 과정인데, 내비게이션이 실질적으로 활용되는 과정이기도 하다. 앞선 두 과정을 통해 실시간 도로 상황과 최적 경로가 만들어지면 운전자에게 전달해야 하는데, 이때 운전자가 가장 많이 접속하는 도구가 내비게이션이다. 즉, 운전자 본인이 가고자 하는 출발지와 목적지를 입력하면 내비게이션이 최적경로를 안내한다. 이때 여러 경로 중 통과하는 도로가 유료 구간인지 아닌지 구분하여 운전자가 선택할 수 있도록 한다. 내비게이션 이외에 방송, 도로의 가변 교통정보시설을 통해서도 실시간 교통정보가 제공된다. 마찬가지로 버스의 실시간 운행상황도 제공하고 있다. 우리나라의 버스 도착 정보시스템은 교통공학과 IT의 융합으로 구현되어 세계 최고 수준의 정확성과 활용률을 자랑한다. 원하는 버스의 운행 여부, 현재 위치, 정류장 도착시간 등을 확인할 수 있다. 버스 정보는 도시철도 정보와 연계하여 대중교통 환승객에게 요긴하게 쓰인다. 군사 장비였던 GPS가 민간분야에서 그 기능이 대폭 개선되어 군사 분야에 재활용될 수도 있을지 모른다. 우리가 빈번하게 사용하는 교통정보의 상생과 융·복합 힘이 얼마나 대단한지 알 수 있다. 이러한 교통정보 활용 기술은 대한민국이 자랑하는 다른 세계 1등 제품들과 견주어도 결코 뒤지지 않는 수준이다.

내비게이션은 이처럼 운전자와 보행자의 이동에 혁신적인 역할을 하여 효율적인 운전을 가능케 하고 심리적인 안정감을 주어 교통사고와 교통혼잡을 예방하는 효과가 있다. 그런데 내비게이션의 활용 방식에 따라서 그 효과는 다를 수 있다. 최근엔 내비게이션의 홍수라 할 만큼 여러 종류의 내비게이션 시스템들이 있지만, 대부분 유사한 방식으로 정보를 수집하고 가공하기 때문에 비슷한 결과를 도출한다고 할 수도 있겠다. 내비게이션 시스템의 차별성은 지도의 업데이트와 도로교통 상황의 실시간 모니터링의 실행 여부와 그 적정성에 있다. 우리나라는 새로운 도로가 계속 건설 중이고 기존 도로도 확장 개선되므로 실시간으로 지도를 업데이트하지 못하면 출발지와 목적지 사이에 최적의 경로를 제공하지 못한다. 따라서 지도를 비롯한 알고리즘의 업데이트를 정기적으로 수행하는 내비게이션 시스템이 상대적으로 우수하다고 할 수 있다. 아울러 전문가가 전반적인 사항을 모니터링 하여 문제점을 개선하는 과정을 시스템화하고 오류 발생을 줄이는 것이 차별화되는 내비게이션을 만드는 지름길이다. 예를 들어, 출발지에서 목적지까지 다양한 경로가 있지만 이동시간의 차이가 크지 않다면 운전자는 어떤 경로를 선택하든 별다른 차이를 느끼지 못할 수 있다. 그럼에도 불구하고 내비게이션이 최적 경로를 계속 바꾸어 화면에 보여준다면 주행 중인 운전자는 당황하고 불안한 마음이 들 수 있다. 따라서 주행 중인 경로와 새로 업데이트된 경로의 차이가 5분 미만일 때는 업데이트된 경로로 변경하지 말고, 실시간 도로 모니터링 결과를 바탕으로 새로운 최적 경로를 화면에 표출하는 것이 바람직하다는 뜻이다.

내비게이션을 효과적으로 사용하는 방법은 무엇일까? 먼저, 운전을 시작하기 전에 내비게이션 정보를 확인하는 것이 좋다. 휴대폰 내비게이션을 이용하면 어떤 도로를 이용하는 것이 좋은지 여행 전에 손쉽게 점검할 수 있다. 또한 최근 수도권에는 새로운 도로 네트워크가 운영되고 있어서 자주 운전하지 않으면 낯선 길에 당황하게 된다. 이런 경우 내비게이션에 의존하게 되는데, 이때 내비게이션의 안내를 무조건 따르기보다는 운전자 본인에게 익숙한 도로를 선택하여 경로를 따라가는 것이 바람직하다. 일반적으로 익숙한 도로에서 운전하면 사고 발생확률을 크게 낮출 수 있기 때문이다. 운전자가 본인에게 익숙한 도로를 선택해 주행하면 내비게이션은 새로운 여건과 상황에 맞추어 자동으로 경로를 바꾸어 주므로 이용에 별문제가 없다. 운전자가 새로운 도로의 눈에 익지 않은 지형이나 주변 풍광 때문에 혼란과 불안함을 겪는 것보다 편안한 상황을 만드는 것이 더 나은 선택이라는 것이다. 그리고 내비게이션을 더욱 잘 활용하기 위해서는 경로를 자주 바꾸는 것을 권하지 않는다. 사실 도로의 운전 여건이 실시간 도로 상황에 따라서 변하기도 하지만, 대부분 요일과 시간에 따른 특성을 보인다. 예를 들어, 최근 이용객이 급증한 서울-양양고속도로의 양양 방향 도로는 토요일 오전 혼잡이 가장 극심하고, 서울 방향 도로는 일요일 오후 가장 밀린다. 이는 거의 변함없는 사실이므로 일요일 서울로 귀경할 때, 상시 혼잡이 예상되는 고속도로를 포기하고 국도로 오면 심리적인 동요도 덜하고 차량 정체에 시달리는 정도도 훨씬 완화될 수 있다. 이와 같은 방법으로 내비게이션을 이용한다면 내비게이션은 우리의 이동을 적극적으로 돕는 특급 도우미의 역할을 충분히 할 수 있을 것으로 기대된다.

# 왜 모든 국민이 연예인이 되어야 하는가!

지금 우리가 타는 자동차들은 밖에서 보면 차 안이 거의 안 보일 정도로 코팅이 되어 있다. 가까이 들여다보아도 안에 누가 타고 있는지 구분하기가 어려울 정도이다. 언젠가부터 우리는 차를 사면 유리창에 어두운 색깔의 선팅 필름 장착을 당연하게 여기고 있다. 자동차 창문에 선팅을 하는 가장 큰 이유는 기본적으로 빛을 반사하고 유해 광선을 차단해주기 때문이다. 또 운전자의 시야를 쉽게 확보하고 피부를 보호하여 노화를 방지하는 효과도 있다. 교통사고가 날 경우 비산 방지 효과로 2차 피해를 예방할 수 있으며, 실내 가죽 내장재의 변색과 손상을 보호할 수도 있다. 쉽게 말하자면 사람들이 자외선을 막으려고 피부에 선크림을 바르는 이유와 비슷하다고 보면 된다. 정리하면 자동차의 선팅은 자동차 관리, 안전 운행, 탑승자의 피부보호, 사고피해 감소와 직간접으로 연계되어 있다. 차 내부로 들어오는 따가운 햇볕은 탑승자 모두에게 큰 불편을 주는 것은 사실이어서 선팅 설치에 대해서는 충분히 공감이 간다. 그렇다면 선팅 기준과 설치 운영에 대해 알아보자. 현재 선팅 설치의 법률 기준은 투과율이 전면 유리는 70% 이상, 측·후면이 40% 이상이다. 참고로 투과율 100%는 완전히 투명한 상태, 0%는 차 안쪽이 보이지 않는 상태를 말한다. 예외적으로 경호용, 구급용 및 장례용 자동차는 법이 정한 기준을 따르지 않아도 된다. 도로교통법 49조와 28조에 의하면 자동차의 해당 유리가 기준 수치 미만으로 가시광선이 확보되지 않으면 법적제재를 받을 수 있다고 명시되어 있다. 하지만 선팅 필름을 공급하는 회사에 의하면 50% 이상의 필름은 소비자가 원하지 않아서 판매하지 않는다고 한다. 만일 50% 이하의 필름이 전면 유리에 부착되었다면 이미 합법 기준을 넘어선 것이고, 뒷면은 투과율이 더 낮은 선팅 필름이 판매되고 있다고 하니 우리 모두 불법행위에 가담하고 있는 셈이다. 그렇게 투과율이 낮은 필름을 유리에 붙이다 보니 맨눈으로는 차에 누가 탔는지 구별하기 힘들다. 그렇다면 운전자 대부분이 현행법을 위반하고 있다는 것인데, 단속기관이 모른체하는 사이 대부분의 자동차는 바깥세상과 소통이 어려운 상태에서 주행하고 있다.  선팅의 문제점은 내부에서 밖이 잘 안 보인다는 것이다. 운전자의 시력이 안 좋거나 심신이 피곤한 경우 교통표지, 신호등, 노면 상태, 보도와의 경계, 주변의 사람 등을 명확하게 구분하기 어려울 수 있다. 특히 눈, 비, 바람, 태풍 등 악천후 때 선팅까지 더해지면 안전 운전을 포기한 것이나 마찬가지이다. 선팅의 눈가림 현상으로 발생하는 교통사고 통계가 집계되고 있는지도 의문이다. 교통사고 원인은 대부분 운전자의 전방 주시와 깊은 관련이 있는데, 지나친 선팅으로 차 밖 상황을 제대로 보지 못해 발생하는 교통사고 사례에 대한 조사·분석이 당장 필요하다. 아울러 현재의 선팅 수준은 앞 유리의 출입 카드나 하이패스 등의 전파 수신을 방해하여 시스템 오류가 발생하기도 한다. 낮은 투과율과 과도한 반사율은 선팅의 위험성을 높이고 있다. 운전자들이 이러한 사실을 알고 있을까 염려스러운 마음이다. 외국에서는 선팅을 윈도우 틴팅(Window Tinting)이라고 하는데, 선팅이 차 안의 사람을 식별하고 차 밖의 사물들을 인지하는 데 전혀 지장을 주지 않는다. 다시 말해, 대부분의 자동차 유리는 거의 투명한 상태를 유지한다. 물론 보기에 투명해도 적외선, 자외선 등 유해 광선은 모두 막아 피부에 피해를 주지는 않는다. 미국과 유럽에서는 매우 엄격한 기준으로 선팅을 제한하고 있는데, 정부의 특수목적 용도나 유명 인사 이송 등에만 허용되고 있다. 우리나라에서는 차 안이 안 보이는 선팅이 원칙적으로 불법임에도 불구하고, 대부분 국민은 문제라고 생각하지 못하고 있다. 선팅을 사생활 보호용이라고 생각한다면 큰 오산이다. 자동차는 공공장소에서 운행되므로 투명한 상태를 유지하는 것이 원칙이다. 대표적인 공공시설인 도로는 대중들이 함께 이용하는 공간이기 때문에 개인의 사생활보다는 공공의 안전과 생명이 우선되어야 한다고 본다. 그러므로 도로 위 대부분 차량이 깜깜한 상태로 달리고 있는 것이 맞는지는 묻지 않아도 알 수 있다.

1990년대부터 교통전문가와 정부 사이에 선팅의 허용 기준에 대한 논의를 해 왔지만 결과적으로는 기준이 매우 완화되어 지금과 같은 짙은 선팅 차량이 도로를 주행하고 있다. 도로에서 운전을 할 때, 본인 주변의 차량을 유심히 살펴보는 일은 안전 운전의 기본이다. 운전자들끼리 눈이 직접 마주치면 배려와 양보는 상대방에 대한 자연스러운 행위가 된다. 교통선진국에서는 실제로 잘 들여다보이는 자동차 유리창 너머로 상대 운전자를 보면서 운전하기 때문에 안전하고 우호적인 여건을 유지하는 데 큰 도움이 되고 있다. 반면 우리는 어둡게 썬팅 된 차 유리창 뒤에 숨어 크고 작은 위반을 일삼는 경우가 비일비재하다. 한마디로 선팅이 운전자의 양심을 빼앗아 간 것이다. 방향지시등, 일단정지, 정지선 등 기본을 지키고 상대방을 배려·양보하는 행위는 안전 운전의 기본 중의 기본이다. 게다가 만약 선팅 차량이 유괴, 납치 등 범죄 행위에 활용된다면 얼마나 끔찍한 일이겠는가! 선팅 필름의 기준을 합리적으로 조정하고 제도적인 부분을 수정·보완하는 일은 시급히 개선되어야 한다. 도로에서 움직이는 것은 차량이 아니라 바로 사람이라는 것을 인식하는 것이 중요하다. 창문 너머 서로의 얼굴을 환하게 보여주며 양보와 배려 속에서 운전하는 평화로운 모습을 이제 우리 주변 도로에서 보고 싶다.

대중교통과 선팅 승용차를 비교해 보면 '대면'과 '비대면'이 어떤 차이를 만들어 내는지 쉽게 알 수 있다. 도시철도를 타보면 아무리 번잡하고 불편해도 대부분의 사람들이 상대방에 대한 기본예의를 잘 지킨다. 물론 전화 통화나 자리 문제로 소소한 마찰이 있기도 하지만, 그렇게 많은 사람이 좁은 공간에서 무리 없이 이동하고 탑승하는 걸 보면 정말 대단하다는 생각이 든다. 현재 우리의 도시철도 대중문화는 칭찬받아 마땅하다. 어떻게 그렇게 훌륭한 도시철도 문화가 자리 잡게 되었을까? 그것은 바로 '노출'에 답이 있다. 도시철도에서는 '나'의 '온몸'이 타인에게 완전히 노출되어 있다. 기본예의를 지키지 않거나 공공질서를 위반한다면 주위에서 그에 상응하는 반응이 곧바로 오기 때문에 스스로 조심하게 된다. 심지어 요즘은 휴대폰 카메라로 특정 상황을 실시간 영상 녹화하는 일도 가능하기 때문에 위반 행위는 더욱 부담스러워졌다. 반대로 자동차는 정반대의 상황에 있다. 어둡게 선팅된 자동차 안에서는 자신이 드러나지 않기 때문에 운전자의 행동거지가 상대적으로 자유롭다. 두 교통수단 간에 차이를 알 수 있는 다른 예시로 휴지나 쓰레기를 차 밖으로 버리는 행위를 들 수 있다. 요즘은 도시철도 내부에서 휴지통을 찾기도 어렵지만 쓰레기를 바닥 아무 데나 버리는 일은 보기 힘들다. 서로 노출되어 있다는 사실이 행동에 제약 요인으로 작용하는 셈이다. 반면 달리는 자동차에서 차 밖으로 뭔가를 버리는 행위는 아직도 종종 볼 수 있다. 그 운전자는 누가 버리는지 모를 거라는 생각에 차 밖 공간을 휴지통쯤으로 여기는 것이다. 주행 중 차 밖으로 담배꽁초를 아무렇지도 않게 버린다. 정말  다른 사람들이 자기들의 행위를 알아채지 못한다고 착각하고 있는 걸까? 앞으로 자동차 안에 비겁하게 숨어 있는 검은 양심에 대해 더욱 엄격하게 단속해야 한다. 얼마나 비겁하고 위험한 행위인지 확실하게 보여주기 위해서 교통단속 당국은 벌금을 상향 조정하고 상시 단속을 즉각적으로 시행해야 할 것이다. 교통선진국의 고속도로변 경고문 중에 'Littering $1,000(차 밖으로 쓰레기를 버리면 약 120만 원)'이라는 표지가 있다. 우선 높은 벌금 수준에 놀란다. 왜 그렇게 엄격하게 단속하는 걸까? 무심코 차 밖으로 던진 담배꽁초가 대형 산불이나 재난의 원인이 될 수 있고 버려진 물건과 휴지가 대형 교통사고로 이어질 개연성이 높기 때문이다. 교통선진국은 이렇게 높은 벌금으로 철저하게 단속한 결과 차 밖으로 쓰레기를 버리는 행위를 거의 찾아볼 수 없게 되었다. 이미 우리 사회에 널리 퍼져버린 선팅 문화는 여러 부작용을 낳고 있다. 고립된 섬 같은 깜깜한 자동차 안에서 언제까지 모든 국민은 범법자와 연예인으로 살아가야 하는지 안타깝고 답답할 따름이다.

## 교통약자의 설움

교통약자(Captive Rider)는 '자동차를 소유하지 못한 사람'이라는 뜻에서 유래하는데, 일반적으로 차를 보유하지 못해 대중교통과 보행에 의존해서 이동하는 사람들을 말한다. 소득 수준이 낮아서 자동차를 구매하지 못하거나 나이가 어리고 또는 많아서 운전하지 못하는 경우가 교통약자에 해당한다. 그 외에 자동차가 있어도 도로 혼잡 때문에 주중에는 자동차를 이용하지 못하는 사람도 많다. 따라서 교통약자의 진정한 의미는 자동차 보유 여부와 상관없이 대중교통과 보행으로 이동하는 사람들로 그 범위가 확장되어 사용되고 있다. 그런 의미에서 교통약자의 수는 우리가 예상하는 것보다 훨씬 많다. 그렇다면 교통약자는 어떤 상태에 있을까? 일단 교통사고의 대부분이 보행자와 자동차의 충돌 관련 사고이기 때문에 보행자, 즉 교통약자는 절대적인 열세에 놓여 있다. 교통약자는 자동차 운전자보다 교통사고에 더 많이 노출되어 있고, 위험한 상황 속에서 이동한다고 할 수 있다. 집 앞도 안전하지 않다. 아파트와 주택, 문만 열고 나가면 자동차와 마주친다. 좁은 골목길에서도 보행자를 아랑곳하지 않고 어디론가 달려가는 자동차를 심심찮게 만난다. 주거지와 생활공간에서 자동차에 치이는 사고가 빈번하게 발생한다. 아파트 내부는 도로교통법이 적용되지 않는다는 규정 때문에 보행자의 생명과 재산은 심각한 피해를 보고 있다. 주거지와 상업지구 주변도 보행자가 안전하게 움직일 수 있는 공간이 전반적으로 부족하고, 학교 앞과 주변 보행로도 대부분 비좁아 등·하교시 아이들이 불안한 상태로 통학을 하고 있다. 보행자가 많은 구역은 보행로가 넓어야 하고 그렇지 않은 구역은 좁아도 되는데 현실은 거꾸로인 듯하다. 이는 정부 당국의 어린이 안전에 대한 인식이 매우 낮다는 것의 방증이다. 요즘은 어린이 보호구역뿐 아니라 노인 보호 구역도 운영 중인데, '보호구역'이라는 단어가 무색하리만큼 안전성이 거의 보장되지 않는다. 어린이와 노인의 보행은 느리고 반응 속도가 떨어지기 때문에 보행로와 차도를 분리하는 시설이 설치되어야 하지만 미흡한 편이다. 게다가 장애인과 여성이 보행로에서 이동하는 데도 불편함이 크다. 보행로의 포장이나 관련 시설을 제대로 운영, 관리하지 못해 울퉁불퉁 망가진 채로 통행에 불편을 주는 경우도 종종 발생한다. 교통약자가 보행로와 횡단보도를 이동하는 데 불편함이 없는 사람 중심의 교통체계는 언제쯤 가능할지 안타까울 뿐이다.

보행자가 도로와 보행로 공간 전부를 이용하는 특별한 구역을 '보행자 전용지구'(Pedestrian Mall)라고 한다. 보행자 전용지구는 보행자와 차량을 완전히 분리하여 교통사고와 혼잡으로부터 안전하게 보호하고 더 넓은 공간을 제공한다. 도로 공간에 여유가 많을 경우, 대중교통이 해당 구역에 진입하는 것을 허용하여 보행자의 편리한 이동을 돕는 경우가 있는데, 이때 그 공간은 '대중교통 전용지구'라고 한다. 최근 우리나라에도 대학가 부근에서 대중교통 전용지구를 효과적으로 운영하고 있다. 오랫동안 교통 혼잡 지역으로 차량과 보행자의 이동에 어려움이 많았던 연세로의 경우 약 6년 전 연세로 550m 및 명물 거리 450m 구간의 보행로를 넉넉하게 넓히고 일반 승용차의 통행을 전면 금지 하였다. 주중에는 버스 등 대중교통과 보행자만, 주말에는 보행자만 이용할 수 있는 거리로 운영하면서 보행환경이 편리하고 안전해지자 지역 상권도 크게 활성화되었다. 아울러 해당 지구에서 문화행사 및 각종 이벤트를 개최하여 지역 주민과 관광객들의 좋은 반응도 얻었다. 연세로 대중교통 전용지구를 시행한 이후 통계 자료를 보면 교통사고는 약 46% 감소하고, 통행속도는 약 4.6배 빨라졌으며 버스 이용객이 약 11% 이상 증가하였다. 게다가 보행량도 크게 늘었으며, 상가 매출액과 주민만족도도 놀랄 만큼 증진되었다. 교통약자인 보행자 우대 정책이 얼마나 큰 효과로 이어지는지 알 수 있는 좋은 예이다. 약 40년 전 종로구 동숭동 대학로에서도 주말 동안 보행자 전용지구를 성공적으로 운영한 사례가 있으나 관리 소홀과 이용객의 풍기 문란으로 현재는 중단된 상태이다. 대학로도 연세로의 성공 사례를 분석하여 그 구역의 특성에 맞게 운영한다면 예전의 명성을 되찾을 수 있을 것이다. 그 외 강남의 보행자 통행이 빈번한 지역에 대중교통 전용공간을 마련한다면 단기간에 해당 지역의 승용차 통행을 줄이고 대중교통 이용이 활성화되는 효과를 볼 것으로 예상한다. 이와 같은 전용지구 운영은 우리나라와 세계 각국이 중점 추진 중인 탄소 중립정책과도 밀접한 연관성이 있어서 해당 정책의 조기 실행을 고려해 볼 만하다. 오래전부터 광장문화가 발달한 독일, 이탈리아, 프랑스 등 유럽의 국가는 안전한 보행 공간제공과 교통약자를 위한 정책이 생활교통에 자연스럽게 적용되어 있다. 우리나라처럼 인구밀도가 높은 유럽의 오래된 도시 보행로는 대부분 보행자 전용지구로 지정되어 안전하게 거리를 활보할 수 있다. 미국에서도 도심 상가의 활성화와 승용차 이용 감소를 위해 대중교통 전용지구를 운영 중인데 도심의 대기 오염도를 현격히 낮춤으로써 도시 전반의 환경도 크게 개선되는 추가적인 효과도 보고 있다. 세계에서 가장 번잡한 도시 중의 하나인 뉴욕의 맨해튼 도로에도 큰 변화가 생겼다. 보행로를 넓히고, 차로를 줄여 교통약자에게 이동의 편리함과 안전을 보장해주기 시작한 것이다. 자전거 통행로를 차량으로부터 완전히 분리하고 보행자 전용지구와 대중교통 전용지구를 대폭 늘려 승용차 이용을 강력하게 억제하고 있다. 그 결과 뉴욕이 더욱 안전하고 편리하다는 관광객의 평가를 끌어낼 수 있었다. 이처럼 대중교통 전용지구의 대표적인 장점은 개방성과 형평성에 있다고 할 수 있다. 사람들의 만남과 모임을 위한 안전한 오픈 공간을 확보해 주고, 자동차 우선 도로를 교통약자에게 균형 있게 배정함으로써 사람이 살기 좋은 도시를 만들 수 있다. 우리도 그런 개방감과 균형감을 만끽했던 역사가 있다! 2002년 월드컵 대한민국 방방곡곡에서! 수많은 사람이 광장과 도로에 모일 수 있을 거라고 예상이나 했는가! 차량이 다니는 도로를 일시적으로 보행 공간으로 활용하여 온 국민이 하나가 되는 뜨겁고 뿌듯한 경험을 할 수 있었다. 사람들이 보행자 전용공간에 모여 대화가 시작되고 광장의 문화행사에 참여하는 경험은 저절로 공동체 의식으로 이어졌다. 코로나 시기를 겪으면서 광장문화를 상상하기 어려워졌지만, 보행자 전용공간의 도입이 지금의 상황을 개방과 화합의 세상으로 바꾸는 데  중요한 역할을 할 수 있을 것으로 생각한다.

교통약자의 불편과 설움을 세심한 정책을 통해 보듬어준다면 교통 약자뿐 아니라 모든 국민이 더욱 편리하고 안전한 이동을 할 수 있다. 선진국일수록 보행자 안전을 최상위 정책 목표로 막대한 예산과 관련된 정책을 집행한다. 그것이 바로 국가의 역할이다. 앞으로는 도시 안에서 생산하고 소비하는 자족 기능이 점차 강화될 것으로 예상한다. 그렇게 되면 보행 통행량이 전반적으로 늘어나고 대중교통과 연계하는 보행자가 크게 늘 것이다. 따라서 교통약자에 대한 보다 적극적이고 과감한 정책이 요구되는 것이다. 최근 파리, 바르셀로나 등에서는 10분 도시, 15분 도시라고 불리는 특별한 정책을 실행하고 있는데, 인간의 생활반경이 크게 줄어들어서 모든 일상생활을 10분 또는 15분에 해결할 수 있는 도시를 새롭게 설계하자는 의미이다. 이동 거리와 시간이 줄어들면 보행과 대중교통의 비중이 훨씬 높아질 것이다. 국내 도시도 이와 유사하게 권역별로 생활지역을 묶어서 인간 중심의 교통체계 구축을 시도 중이다. 자동차를 구매하는 이유가 '보행행위가 위험하고 불편해서'가 되지 않도록 교통 당국과 지자체는 주의와 관심을 기울여야 한다. 대중교통 활성화를 위해서도 교통약자 배려가 절실하다. 그동안 버스 운행과 서비스가 크게 개선되었지만 노인, 어린이, 장애인, 여성이 안전하게 탑승하고 승하차하기엔 아직도 해결해야 할 문제점들이 남아 있다. 지자체와 버스 회사는 버스 이용 승객의 동선을 면밀하게 파악하여 정거장의 위치를 재조정하고, 이용객의 이동패턴에 맞추어 운행 시간과 빈도도 적절하게 조정하는 것이 필요하다. 운전자에 대한 교육 또한 매우 중요한 요인이다. 일반 성인 기준이 아니라 교통약자를 배려하여 급정거, 급출발, 과속, 난폭운전을 절대 금지하고 승객의 불편 사항을 수시로 확인하고 개선하는 체계를 만들어 바로바로 실행에 옮겨야 한다. 자동차가 없어서 소외된 시민들에 대한 대중교통 서비스는 지나치다 싶을 만큼 정성을 들이고 배려해야 한다. 그야말로 우리 사회가 교통복지를 제대로 실천하고 있다는 사실을 명확하게 보여주는 것이다. 교통약자가 편하면 일반 시민들은 더욱 편리하다는 평범한 사실을 실천하는 사회가 되기를 간절하게 바란다.

## 교통예보를 날씨 예보처럼

눈이 많이 내린 날은 자동차 운전을 할지 말지 고민을 하게 된다. 눈이 많이 오고 추운 날에는 도시철도를 탈까 하다 생각을 바꾸어 자동차를 운전하기도 한다. 또 어떤 날은 도로에 쌓인 눈 때문에 노면이 너무 미끄러워서 운전 도중에 차를 두고 대중교통을 이용할 때도 있다. 이처럼 날씨에 따라 적정한 교통수단을 선택하게 된다. 매섭게 추운 겨울밤  집으로 가는 택시 잡기는 하늘의 별 따기가 된다. 폭설이 내리거나 장마로 폭우가 쏟아지는 등 날씨가 심하게 좋지 않으면 학교가 임시 휴교를 하는 경우도 발생한다. 휴교의 가장 큰 이유는 학생들이 안전하게 학교에 오갈 수 없기 때문이다. 이처럼 교통과 날씨는 불가분의 관계에 있다. 교통선진국들은 아침 TV에서 출근 시간에 맞추어 날씨와 교통상황을 실시간으로 방송한다. 교통과 날씨가 일상에서 매우 깊은 연관성을 가지고 있다는 사실을 보여주는 사례이다. 우리나라도 언론과 방송이 날씨 상황을 비중 있게 다루는 편이지만 교통상황은 다소 가볍게 처리하고 있다. 우리도 자동차 3천만 시대를 앞둔 상황에서 날씨와 관련된 교통상황을 실시간으로 상세하게 보도할 필요가 있다고 생각한다. 지금도 겨울철이나 여름철, 날씨가 급변하여 갑자기 폭우 또는 폭설이 내릴 때 차량 통행이 불가한 지역과 시간대를 상세하게 안내하여 시청자의 안전한 이동을 돕고 있다. 하지만 아직은 모두가 만족할 만한 수준의 교통

정보 제공은 미흡하다고 생각한다. 다음날 아침 출근하는 사람들과 주말여행을 계획하는 시청자는 교통 상황을 알아보기 위해 각자의 인터넷 또는 내비게이션 정보를 뒤져보게 된다. 우리 사회에서 교통정보가 소외당하고 있음을 보여주 모습이다. 저녁 뉴스 마지막 일상적으로 내일과 주간 날씨 예보처럼 교통예보도 필요하다고 생각한다. 반면 교통방송(TBN과 TBS)은 수 십 년 동안의 교통정보 방송 경험을 바탕으로 교통상황을 실시간으로 보도하여 운전자가 적절한 경로를 선택하는데 도우미 역할을 톡톡히 하고 있다.

날씨 정보의 생명이 예보에 있듯이 교통 정보도 이젠 예보에 초점을 맞추어 제공해야 한다. 그동안 교통예보를 명절이나 연휴 등 운전자가 혼잡을 피해 통행할 수 있도록 집중 방송하여 많은 도움을 주어왔다. 일반적으로 과거의 시공간 교통상황 자료를 바탕으로 교통예보 기초 정보를 생산하고, 갑자기 돌변하는 실시간 도로 상황을 반영하여 최종 교통예보를 방송하게 된다. 이렇게 시청자들에게 혼잡예상 구간과 사고다발지점 등 예보 정보를 제공하면 교통량이 여러 경로로 분산되어 교통혼잡이 감소하는 효과를 볼 수 있다. 운전자 입장에서는 교통예보를 통해 시간대별 세부 경로를 선택한다면 예상보다 빠르게 목적지에 도달할 수도 있다. 또한 교통예보 방송이 효과적으로 이루어진다면 악천후 날씨 때문에 자동차가 도로에 고립되는 일도 사전에 막을 수 있다. 이처럼 날씨 예보와 교통 상황에 따라 적절하게 대응한다면 교통혼잡과 교통사고 예방이 가능하다.

교통 혼잡은 일상적으로 발생하는 경우와 돌발 상황에 발생하는 경우 두 가지로 나눌 수 있다. 일상적인 혼잡은 출·퇴근처럼 특정 공간과 시간에 발생하는 예측 가능한 현상이기 때문에 운전자 스스로 적절하게 대처할 수 있다. 하지만 예고 없이 발생하는 교통혼잡은 예측 불가능하므로 탄력적으로 대응하기 쉽지 않다. 악천후와 사건, 사고 등 돌발 상황 발생 정보가 운전자에게 사전에 전달되어야 하고, 그에 따라 급변하는 실시간 교통상황과 예보 방송을 통해 어려움을 피할 수 있다. 즉, 날씨 정보뿐만 아니라 교통예보도 함께 전달돼야만 심각한 교통혼잡을 피할 수 있다. 악천후에는 시야와 가시거리도 줄어들고 도로의 상태가 평소와 다르기 때문에 교통혼잡이 더욱 악화되고 교통사고 발생 가능성도 커질 수 있다. 만일 위험지역을 벗어나려 할 때 자동차를 대체할 교통수단이 있다면 그에 대한 실시간 안내 방송을 적극적으로 해야 한다. 더하여 악천후 상황을 모르고 해당 지역에 들어가는 운전자를 보호하기 위해서도 교통방송에서는 자동차 통행을 자제해야 한다는 사실을 반복해서 안내해야 한다.

악천후에 발생한 흥미로운 사례를 살펴보자. 수년 전 1월 2일, 새해 첫 출근길 필자를 비롯한 수도권 통근자들에게 일어난 일이다. 그 전날 눈이 조금 올 수도 있다는 날씨 예보가 있었으나, 아침 출근길에 두꺼운 옷을 입는 게 좋다는 정도의 내용이 주를 이루었다. 약간의 눈발이 뿌릴 거라는 정도였고 출근길 교통과 관련해서는 별다른 정보를 제공하지 않았고 특별한 당부도 없었다. 그러나 막상 새벽이 밝아 오자 눈발이 굵어지기 시작했고 출퇴근길에 큰 어려움이 발생할 것 같았다. 필자는 직감적으로 승용차나 버스보다는 도시철도가 유리할 것 같다고 판단했다. 오랜만에 도시철도를 타고 평상시와 다름없이 사무실에 출근하였다. 필자가 도시철도를 타고 이동하는 동안 도로에는 폭설이 내려 버스와 승용차는 거북이 운행을 면치 못하고 있었다. 결과적으로 그날 승용차나 버스를 이용하여 서울 도심으로 출근하는 사람 대부분은 눈길에 갇혀 오후 늦게야 사무실에 도착하는 대형 사고가 발생하였다. 날씨 예보가 잘못되었으니 제설작업 준비도 제대로 되지 않아 대규모 지각사태로 이어졌다. 새벽에 눈이 많이 내리기 시작한 후에야 폭설 날씨 정보를 내보냈으니 이미 엎질러진 물이었다. 날씨 예보가 미치는 영향이 우리의 일상에 얼마나 지대한 영향을 주는지 실감할 수 있는 하루였다. 그날 만일 날씨 예보와 그에 따른 교통예보가 제대로 방송되었더라면, 많은 시민이 승용차 운전을 포기하고 도시철도로 출근했을 것이다. 그랬다면 오전 내내 도로가 주차장이 되고, 자동차들이 장시간 도로 위에 정차해 있는 일은 없었을 것이다. 시간 손실과 기회비용의 크나큰 낭비가 아닐 수 없다. 이처럼 교통예보를 제때, 날씨와 함께 정확하게 보도하는 일은 선택이 아닌 의무라고 생각한다. 만일 반대로 불볕더위를 예보했다면 아마 사람들은 대중교통보다 승용차를 선택했을 것이다. 이처럼 날씨와 연계된 교통정보는 국민 경제활동, 일상생활과 밀접한 관계가 있다.

기후와 교통은 실시간으로 변화하고 움직인다는 면에서 유사한 특성을 보인다. 교통 경로 예보를 위해 수많은 이론과 실무 방법이 동원되지만, 날씨 예보 방식도 일부 활용된다. 기상청 전문가들은 비구름이 이동하는 방향과 이동 속도를 분석하여 날씨 예보 정보를 생산해 낸다. 교통에서도 혼잡상태를 만드는 자동차의 흐름과 이동 속도, 그와 관련된 정보들을 수집하고 분석하여 생산한 결과를 교통 예측에 활용하고 있다. 날씨 예보는 변동 상황이 발생하기 전에 관련 방송을 반복하여 인명과 재물손실사고를 예방하고 있다. 반면 교통예보 방송은 앞서 지적한 대로 방송 노출 빈도 면에서 턱없이 부족하다. 교통예보도 날씨 변동 상황과 연계하여 집중적으로 예보 방송을 내보낸다면, 운전자가 혼잡이나 위험에 대처하는 시간을 벌 수 있을 것이다. 교통예보 방송 관련 종사자의 전문성과 경륜도 매우 중요한데, 현재 교통리포터들은 연예인처럼 교통예보 방송을 하고 있어 바람직하지 않다고 본다. 시청자에게 신뢰를 주고 실시간 상황에 유연하게 대처하려면 전문성과 풍부한 경험을 보유한 교통전문가들의 적극적인 방송 참여가 필요하다.

최근 도시를 벗어나 여행을 떠나는 차박, 캠핑 등이 매우 자연스러운 일상이 되었다. 자동차 내부 또는 스마트폰의 내비게이션 시스템 덕분에 이동이 한결 편해졌지만 여행을 떠나기 전에 이동 경로를 미리 점검하고 인지하는 것이 안전한 여행의 지름길이다. 사실 내비게이션은 실시간 정보에 지나치게 의존하다 보니 정보의 오류 현상이 발생하는 일도 비일비재하다. 따라서 운전을 시작하기 전에 최적 경로와 출발지·목적지 주변 상황에 대해 알아 두는 것이 좋다. 일반 방송뉴스와 교통 방송에서 과거 교통 관련 자료를 바탕으로 교통예보를 한다면 실시간 교통정보의 오류 현상을 보완할 수 있을 것이다. 반대로, 재택근무가 많은 시기에는 차량의 통행이 다소 줄어 평소와는 다른 패턴을 보일 텐데 과거 자료에만 의존한다면 새롭게 변화하는 상황에 대처하기 어렵다. 따라서 정확한 예보를 위해서는 실시간 정보와 과거 이력 자료의 적절한 조화가 필요하다. 앞으로 자동차의 지속적인 증가와 함께 교통혼잡이 극심해지면 교통예보에 대한 요구가 급증할 것이다. 교통 방송에서는 다양한 경로를 추천하고 최종 선택권은 운전자에게 맡기기면 된다. 운전자는 본인의 선호도와 판단에 따라 최종 경로를 선택하면 된다. 이때 운전자의 최종 선택을 위해 경로 옵션과 공사, 사고, 이벤트 등 실시간 정보를 내비게이션에 제공해야 한다. 날씨 예보와 교통예보의 조화로운 융합은 운전자의 안전하고 신속한 통행에 매우 유용한 일이 될 것이다.

## 도로의 운영관리에 더욱 집중해야!

자동차를 몰고 고속도로에 나가 보자. 우리나라 도로 수준과 네트워크는 놀라울 정도로 잘 만들어져 있다. 세계 어느 나라와 비교해 봐도 손색이 없는 수준이다. 우리나라는 지난 4~50년 동안 각고의 노력과 끊임없는 투자를 통해 국민이 이동하는 데 불편이 없도록 전국의 고속도로, 국도, 지방도, 시군도 등을 확장, 보완하여 효율적으로 운영 중이다. 물론 주말이나 휴일, 명절에는 심각한 교통 정체로 운전 중에 종종 짜증이 나기도 하지만 현재 도로체계는 전국을 연결해 반나절 생활권으로 만들었다. 서울에서 국토 남단까지 4~5시간, 지역 거점 도시 간에도 불과 2~3시간이면 접근할 수 있을 만큼 훌륭한 역할을 하고 있다. 하지만 앞으로 새로운 도로 건설에 대해서는 신중할 필요가 있다. 새로운 도로 건설은 높은 비용 부담과 효용가치 문제를 해결해야 하기 때문이다. 도로 건설에서 가장 중요한 타당성 기준이 경제성 평가인데, 수요에 비해 지나치게 높은 비용은 평가 결과를 부정적으로 만든다. 또한 도로를 만들면 녹지공간이 크게 줄어들 뿐만 아니라 인간의 거주, 상업, 업무, 생활공간이 축소될 수 있다. 국가의 기간교통망은 교통수요를 수용하기에 이미 충분하다고 판단해 새로운 도로의 여행시간 단축 효과는 그리 크지 않을 것이다. 따라서 도로 신설보다는 기존 도로의 운영과 유지관리에 집중하는 것이 효과적이다. 기존 도로 간 연결성을 극대화하고 보완하는 방법을 연구·실행하는 것이 현실적인 방안이다. 상습 교통 혼잡 지역을 면밀히 분석하여 인터체인지와 연결로를 개선한다거나 안전 시설물을 확충하며, 신뢰도 높은 교통정보를 제공하는 것이 훨씬 중요하고 시급한 일이다. 노후화된 도로를 개선하고 운영상의 문제점을 지속적으로 점검하고 개선하는 일도 이용자의 안전과 편리를 위해서 반드시 시행해야 할 사항이다. 조직 측면에서도 건설 부문은 대폭 축소하고 운영·유지 관리에 더 많은 인력과 예산을 투입하는 것이 바람직하다.

앞으로 운영·유지관리가 더 중요한 이유에 대해 생각해 보자. 도로망은 잘 구축되었고 도로 시스템은 효율적이니 문제가 없을 것 같지만, 자동차 대수가 계속 늘어나고 있어 교통혼잡과 교통사고도 줄기 어렵다. 아니 늘어날 것이다. 예를 들면 기존 도로의 혼잡을 해결하기 위해 건설한 새로운 도로가 완공하자마자 해결은커녕 다시 혼잡상태에 빠지는 어이없는 현상을 목도하게 된다. 도로의 지속적인 확장은 오히려 특정 지역으로의 인구 유입을 촉진하여 얼마 지나지 않아 차량 정체를 더욱 가속화 하는 윤활유 역할을 하고 있다. 이런 이유로 새로운 도로 건설은 매우 신중해야 하고 그 효과에 대해서도 다각적인 측면에서 면밀히 따져봐야 한다. 그런 이유로 예비 타당성 제도를 만들어 경제적, 정책적, 균형발전 측면에서 도로 건설사업의 타당성을 검증한 후 건설 여부를 최종결정한다. 현재 정부의 도로 관련 기관이나 지자체, 민간 정보통신회사들은 저마다 실시간 도로 정보를 내비게이션이나 방송, 가변 정보판 등에 제공하고 있다. 운전자는 수많은 정보의 홍수 속에서 언제, 어떤 정보를 어떻게 이용할지 몰라 당황하기 일쑤이다. 문제의 핵심은 정보의 정확성이다. 수많은 차량이 계속해서 움직이고 있으니 그 움직임을 예측한다는 것은 어렵고도 힘든 작업이다. 필자는 최근 내비게이션 정보의 정확도 수준이 떨어진다는 것을 확인했다. 실시간 교통흐름에 대한 분석과 알고리즘의 작동에 문제가 있다고 판단한다. 신속한 경로에 대한 예측정보를 생산하는 일에 쏟는 정성과 시간 대비 효과가 미흡하다. 교통정보를 믿고 최적 경로를 따라간 결과가 만족스럽지 않은 경우가 많다. 내비게이션을 따라 주행하다가 엉뚱한 도로로 우회하여 예상보다 더 오랜 시간이 걸리기도 한다. 이러한 교통정보의 오류는 일부 개선될 수는 있으나 완벽한 정보를 만드는 일은 쉽지 않다.

도로의 안전한 운영과 효율적인 유지관리를 위해서는 고속도로 순찰대의 역할이 강화될 필요가 있다. 현재는 경찰청 소속이지만 업무의 생산성 향상을 위해 향후 소속을 도로관리 기관으로 변경하는 것이 더 합리적이라고 본다. 순찰대의 역할은 교통질서 위반 단속이 주목적이지만, 사실 단속은 사고 예방을 목적으로 하므로 순찰대가 반드시 경찰에 속할 필요는 없다. 교통법규와 질서를 위반하는 차량을 사전에 방지하고 사고를 예방한다는 전략 아래 차량을 감시하고 단속하는 것이 옳은 정책 방향이다. 현재 고속도로 관련 업무는 한국도로공사가, 국도에 대해서는 국토교통부 산하 지방국토관리청이 전담하고 있는데 앞으로는 고속도로와 국도를 함께 운영·유지관리하는 도로운영관리 전담기관을 신설하는 것이 효과적이라는 의견이다. 새로운 도로를 만드는 업무는 국토교통부 본청에서 직접 시행하고 기존 도로의 모든 운영과 관리업무는 새로운 전담 기관에서 시행하는 것이 효율적인 도로의 운영과 관리를 위해 바람직하다는 것이다.

또 다른 방법은 국도의 관리·운영을 광역지자체에 일임하는 것이다. 국가의 균형발전 차원에서도 지자체 스스로 권역 내 모든 도로에 대한 관리와 책임을 맡으면 해당권에서의 교통흐름은 더 원활해질 것으로 예상한다. 도로는 공간적으로 어디에 자리하고 있느냐가 관리의 효율성을 좌우한다. 해당 지자체가 지역을 통과하는 모든 도로에 대한 연계성과 활용성을 지속 점검하여 혼잡과 사고를 줄이는 전략을 수립하고 실천하는 것이 더 바람직한 방향이다. 최근 국도 시설물도 고속도로와 유사한 수준으로 건설·운영 중이며, 운전자의 안전 운행을 보장하기 위해서는 굳이 고속도로와 국도를 구분 지어 관리할 필요는 없다고 생각한다. 주말이나 휴가철처럼 차량 통행이 급증할 때 운전자는 국도와 고속도로를 구분하여 주행 경로를 선택하지 않는다. 안전하고 신속하게 이동할 수 있는 경로를 원할 뿐이다. 심지어는 경관이 우수하거나 관광지를 경유하는 경관도로를 선호할 수도 있다. 그러므로 하나의 기관에서 해당 지역 도로를 관리하는 것이 합리적이다. 앞으로 기존 도로 운영관리 조직과 해당 업무가 운전자의 입장을 최대한 수용하는 방향으로 획기적으로 변화된다면 지금보다 훨씬 안전하게 도로를 주행할 수 있을 것 같다.

Part 4

# 우리의 일상은 교통의 연속이다.

## 공유교통의 연착륙을 위해서

현재 우리나라 전체 인구의 약 17%가 65세 이상 고령층이다. 15년 후에는 30%를 돌파할 것으로 전망하고 있다. 고령층의 상당수는 자동차를 소유하고 있지만 운행 빈도는 그리 높지 않은 편이다. 은퇴로 정기적인 출퇴근과 직장업무로부터 자유로워지면 통행량은 급격하게 줄어든다. 따라서 고령층 소유 차량은 주행 시간보다 주차장에 서 있는 시간이 더 길다. 대낮 수도권 아파트에 주차 중인 차량들을 볼 때마다 '차 없는 젊은이가 주차된 차를 이용한다면?'하는 상상을 하게 된다. 차 주인은 운행하지 않는 차량을 다른 사람과 공유하여 부가 수입을 얻고 차가 없는 사람은 좋은 차량을 저렴한 비용으로 사용하는 윈-윈 전략이라 할 수 있다. 계속해서 늘어나는 차량 때문에 교통혼잡이 가속화되는 요즘, 차량을 함께 이용한다면 일거양득의 효과를 얻을 수 있다. 특정인 소유의 자동차를 여러 사람이 함께 사용하자는 공유 개념은 매우 이상적인 아이디어이기도 하지만 불가능한 일은 아니다. 본인 소유 차량을 활용하여 여러 사람의 운행을 책임지는 공유교통은 완벽하지는 않지만, 이미 널리 시행 중이다. 미국, 중국, 동남아 등지에서는 공유교통 회사가 차량 공유 서비스를 제공하고 있다. 승용차를 소유한 운전자가 공유교통 회사에 운전자로 등록한 후 스마트폰 앱과 콜 시스템을 활용하여 택시 서비스를 제공하는 것이다. 공유교통 서비스는 택시와 비슷한 방식이지만, 요금이 상대적으로 저렴하고 이용자 중심의 서비스가 이루어진다는 점에서 다르다. 공유 차량은 이용자가 호출하면 신속하게 호출 장소에 도착함으로써 이용자의 만족도가 매우 높다. 공유 서비스를 시행하고 있는 국가에서는 공유 차량의 이용이 압도적으로 늘어나 기존 택시의 역할을 공유 차량이 대신하고 있다. 미국의 일부 공유 차량 회사는 공유교통 본연의 업무를 넘어 무인 자율자동차를 설계, 생산하고 있다. 진정한 공유교통 서비스 개발이라고 할 수 있겠다. 공유교통이란 말 그대로 하나의 교통수단을 여러 사람이 공동으로 이용하는 행태를 말하는데 이 관점에서 보면 대부분의 대중교통도 공유교통에 속한다고 볼 수 있다. 버스와 도시철도는 수많은 사람이 하나의 차량을 공유하며, 택시도 여러 사람이 공동으로 이용하기 때문이다. 버스와 도시철도는 공유교통 수단으로써 배차 간격 조정, 차량 고급화, 노선 확장, 버스 도착 정보 제공 등 서비스 개선을 위해 다방면으로 노력하고 있다. 택시는 개인의 사생활이 보장된다는 큰 이점이 있는 반면 요금이 매우 비싸고 승객 서비스에 적잖은 문제점이 드러나고 있다. 따라서 승객의 입장을 최대한 반영하고 승객이 원하는 시간에 적절한 서비스를 제공할 수 있는 공유교통의 도입은 매우 시의적절하다고 할 것이다.

우리도 '카카오 카풀', '타다' 등 공유교통 서비스의 도입을 시도했지만, 택시업계와 공유 교통업계의 갈등으로 아직 제 자리를 잡지 못했다. 수십 년 동안 운영해오던 기존 택시 서비스와 새로운 서비스가 상생하려면 이해를 조정하는 상당한 노력과 시간이 필요한데 준비 과정이 매우 부실하고 미흡했기 때문이라고 생각한다. 공유경제, 공유오피스, 공유주방, 공유주차장 등 '공유'라는 단어가 일상 속으로 들어오고 있지만 우리 사회가 '공유'라는 개념을 받아들이려면 아직은 시간이 더 필요한 것 같다. 우리는 뭐든지 내가 소유해야만 직성에 풀리고, 경제력을 기준으로 판단해 공유, 대여, 전세, 월세, 임대 등을 업신여기고 거부감을 표시하는 데 거침이 없다. 그 누구도 따라올 수 없는 세계 최강인 것 같다. 더군다나 공공시설은 내 것이 아니라는 잘못된 생각으로 우리가 낸 세금으로 만든 소중한 시설을 함부로 사용하고 훼손한다. 사실 너무나 익숙해서 의식하지 못하지만 우리는 도로, 대중교통, 정류장, 학교, 공원, 놀이터, 도서관, 화장실 등 다양한 공공시설을 이용하면서 살아간다. 모두가 다 함께 사용하는 공공시설을 소중히 여기고 조심스럽게 사용해야 함은 두말할 필요도 없다.

공유교통의 도입과 기존 택시업계 살리기는 다른 문제이다. 공유교통을 도입을 위해 택시업계 살리기가 목표가 되어서는 안 된다. 이용자들이 공유교통 서비스를 원하는 이유가 무엇인지 다시 생각해 봐야 한다. 이유는 간단하다. 택시 이용에 불편한 점이 많기 때문이다. 택시가 많은 것 같지만 정작 타려고 하면 필요한 시간에 찾기 어렵고 승차 거부도 심심치 않게 발생한다. 난폭운전, 위생 상태, 운전기사의 서비스 정신 부족, 비싼 요금 등이 택시 이용을 회피하게 만드는 요인이다. 기존 택시 서비스에 대한 불만이 공유교통을 불러온 셈이다. 따라서 택시업체뿐만 아니라 지자체와 정부는 기존 택시 서비스의 획기적인 개선을 목표로 최선을 다해야 한다. 공유교통의 미래 그림을 그린 후 그에 맞는 단계별 실행 방안을 마련해야 할 것이다. 그동안 우리나라 정부는 공유교통을 제4차 산업혁명이라는 틀에 맞추려 노력해왔다. 중요한 것은 3차 산업이냐 4차 산업이냐가 아니라 이용자의 편의성과 안전을 중심에 둔 서비스이다. 새로운 제도의 도입은 기존 방식과의 충돌을 전제로 한다. 각자의 이해가 다르기 때문에 어려움이 발생하는 건 당연하다. 특히 대중교통, 공유교통 관련해서는 해결해야 할 정책적, 제도적 사안들이 제법 있다. 핵심은 '새로운 서비스의 주목적이 이용자의 편의성과 안전성 향상이어야 한다'는 것이다. 추진 과정에서도 이용자의 목소리와 의견을 적극 반영해야 한다는 사실을 기억하자. 기존 택시는 공유교통 형태의 영업에 참여하도록 유도하고, 새로운 공유교통 사업자의 진입은 최대한 까다롭게 하면 된다. 즉, 공유교통 참여자의 자격심사를 강화하고 업체 운영에 대한 규정과 감사를 엄격하게 해야 한다. 새로운 공유교통에 대한 평가를 국민에게 일임하고 그 결과에 따라 택시 운영과 서비스 방향을 정하면 된다.

우리 모두 알고 있는 사실, 도로는 이미 포화 상태인데 자동차는 계속해서 늘어나고 있다. 당연하게도 도로는 더욱 혼잡해지고 주차 공간 찾기도 점점 어려워진다. 공유교통은 이런 문제를 근본적으로 해결하는 대안이 될 수 있다. 최근 공유교통의 적용사례를 살펴보자. 성남시에서 그동안 과 단위로 운영해오던 기존 방식을 바꾸어 시청의 한 부서에서 공무차량 전체를 공동 관리 하도록 했다. 그러자 운영하는 차량 대수가 늘어나면서 직원이 원하는 시간에 차량 이용이 가능해져 공무차량 이용이 매우 편리해지고 원활해진 것이다. 이와 같은 사례를 통해 공유개념의 차량 관리가 소유개념의 차량 관리보다 효율적이라는 사실을 알 수 있다. 이를 현실화시키려면 자동차를 항상 소유하기보다 공유하는 사회적 분위기가 필요하다. 인구가 밀집해있고 교통 혼잡이 극심한 도시와 해당 지역을 대상으로 공유교통 제도를 시범적으로 운영해보는 것도 좋은 방법이다. 예를 들어 서울 수도권에서 공유교통 활성화 방안을 시행하여 이용자에게 혜택를 주고, 자동차를 소유한 경우는 세제 불이익을 주는 방식도 생각해 볼 수 있다. 그러면 자동차를 소유하기보다는 공유하려 하고 대중교통의 이용이 점점 늘어나는 사회적 분위기가 생겨날 것으로 본다. 정책을 시행할 때는 그 취지를 살릴 수 있는 공간과 시기를 잘 선택해야 한다. 새로운 좋은 제도라고 전국 모든 지역에서 동시 시행해야 한다는 발상은 너무나 단순한 접근이다. 공유교통도 전문가와 시민이 머리를 맞대고 시행 효과를 극대화하는 방법을 함께 의논하고 고민해야 한다. 공유교통은 개인교통과 대중교통의 중간 역할을 할 수 있는 좋은 아이템이다. 또한 코로나가 불러온 대중교통 기피 현상을 해결할 수도 있다. 공유교통 서비스가 우리 사회 구성원 모두 혜택을 누릴 수 있으려면 더 편안하고 저렴한 서비스를 제공해야 한다. 기존 교통수단과 조화를 이룰 수 있도록 서두르지 않고 차근차근 추진해야 한다. 교통당국이 미래를 내다보는 장기적인 안목으로 대중교통과 공유교통의 적정 역할과 비전을 찾아가는 데 모든 역량과 노력을 집중하기를 바란다.

## 대기오염 악화의 주범 교통

5~6년 전 필자가 중국 북경을 방문했을 때, 대기오염이 너무나도 심각해 깜짝 놀란 적이 있다. 공항에서 호텔로 가는 길, '이런 공기를 들이마시면서 어떻게 살아갈까….' 싶은 차창 밖의 검고 뿌연 공기는 약 5m 앞의 사람도 분간하기 어려울 정도였다. 아니나 다를까 호텔에서 회의를 마치고 시내 구경을 가려고 하니 호텔직원들이 밖에 나가면 절대로 안 된다고 말려 2박 3일 동안 호텔에만 갇혀 있었다. 길거리에서 방독면 수준의 마스크, 공기청정기가 달린 마스크, 우주인이 쓸 것 같은 마스크 등 최첨단(?) 마스크를 착용하고 다니는 중국 사람들을 보면서 정말 안타까웠다. 돌아오는 비행기 안에서 '역시 대한민국이 최고구나!'하고 안도의 한숨을 쉬었던 기억이 난다. 하지만 지금 우리나라는 어떠한가? 이제 우리는 계절을 가리지 않고 찾아오는 미세먼지, 초미세먼지, 황사로 건강과 일상을 위협받고 있다. 엎친 데 덮친 격으로 2020년에는 코로나 바이러스 때문에 온 국민이 온종일 마스크를 착용하고 살아가는, 상상도 해보지 못한 일상을 살았다. 하지만 아이러니하게도 바이러스 확산을 막기 위한 마스크가 공기오염으로부터 우리를 보호해주는 역할을 해주었다. 웃어야 할지, 울어야 할지 알 수 없는 일이다.

미세먼지라는 단어를 쓰기 전에는 황사나 스모그라는 단어를 많이 사용했다. 하지만 그 전에도 미세먼지를 측정하지는 않았으나 공기 속 미세먼지는 존재해왔을 것이다. 최근 우리나라도 미세먼지 농도가 심각한 날에는 지자체에서 외출을 자제하라는 안내문자를 보낼 정도로 상황이 악화되었다. 이렇게 된 가장 큰 원인은 생활 방식의 변화일 것이다. 지난 3~40년 동안 서울 수도권과 광역권 도시들이 급속하게 팽창했다. 생활반경이 넓어지자 자동차 통행량도 자연스럽게 늘어났고 그에 따라 우리가 사는 도시의 미세먼지와 초미세먼지의 농도가 점점 짙어진 것이다. 비좁은 국토에서 수천만 대의 자동차가 수만 km를 달린다고 생각해 보라. 얼마나 많은 오염물질이 배출되겠는가! 지구의 온실가스를 만드는 첫 번째 원인이 산업부문이고, 두 번째가 건물, 교통부문이 당당하게 세 번째를 차지하고 있다. 차량 통행이 늘어나는 만큼 우리가 숨 쉬는 공기 중으로 각종 오염물질이 쌓이고 있다. 매년 자동차 평균 통행 거리가 늘어나는 현실에 더하여, 자동차 대수도 매년 5~60만 대 수준으로 증가하고 있어 전체 통행량은 증가할 수밖에 없다. 일반적으로 국민 소득이 늘면 자동차 보유도 늘어난다. 앞으로 교통혼잡과 교통사고 상황도 악화되어 자동차 오염물질 배출량이 계속해서 증가할 것이다. 또한 지난 20년 동안 자동차 연비를 높인다는 이유로 경유 자동차의 보급을 지속 추진해왔는데, 이는 악성 오염물질을 더 많이 배출되는 결과를 초래했다. 이처럼 교통 오염 문제를 해결하려면 각종 도시 관련 개발 사업도 함께 보고 신중하게 추진해야 한다. 하루가 다르게 올라가는 신축 건물은 더 많은 차량과 더 많은 사람들의 통행을 의미하기 때문이다. 신규 개발보다는 기존 시설의 활용도를 높이는 방법을 찾아야 한다. 지금처럼 계속 가다가는 우리나라도 공기오염 수준이 중국처럼 회복 불가능한 상태에 빠지는 것은 아닌지 하는 두려운 생각이 든다. 동시에 주제 사마라구의 소설을 영화화한 '눈먼 자들의 도시'가 떠올랐다. 이 영화는 물질 소유에 눈 먼 인간들의 자원 낭비, 분별없는 건설, 오염물질로 지구 환경이 망가져 가는 상황을 배경으로 한 도시 전체에 '실명(失明)'이라는 전염병이 퍼져 모든 인간의 눈이 멀어 가면서 벌어지는 인간성의 상실에 대한 작품이다. 그것이 바로 미래 지구의 모습이 아닐까 하는 암울한 생각을 떨쳐버리기가 쉽지 않았다.

불과 10년 전만 해도 서울을 조금만 벗어나면 깨끗한 공기를 느낄 수 있었다. 하지만 지금은 서울을 벗어나도 좀처럼 맑은 공기를 느낄 수 없다. 이제 대한민국 어느 곳도 대기 오염으로부터 자유롭지 못하다는 사실이 안타까울 뿐이다. 어떻게 하면 미세먼지와 대기오염의 공포에서 벗어날 수 있을까? 우선 인구와 생활 공간을 분산시키는 정책이 급선무이다. 같은 양의 오염물질이 배출된다 해도 많은 사람이 모여 있는 도시는 그렇지 않은 시골 지역보다 훨씬 피해가 막대하다. 사실 교통과 공기는 모두 '분산' 즉 흩어지고 움직인다는 특성이 있다. 따라서 교통 문제는 자동차와 사람을 다양한 지역에 골고루 분산하면 해결 가능한 것처럼, 공기도 더 넓은 지역으로 분산하면 공기의 질은 훨씬 향상된다는 말이다. 거주 지역의 계획과 설계단계에서 집중보다 분산을 선택하는 것이 지구의 미래, 후손들의 건강과 행복을 위한 필수적인 사항이라고 할 수 있다. 대도시보다는 중소도시에 거주하는 인구를 점차 늘려가야 한다는 말이다. 또한 도시계획의 기본인 직주근접, 직장과 주거지가 가까우면 한 지역에서 생계를 해결할 수 있는 자족 기능의 동네가 만들어져 불필요한 이동이 현격히 줄어든다. 집과 직장이 가까우니 통행 거리도 짧고 통행량도 적어 공기오염을 일으키는 원인을 원천적으로 방지할 수 있다. 앞으로 획기적인 분산 대책이 없다면 수도권 비대화에 따른 공기오염 문제는 결코 해결할 수 없다. 앞으로 전기차와 수소차가 대중화되면 공기오염을 줄이는 데 많은 도움이 될 것이다. 게다가 앞으로 수년 후에는 경유차 운행이 아예 금지된다고 하니 반가운 소식이 아닐 수 없다. 아울러 무인자동차가 계획대로 추진된다면 획기적인 친환경 이동 수단이 등장하는 것이다. 한 사람이 지구에서 살아가는 시간은 길어야 100년이지만 지구는 수많은 사람이 오랜 시간 살아가는 공동의 공간이다. 지구가 인간에게 마련해준 훌륭한 삶의 터전을 있는 그대로 유지하여 다음 세대에게 전해주는 일은 당연하고도 자연스러운 일이다. 인간의 건강에 치명적인 공기오염 문제의 해결은 이제 우리의 의식과 교통생활 습관에 달려 있다 해도 과언이 아니다.

## 교통 균형을 통해 국가발전을 이룬다

현재 서울을 중심으로 한 광역대도시, 즉 인천광역시와 경기도까지 아우르는 수도권에는 우리나라 인구의 절반, 약 2,600만 명이 거주하고 있다. 서울 수도권은 교통시설물, 통행량, 소득 수준, 생활문화 등을 기준으로 볼 때, 복잡하고 밀집된 세계 최대 메트로폴리탄 중의 하나이다. 대도시는 생산, 유통, 소비 등 경제적인 부분에서 효율적인 동시에 환경오염, 교통체증, 부동산 가격 상승 등 일상에 방해가 되는 문제도 안고 있다. 서울 수도권 역시 대도시의 문제점을 모두 안고 있어 국가 균형발전의 걸림돌로 지적되어왔다. 국가 전체의 지속 발전을 위해서는 다양한 산업 분야가 국토의 각 지역 특성에 맞게, 공간적으로 균형감 있게 자리를 잡아야 한다. 우리나라도 지난 20년 동안 균형발전을 위해 다양한 정책을 펴왔다. 국가균형발전위원회를 만들고, 행정수도를 새롭게 선정하고, 혁신도시를 개발 운영했다. 하지만 안타깝게도 현실은 정반대라고 할 수 있다. 오히려 수도권 집중과 비대화 현상이 더욱 심화한 것으로 나타났다. 여기서는 여러 집중 현상 중 각종 교통망이 어떻게 개발되었는지 살펴보자. 지난 20년 동안 서울 수도권의 도로망과 철도망은 그야말로 눈부시게 확장, 개발됐다. 신설 도로망과 기존 도로망이 촘촘한 거미줄 모양으로 연결된 도로 네트워크를 자랑하고 도시철도망은 서울 도심부터 충청, 강원, 경기 외곽, 인천광역시까지 확장되어 하나의 생활권이 되었다. 모든 길은 서울로 통한다.

그렇다면 교통선진국의 메트로폴리탄은 어떨까? 미국은 뉴욕 광역권을 제외하면 대도시도 인구 천만 명 이하의 규모이다. 광역도시를 개발할 때 의도적으로 여러 지역에 고루 안배하여 지역별 거점 도시를 육성해왔다. 인구가 팽창할 수 있는 공간과 시설을 분산 공급하여 대부분의 광역시는 수백만 명의 인구를 보유한 도시로 자리 잡았다. 투자·개발이 한 지역에 몰리지 않고 미국의 전 국토가 균형 있게 발전할 수 있도록 지역 거점 중심의 개발을 착실하게 추진한 결과이다. 미국 수도인 워싱턴 D.C.에 살든, 서부 메트로폴리탄에 살든 일상을 영위하는 데 아무 문제가 없도록 편의, 안전, 의료, 교육, 문화 시설 등을 골고루 갖추고 있다. 특히 교통 측면에서 지역별 거점 국제공항을 유치하여 주민들의 신속한 이동을 보장하고 도로망은 지역과 지역을 원활하게 연결하여 지역 격차가 발생하지 않도록 운영해왔다. 덕분에 국토의 균형발전과 인구, 연방정부의 예산과 투자의 적정한 분산을 성공적으로 실현할 수 있었다. 반드시 뉴욕이나 LA 같은 대도시에 살아야만 하는 필요성이 사라진 것이다. 유럽도 미국과 유사하다. 유서 깊은 역사 도시 파리, 베를린, 런던, 로마 등 메트로폴리탄 지역은 인구와 경제가 집중되어 도시 기능과 역할에 문제가 있기는 하지만, 서울 메트로폴리탄에 비하면 미약한 수준이다. 유럽 주요 국가의 수도 인구는 서울 수도권의 절반도 안 되고, 주요 도시 수도권의 인구도 국가 전체 인구의 절반에 훨씬 못 미치는 규모이기 때문이다. 유럽은 영주들이 오랫동안 장악하고 있던 지방 도시들이 개발되면서 현재 도시의 모습을 갖추었다, 이러한 역사적인 배경이 결과적으로는 전 국토의 균형발전에 큰 역할을 한 것이다. 우리나라도 전국 6개의 광역시가 각 지역의 거점 도시 역할을 할 수 있는 기초라고 할 수 있다. 하지만 각각의 광역시가 독립 생활권이 되기 위한 교통망과 편의시설은 아직 턱없이 부족한 형편이다. 오히려 지방 광역권의 인구와 경제가 수도권으로 역류하는 현상이 발생하면서 광역시의 발전을 방해하고 인구 하락 현상이 지속되고 있다. 수도권에 집중된 인구와 경제는 국가 전체의 소통과 교류를 원활하게 하지 못하게 만들어 국가발전의 걸림돌로 작용하고 있음을 기억해야 한다.

최근 국토균형발전 관련 국책 기관의 연구 보고서에서 각 광역도시와 주변 도시가 하나의 생활권으로 묶이기 힘든 이유로 연결교통망의 부족과 비효율성을 꼽았다. 한마디로 말로만 광역권이라는 것이다. 예를 들면 부산 도심에서 주변 울산, 창원, 김해, 양산을 오가려면 시간이 오래 걸릴 뿐만 아니라 불편해서 하나의 생활권이라고 말하기에는 민망한 수준이다. 따라서 광역시의 발전, 국토 균형발전을 위해서는 무엇보다 도로와 철도 교통망의 효율적인 연계가 우선되어야 한다. 도로망의 개선과 더불어 대중교통의 개선도 필요한데, 시설물을 계획할 때 수요에만 일방적으로 맞출 것이 아니라 시설물의 공급이 수요를 유발할 수 있도록 설계하는 것이 훨씬 바람직하다. 수요에 맞추어 광역시 도심지역과 외곽지역을 연결하는 새로운 도로를 건설하면 차들이 몰리면서 곧바로 정체현상이 발생하는 경우가 많다. 문제가 해결되는 것이 아니라 가중되는 것이다. 오히려 새롭게 접근하여 기존 대중교통망을 거미줄처럼 유기적으로 확장하거나 소규모의 새로운 대중교통수단을 도입·운영하는 것이 바람직할 수 있다. 무인 자율자동차 시대를 앞둔 상황에서 과도한 교통시설 투자는 자제하고 기존 교통시스템의 효율성을 높이는 대중교통 운영방식을 개선하는 것이 훨씬 현명한 정책이다. 친환경 교통수단을 적극 도입하고 무인 자동차 시범지구를 지정하여 미래지향적인 교통체계를 갖추어 나가야 한다. 또한 광역시와 광역시 간 이동 역시 불편하여 광역도시의 동반 발전이 더디다. 예를 들면 서울을 기점으로 부산 또는 광주까지 철도를 이용하면 이동 시간이 2시간 내외지만, 광주에서 부산까지 철도로 이동하려면 오송 또는 천안·아산까지 올라와서 다시 연결 열차를 이용해야 한다. 광주-부산 광역시 사이에는 직통 노선이 없어 서울-부산, 서울-광주 거리보다 가깝지만 시간은 약 3시간 이상 걸린다. 시간이 오래 걸리고 불편하니 상호 교류가 원활하지 못한 것이다. 사람과 물류의 이동이 활발할수록  도시가 발달한다. 그런데 모든 철도망이 서울을 향해있으니 인구와 물류의 이동은 서울 수도권으로 모여들고, 수도권의 발전은 멈추지 않는 기관차처럼 달려가고 있다. 하지만 많은 사람들이 광역시 사이의 교통망이 부족하다는 것을 인지하지 못하고 있는 것은 아닌가 하는 생각이 든다. 철도망뿐만 아니라 도로망도 마찬가지이다. 지난 4~50년간 추진해왔던 국가 기간망 사업은 거의 완성단계에 있다. 전국을 남북으로, 동서로 이어주는 고속도로 네트워크가 대부분 연결되어 있으므로 이제 도로의 건설보다 운영과 유지관리에 초점을 맞춰야 한다. 도시 주변에 아무리 훌륭한 도로가 있어도, 운영을 잘못 한다면 도시 간 이동이 불편하고 정체가 발생한다. 반면 광역시와 주변 중소도시를 연결하는 도로는 턱없이 부족하다. 이렇게 비효율적인 교통망이 광역시의 발전을 저해하는 원인이다. 서울 수도권과 비교하면 도로와 철도의 연계성, 효율성 측면에서 얼마나 광역시 교통 수준이 낙후되어 있는지 쉽게 이해할 수 있다.

아울러 교통의 균형발전을 이루려면 기존 6개의 광역시 외에 더 많은 수의 거점 도시를 활성화하여 도시 사이의 간격을 좁혀 지역의 균형발전을 유도해야 한다. 이러한 지역 거점 도시 간 접촉이 더욱 빈번해지면 지역의 인구와 경제는 전국 방방곡곡으로 적절하게 분산되어 지역 균형발전이 저절로 이루어질 수 있다. 현재 지역 거점 도시들은 인구 유출과 경제 하락으로 침체 분위기를 면치 못하고 있는데, 교통망이 효율적으로 바뀐다면 사람과 물류의 원활한 소통이 살아날 것이다. 아울러 현재 지역 균형발전의 주요 저해 요인으로 지목되는 의료, 교육, 부동산, 문화 부문의 불균형 문제도 해당 지역 교통망의 확충으로 긍정적인 영향을 받을 것이다. 교통망의 효율성 개선으로 인구가 유입되면 그에 따라 우수한 의료 인력이 영입되고, 교육과 문화 수준도 한층 향상될 것이다. 물론 초기에는 정부 차원의 지원 제도가 필요할 것이다. 수도권은 너무나 높은 부동산 가격와 생활비용 증가로 어려움을 겪고 있는데, 이 역시 교통망의 효율적인 운영이 실행된다면 지방으로의 인구와 경제의 분산은 자연스럽게 이루어질 것이다. 지방 도시의 부동산 비용은 수도권과 비교할 때 매우 낮은 수준이므로 가구의 경제적 부담이 크게 줄고, 수도권보다 쾌적한 공기와 물 등 자연환경은 지방 도시로 인구 유입의 좋은 이유가 될 수 있기 때문이다. 이처럼 수도권을 제외한 지역 교통망이 균형적으로 개선되면 국토 발전의 초석을 다질 수 있게 된다. 다시 말하면 교통의 균형개발은 인구와 경제의 분산을 자연스럽게 유도하여 전반적인 국가 균형 발전의 원동력이 될 수 있다고 본다. 수도권의 집중 해소를 위해 수도권 내부에서 해결책을 찾는 것이 아니라 효율적인 교통망의 개선과 확충을 통해 지방을 살아나게 하는 방식이 더욱 바람직한 대안이라는 것이다.

## 생활교통이란 무엇일까요?

코로나 사태를 겪으면서 인간의 일상에서 교통이 차지하는 비중이 얼마나 막대한가를 우리 모두 절실하게 느꼈다. 이동은 필수적인 행위이며, 이동 없이는 아무것도 할 수 없다는 것을 경험했기 때문이다. 우리의 일상은 집 밖과 안을 끊임없이 움직이며 경제 활동으로 생계를 유지하고 사회활동을 하며 더불어 살아가는 삶의 형태이다. 지자체에 가면 '생활교통과'가 있다. 말 그대로 우리가 생활하는 과정에서 발생하는 모든 이동과 교통 행위를 담당하는 부서이다. 생활교통의 핵심과제는 집 주변 골목길 교통을 원활하고 안전하게 운영하는 것이다. 대부분의 교통사고는 자동차와 보행자의 충돌 사고인데, 집 근처 동네에서 가장 흔하게 발생한다. 어린이, 노인, 장애인, 여성 등 교통약자는 집 밖에서 마주치는 자동차들이 가장 위협적인 셈이다. 따라서 자동차와 보행자의 통행을 안전하게 분리 운영하는 일이 생활교통의 중요한 현안이다. 녹색어머니회는 어린이들이 횡단보도를 안전하게 건너는 일을, 모범운전자회는 교차로의 차량통제를 도와주고, 국토교통부와 행정안전부는 노인보호구역, 장애인 보호구역 등을 운영 중이지만 집 근처, 동네 주변의 교통안전 상태가 그리 양호한 편은 아니다. 위험한 교통 여건을 만드는 결정적인 요인은 누구의 탓도 아닌 우리의 교통안전 의식 결여에 있다고 본다.

자동차는 우리의 일상생활에서 떨래야 뗄 수 없는 일부가 되었다. 승용차 운전자 가운데 하루 중 많은 시간을 차 안에서 보내고, 일 년에 2만 km 이상을 달리는 경우도 적지 않다. 이렇게 우리의 생활 속 교통 문제를 조사·분석하고 이를 해결하는 '생활교통' 분야는 점점 중요한 교통 과제의 하나로 부각되고 있다. 자동차 왕국인 미국의 여느 도시를 방문하면 거주지 주변에 자동차 정비소, 세차장, 자동차 관련 매장이 즐비해서 의아했으나 이제 우리나라도 아파트 주변에 자동차 관련 상점이 많은 것을 볼 수 있다. 자동차 정비소, 세차장, 전시장, 자동차 부품 상점 등이 활발하게 운영된다는 사실은 승용차 이용자가 그만큼 많다는 것을 의미한다. 앞으로 자동차의 증가와 함께 관련 용품과 상점들은 계속해서 호황을 누릴 것으로 예상된다. 아울러 교통사고도 끊임없이 발생하기 때문에, 이제는 언론 매체에서 '교통전문' 변호사도 자주 접할 수 있다. 게다가 자동차 관련 보험 회사도 다양한 상품을 홍보하고 있다. 운전면허 취득 나이도 점차 낮아져 현재는 만 18세가 되면 운전면허에 응시할 수 있다. 청소년들이 운전을 시작하면서 안전 측면에서 생활교통이 중점적으로 다루어야 할 과제로 등장하고 있다. 청소년의 운전 습관은 과격하고 과속하는 경우가 많기 때문이다. 이처럼 생활교통의 중요성이 높아짐에 따라서 '교통복지' 분야가 우리의 실생활에 적잖은 영향을 주기 시작했다. 대표적인 사례가 노인들의 도시철도 무료 승차제도이다. 이는 세계적으로도 전례를 찾기 힘든 정책으로, 정말 획기적인 교통복지 제도라고 할 수 있다. 최근 노인 인구가 늘면서 지자체 도시철도 운영 면에서는 재정 부담이 되지만, 교통복지 차원에서는 바람직한 방향이라 할 수 있다. 이는 대중교통이 생활 필수요인이므로 국가가 나서서 기초 이동행위를 보장하자는 데 근거한다.

생활교통 차원에서 볼 때, 우리 사회는 교통질서와 법규준수에 있어서 아직 미숙하다. 교통선진국과 비교해 보면 쉽게 알 수 있다. 우선 교통 면허 제도가 다르다. 우리는 교통 면허 취득이 매우 쉬울 뿐만 아니라 면허증 취득 후 교통교육이나 안전 프로그램이 전혀 없다고 해도 과언이 아니다. 오죽하면 중국 사람들이 운전면허를 취득하려고 우리나라로 오겠는가! 반면 미국과 유럽은 운전면허 취득과정이 매우 어렵고 오래 걸리기로 소문이 나 있다. 운전면허 필기와 실기시험 모두 내용이 아주 까다롭고 어려워서 한 번에 시험을 통과하는 경우가 드물다고 한다. 실제 운전 상황에 대비하여 안전교육을 철저하게 시행하고 안전 운전방식을 확실하게 익히라는 의도이다. 무엇이든 처음 배울 때 제대로 해두면 오랫동안 기억하는 것처럼 운전도 처음부터 잘 배우라는 것이다. 운전은 혼자만 제대로, 잘 한다고 되는 게 아니라 다른 차량과 도로 환경 등 실무 경험이 축적되어야 안전하게 운행할 수 있다. 현재 발생하는 교통사고 대부분이 운전 미숙과 안전 운전에 대한 의식 부족에서 비롯한다. 우리 운전면허 취득과정이 지나치게 쉬워서 생긴 결과라고 생각한다. 생활교통의 핵심은 시민의 생명과 재산을 안전하게 보호하는 것이므로 운전면허 취득과정을 강화하여  교통안전을 보장할 수 있을 것이다. 한편 자동차의 지속적 증가는 교통 혼잡과 사고 가능성을 높이므로 생활 안전 차원에서 획기적인 해결책을 찾을 필요가 있다. 이와 관련해서 필자는 교통교육 제도의 개선이 절대적으로 필요하다고 생각한다. 직장과 학교에서 의무적으로 교통안전 교육을 시행해야 한다. 필자의 경험상 어린이에게 교통안전과 생활교통을 교육하는 일은 매우 중요하다. 교통의 개념, 역할, 안전 상식, 관련 체험을 일찍 하면 할수록 그 효과가 크다는 것을 수많은 해외 사례들이 증명하고 있다. 이를 위해 초등학교 교과목에 '교통교육'을 의무화할 필요가 있다. 말하자면 교통관련 교육도 백년대계쯤 된다고 보면 되지 않을까!

그렇다면 교통선진국 운전자의 실제 운전 문화나 행태는 어떨까? 교통선진국에서는 초보운전자이거나 미숙하거나 초행길이라 지리에 익숙하지 않아 차선 변경이나 회전 통행에 실수해도 다른 차량이 경적을 울리거나 비난을 듣는 경우는 거의 찾아볼 수 없다. 우리나라의 날카로운 반응과는 완전 딴판이다. 교통선진국의 교통 문화는 한마디로 질서 준수와 배려라고 할 수 있다. 자기 자신은 교통법규와 질서를 제대로 지키면서, 다른 사람에게는 양보와 배려를 실천하고 있다. 이런 행위는 어릴 때부터 공공질서를 최우선 가치로 교육하고 장기간의 훈련으로 형성된 하나의 문화라고 생각한다. 교통질서가 무너지면 일상생활에 큰 지장을 주기 때문에 더 큰 비중과 중요성을 둔다. 특히 보행자와 어린이를 보호에는 예외 없이 철저한 기준을 세우고 교통질서를 준수한다. 이렇게 교통질서 의식과 안전을 중시하는 사회적 공감대가 확고하게 자리 잡은 것은 위에서 언급한 강력한 교통 면허 제도와 교통교육 덕분이라고 본다. 아울러 교통질서와 법규를 준수하게 하는 가장 효과적인 방법은 단속의 효율성에 있다. 벌금의 수준이 높고, 엄정하게 실행하면 시민들의 마음가짐이 달라진다. 우리나라는 교통 위반을 해도 처벌 수준이 매우 낮다 보니 시민들의 위반 의지를 막지 못하고 있다. 생활교통 안전을 위해 우리나라 운전자들의 인식 수준에 맞는 처벌 방식을 수립하고 시행해야 한다. 출장이나 여행으로 다른 나라를 방문했을 때 그 나라의 교통질서가 엉망이면 다시 가고 싶은 마음이 생기지 않는다. 그런 면에서 우리나라는 어떤 평가를 받고 있을지 매우 궁금하다. 교통질서가 안정된 나라는 자국 국민뿐만 아니라 관광객에게도 편리한 통행을 제공하여 국가와 그 국가의 상품에 대해 좋은 이미지를 주게 된다. 대부분의 교통선진국이 경제 선진국이라는 사실은 교통이 경제 발전과 깊은 연관이 있다는 의미로도 해석할 수 있다. 우리 평범한 일상에서 평범한 이동행위를 다루는 생활교통은 이렇게 이미 우리 주변에 확고하게 자리 잡고 있다. 생활교통은 앞으로 우리 사회의 주요 핵심과제로서 지속적으로 다루어지는 것이 우리의 안전과 소통을 위해서 현명하고도 바람직하다고 본다.

## 고령 운전자의 안전 운전 묘책

가끔 7~80대 고령자가 운전하던 차량이 건물 1층 상가로 돌진하여 건물이 부서지고 부상자가 발생했다는 뉴스가 올라온다. 이런 사고는 고령 운전자에 의해서 발생하는 경우가 빈번하다. 사실 60세 이상 장년층도 신체 변화에 따라 눈이 침침해지면서 운전에 어려움을 겪게 된다. 운전이라는 행위는 차량 내부의 계기판이나 기어 조작을 하는 동시에 변화하는 차량 주변 도로 상황에 집중해야 하는 고강도 운동행위라고 할 수 있다. 나이가 들면서 비정상적인 인지 반응, 신체 노화 현상으로 운전에 대한 두려움과 걱정을 하게 되는 것이 사실이다. 보행자가 갑자기 도로로 뛰어든다던가 자동차가 골목에서 튀어나오는 등 급박한 상황을 인지하고 반응하는 시간이 젊은 층보다 떨어지기 때문이다. 실제 조사 결과를 살펴봐도 60대 이상 연령층의 인지-반응 시간이 2~30대보다 약 2~3배 정도 길어 교통사고를 일으킬 가능성이 크다고 한다. 사회적 여건에 따라 바뀌는 도로교통법을 숙지하는 것도 고령 운전자에게는 적잖은 부담이 되고 있다. 게다가 최근 자동차는 새로운 내부 장치가 추가되고 기존 기능이 개선되고 있다. 새로운 기능에 탄력적으로 대응하는 일 또한 고령자에게 어려움으로 작용하고 있다. 앞으로 자동차와 전자기술이 계속 발전할수록 고령층에게 운전은 더욱 어렵고 괴로운 일이 될 수 있다. 고령 운전자가 하게 되는 운전 실수 또는 오작동은 본의 아니게 타인에게 큰 피해를 줄지도 모른다.

문제는 앞으로 고령인구가 점점 늘어난다는 사실이다. 2021년 기준 전체 인구의 약 16.6%인 65세 이상 고령인구는 2025년에는 20%를 돌파하여 곧 초고령사회에 진입할 예정이다. 2040년에는 인구 3명당 1명이 고령자로 그야말로 어르신이 인구의 중심이 되는 시대가 된다. 따라서 고령 운전자에 대한 대책이 시급하다. 고령자 대다수가 승용차를 보유하고 있기 때문에 고령 운전자의 안전 운전에 관한 정책 개발이 필요하다. 우리나라는 국적기 조종사에 대한 관리가 매우 엄격하고 특별한 것으로 알려져 있다. 조종사의 건강 검진을 정기적으로 시행하고 운동능력도 심사 평가하여 문제가 없는지 주기적으로 자격을 관리한다. 나이 제한은 없지만, 조종사가 60세 이상이면 조종 능력과 적성에 대한 검사를 더욱 철저하게 시행하여 혹시 발생할지 모를 안전사고 예방에 최선을 다하고 있다. 버스, 택시, 도시철도 등 대중교통의 고령 운전자에 대한 안전대책도 최근 사회적인 이슈로 떠오르고 있다. 마찬가지로 정기 검사를 철저하게, 빈도를 높여 시행하여 운전 적격 여부를 관리함으로써 해결할 수 있을 것이다. 지난 4년 동안 고령 운전자가 관여된 교통사고는 약 75% 정도 증가하는 추세를 나타내고 있다. 이제는 일반 고령 운전자의 안전 운전 관리에 대해서도 사회적 관심과 함께 보다 근본적인 접근이 필요하다. 다행히 얼마 전 고령자 운전 안전대책으로서 75세 이상 운전자의 적성검사 주기를 기존 5년에서 3년으로 대폭 줄였다. 적성검사를 통해 운전 적격 여부를 점검하고 있지만, 무엇보다 고령 운전자 스스로 본인의 상태를 제대로 파악하여 운전 여부를 판단할 수 있어야 한다. 우리나라는 2016년부터 고령 운전자의 운전면허 자진 반납을 유도하고 있다. 하지만 개인 자율에 맡기다 보니 모호한 부분이 있다. 교통선진국에서는 고령자의 운전면허를 강제로 규제하거나 제한한다. 운전자의 능력을 철저하게 평가하여 면허 갱신 여부를 결정하거나 운전시간과 최고 주행속도에 제한을 두는 방식으로 실행 중이다. 다시 말해 국가가 고령 운전자의 운전행위를 철저하게 관리한다. 실제로 고령자의 신체적, 정신적 능력을 점검하고 평가하는 방식이 우리와 달리 매우 엄격하다. 뉴질랜드, 덴마크, 아일랜드 등의 나라는 사실상 '강제 반납 후 재발급'으로 봐도 무방한 운전면허 제도를 운용 중이다. 이들 국가는 일정 나이에 이르면 모든 운전자는 경찰과 의료진에게 반드시 자신의 운전 능력을 심사받아야 한다. 뉴질랜드와 덴마크는 75세, 아일랜드는 70세부터가 내상이다. 경찰과 의료진은 운전자의 신체·인지능력과 차량 운전 능력 등을 측정하는데, 평가과정에서 '운전 부적합' 판정을 받으면 면허가 갱신되지 않는다. 검사를 통과하더라도 나라별로 1~5년마다 의무적으로 재검사를 받아야 한다. 역시 우리나라보다 훨씬 강화된 제도라고 할 수 있다. 독일과 스위스, 미국의 아이오와주와 캘리포니아주 등에서는 고령자가 운전할 수 있는 시간과 장소 등에 제한을 두는 일종의 '한정면허' 제도를 두고 있다. 고령 운전자의 신체와 인지능력 등을 검사한 뒤 시력이 좋지 않으면 야간 운전을 제한할 수 있다. 또 고령 운전자의 운전 지역을 제한하거나 주행속도를 도로 최고 제한속도보다 낮게 지정할 수도 있다. 스위스는 정부가 교통안전 분야 전담 의료진을 지정하고, 미국은 연방정부 차원에서 전국의 고령자 복지를 위한 상담창구를 운영하면서 고령자 운전 관련 제도를 강화하고 있다. 고령 운전자는 언제든지 자신의 운전 능력과 관련한 의료 상담을 받을 수 있다. 교통사고 발생 통계와 고령 운전자의 실제 운전행태를 고려할 때, 우리나라도 교통선진국의 사례를 참고하되 우리 여건에 맞는 고령 운전자 면허 제도를 전격 도입해야 한다. 우선 승용차 운전 외 대체 교통수단 이용이 가능한 수도권 고령자의 운전면허 반납을 강제하는 것으로 시작해볼 수 있다. 운전면허를 도시철도 이용 무료 정책과 연계하여 관리하는 것도 좋은 방안이다. 예컨대 적정 신체 인지능력 평가시험을 통과하지 못한 고령 운전자가 운전면허를 반납하지 않을 경우, 도시철도 무료 이용을 제한하는 것이다.

사실 운전을 오랫동안 하다 보면 운전이 고역일 때가 있다. 운전을 시작한 지 3~40년 정도 지나면 운전대 잡기가 두려워지는 경우가 생긴다. 단거리 운전은 크게 문제가 없지만, 장거리 운전은 무릎과 허리에 무리가 되어 후유증을 앓는 경우가 적지 않다. 운전 후 심하게 아프거나 며칠 동안 피로가 가시지 않아서 일상생활에 지장을 주는 것이다. 더군다나 우리나라의 도로교통 환경은 양보와 배려보다는 빨리 가는 것을 최우선으로 두기 때문에 고령자에게 운전은 점점 어려운 일이 되고 있다. 따라서 고령자의 안전뿐만 아니라 모든 차량의 무사고를 위해서는 양보와 배려가 우선이 되는 교통 문화를 만들어야 한다. 일례로서 고령 운전자의 차량 외부에 '고령 운전자' 스티커를 붙여 일반 운전자의 양보를 유도하는 것도 교통사고를 줄이고 혼잡 발생을 최소화할 수 있는 좋은 방안이라고 생각한다. 고령 운전자를 몰아내기보다는 초보운전처럼 양보와 배려의 상징으로 만들자는 말이다. 이처럼 운전자 사이에 우호적인 분위기를 형성하는 일은 우리 사회 전체의 교통 안전성 향상을 위해서도 필요하고도 바람직하다. '사람은 누구나 고령자가 된다'라는 사실은 고령자의 안전 운전에 대한 다양하고 효율적인 대책 수립과 실천이 더욱 시급한 사안이라는 것을 알려주고 있다.

## 대중교통 이용 예절은 그 사회의 수준을 대변한다!

얼마 전 고속철도 객차 내에서 햄버거를 먹는 승객이 사회적으로 논쟁거리가 된 적이 있다. 대면 활동을 자제하고 확진자 동선 관리를 철저히 하던 코로나 시국에 벌어진 일이라 사회적 관심이 매우 높았다. 코로나 방역 지침 상 차내에서는 음식 섭취가 금지되어 있었고 주변에서 만류했는데도 본인의 잘못을 인정하지 않고 오히려 큰소리를 치며 난동을 부려 많은 사람의 공분을 샀다. 정말 배가 너무 고파서 그랬을까 생각했는데 “우리 아빠가 누군지 알고 나 햄버거 먹는 거 가지고 감히 뭐라고 해?”라고 했다는 말을 듣고 기가 찼다. 공공질서를 무시해도 문제가 없는 소위 ‘무소불위의 권력’이 존재한다는 불공정한 현실에 개탄한 것이다. 대체 그들은 누구인가? 사람들이 모여 사는 도시에서 가장 중요한 가치 중 하나는 공공질서를 지키고 공동체가 정한 법규를 존중하는 것이다. 그들의 힘과 권력은 공공의 가치를 넘어선 천상의 것인가 하는 의문이 들었다. 실제 부모가 누구인지 공개되는 것이 중요한 것이 아니라 ‘특권층’이 존재하고 공공성이 강한 대중교통 질서와 법규를 지키는 일이 모든 사람에게 똑같이 적용되지 않는다는 것을 확인한 것 같아 착잡했다. 우리 사회에 공정과 합리가 무너진 것일까? 또다른 예로 도시철도 안에서 누군가 담배를 피우는 사건이 있었다. 담배를 피우는 게

뭐가 문제냐는 태도, 주위 사람이 담배를 빼앗자 욕설을 퍼붓고 난동을 부리는 등 어떻게 그럴 수 있는지 어이가 없다. 서초구 강남구 등 일부 지자체에서는 법적으로 흡연은 건물 안에서뿐만 아니라 건물 밖의 흡연이 허용되는 특정 장소에서 가능하고 도로에서 보행 중 담배를 피우는 행위도 처벌 대상이 되는 것이 현실이다. 도시철도 안에서 담배를 피우는 행위는 명백한 공공질서 위반이며 범죄 행위이다. 우리가 함께 살아가는 사회는 엄격한 법률과 합리적인 질서 속에 돌아가고 있다. 그 질서와 법규 중에서 가장 철저하게 지켜야 하는 것이 바로 공공질서이다. 특히, 대중교통은 말 그대로 많은 대중이 이용하는 이동 수단이기 때문에 공공질서가 무너지면 정상적인 대중교통 운행이 불가능해진다. 따라서 도시철도 안에서의 흡연과 같은 질서 위반 행위가 다시 발생하지 않도록 하려면 위법 행위에 대해 지나치다 싶을 정도의 혹독한 처벌을 하는 것이 당연하며 바람직하다. '호미로 막을 것을 가래로도 못 막는다.'라는 속담이 현실이 되지 않도록 말이다. 이와 같이 많은 사람에게 불편함을 주는 위반 행위가 용인되면 이후 유사 행위가 발생할 가능성이 매우 크다. 그렇게 되면 공공질서를 바로잡기 위해 많은 인력, 예산, 시간을 투입해야 한다. 따라서 이번 흡연 사건은 도시철도 운영 기관에서 처리할 일이 아니라고 본다. 지자체와 서울교통공사가 과태료를 부과하는 처벌 수준에 그쳐서는 안 된다. 코로나 시국에 마스크를 벗고 담배를 피웠다는 감염병 예방법률 위반 정도로 넘어가서는 절대 안 된다. 도시철도 내부에서의 흡연은 관련 법률에 근거하여 강력하게 처벌하는 것이 필요하고도 바람직하다.

아울러 비행기 안에서의 공공질서 위반 행위도 좀처럼 그치지 않고 있다. 만취 승객이 난동을 부리고, 폭력적인 언어 도발과 다툼이 발생하고 있다. 비행기 기내는 완전하게 고립된 공간이다. 이런 불법적이고 무례한 행동은 모든 승객의 생명과 안전을 위협하는 잘못된 행위이다. 최근엔 승무원을 상대로 한 성추행이 문제가 되고 있다. 앞에서부터 언급한 이런 사건들이 우리 사회의 대중교통 이용 예절 수준을 드러낸다고 할 수 있다. 그렇다면 다른 나라의 상황은 어떨지 궁금하다. 교통선진국이라고 해서 그런 질서 위반 행위가 일어나지 않는 것은 아니다. 종종 발생하며 해외토픽에 등장하기도 한다. 우리와 다른 점은 바로 질서 위반 행위에 대한 단호한 처벌이다. 공공질서를 위반할 경우 법대로, 바로 체포하여 처벌한다. 경찰의 처벌이 지나쳐 오히려 사회 문제가 될 정도이다. 공공질서를 위협하는 이상 행동을 보이면 위반자를 즉시 매뉴얼대로 처리, 체포함으로써 유사 행위 발생을 원천적으로 차단하고 있다. 또한 경찰의 대응을 언론에 낱낱이 공개하여 시민들에게 경각심을 불러일으키고 위반 의지를 사전에 차단한다. 뉴욕시의 이런 질서 위반과 범죄 행위에 대한 강력한 처벌과 단호한 법 집행 덕분에 시민들이 이용하기를 꺼렸던 도시철도가 안전하고 편리한 대중교통수단으로 거듭나 많은 사랑을 받고 있다. 이 사례를 통해 불법 위반 행위는 처벌을 강화하고 지속적으로 시행하는 일이 무엇보다 중요하다는 사실을 알 수 있다. 더하여 일반 시민의 참여와 지원도 필수요소이다. 뉴욕시는 적극적인 시민 참여 정신과 공권력의 강력한 집행이 공공질서의 불법행위를 완전히 차단할 수 있다는 모범적인 사례를 잘 보여주고 있다.

우리 사회에 문제가 되고 있는 대중교통에서의 공공질서 파괴와 위반 행위를 막으려면 강력한 처벌과 법 집행이 유일한 해답이다. 대중교통에서 발생하는 공공질서 위반은 우리 사회의 수준을 떨어뜨리고 서로 간의 신뢰감을 상실하게 하는 매우 위험한 행위이다. 공공질서와 법규 위반을 한 사람의 일탈행위로 대수롭지 않게 생각할 수도 있다. 하지만 마치 전염병처럼 주위 사람들에게 퍼져나가 사회시스템의 붕괴를 초래할 수도 있다. 서울시 경우 하루 천만 명 이상이 대중교통수단을 이용한다. 한 사람의 이기적인 행위가 대다수 이용객의 기분을 불편하게 만들고 갈등을 유발한다. 그리고 대중교통에 대한 부정적인 인식을 심어줌으로써 승용차 이용을 촉진하는 결과를 초래할 수도 있다. 더 늦기전에 경찰을 비롯한 공공질서 관리기관은 기존 법령이 제재할 수 있는 온갖 수단과 방법을 동원하여 공공질서 위반 의지를 완전히 뿌리 뽑아야 한다. 왜 범죄자의 얼굴을 모자이크 처리하는가? 범죄자의 처벌 과정은 국민의 기본적 알 권리이다. 처벌 과정을 언론을 통해 보여주도록 관련 제도를 개정하는 일도 필요하다. 지금과 같이 경찰의 주관적인 판단에 따라 사건의 진행 상황과 얼굴 공개 여부 등이 결정된다면, 우리 사회를 건강하게 운영하는 데 방해가 된다고 생각한다. 법과 규정에 근거하여 모든 과정이 공개되고 알려져야 한다. 향후 유사한 사건이 계속 발생한다면 그 책임 소재를 명확하게 하는 일도 필요하다. 교통질서 파괴행위의 가장 핵심적인 사항은 공공질서를 어지럽히고 파괴했다는 사실이다. 따라서 대중교통 관리기관보다는 법률 집행 기관에서 관련 업무를 직접 책임지고 처리하는 것이 바람직하다고 생각한다. 그렇게 되면 해당 법률의 개정과 처벌도 필요에 따라 개선할 수 있다는 장점이 있다. 정리하면 공공질서 위반에 대한 처벌 과정이 '사람'에 의해 임의로 추진되는 것보다 '제도와 시스템'에 의해 일관성 있고 공정하게 추진하는 것이 우리 사회의 질서유지를 위해 필수적이다. 싱가포르처럼 공공질서 위반자에 대한 태형이나 무인도 유배와 같은 처벌까지는 아니더라도 강력하게 처벌한다면 우리 사회의 공공질서 수준도 한 단계 향상될 수 있을 것이다.

# 교통과 철학

철학은 모든 학문의 최고봉이다. 어떤 분야든 최종적으로 박사학위를 받으면 모두 철학박사가 된다. 박사학위를 취득하면 한 분야의 최고 전문가로 인정받는 동시에, 철학자가 된다는 뜻이다. 모든 학문 분야에서 일가를 이루면 일맥상통한다는 차원에서 철학자로 대우하는 것이다. 그런 철학자의 대표적인 특성은 그동안 갈고닦은 지식과 경험에 근거하여 본인만의 소신과 주장을 가지게 된다는 것이다. 교통 분야처럼 현장 중심의 학문은 철학 본연의 특성대로 문제해결을 위한 본인만의 뚜렷한 의견과 소신을 갖는 것이 더욱 중요하다. 한편, 교통은 우스갯소리로 '짬뽕' 학문이라고 할 수 있는데, 교통이 여러 분야와 밀접하게 연결되어 있어 면과 함께 여러 종류의 재료가 섞여 있는 짬뽕의 모습과 비슷하다는 의미이다. 아울러 교통이 워낙 광범위한 범위를 다루다 보니, 정체성이 애매할 때도 있고 학문의 실체가 불분명한 때가 있다. 또한 대개의 학문이 해당 전문지식을 깊이 파고들어 연구하는 반면 교통 분야는 다양하게 많은 분야를 두루두루 공부한다. 물론 교통도 전문분야로 들어가면 깊이 있는 연구와 공부가 필요하지만 그와 별개로 관련 분야의 기본 지식을 상당량 갖추어야 한다. 예를 들어 도로, 철도, 역사, 공항 등 교통시설물을 구상하고 계획하려면 교통 본연의 지식과 함께 도시계획, 정보통신(IT), 경제, 경영, 행정에 대해 공부해야만 한다. 더하여 교통전문가가 되려면 인간의 삶과 연결된 사회학, 법학, 문화, 심리, 관광 등에 대해서도 폭넓게 알아야 한다. 이런 측면에서 다양한 분야에 관심이 많고 공부하는 것을 좋아하는 사람이라면 교통 분야가 적격이라고 하겠다. 여러 사례를 통해 학문으로 배운 이론이 현실에서 어떻게 활용되고 적용되는지 배우는 데는 산학관연(기업과 교육 기관이 교육 및 연구 활동의 제휴, 협동, 원조를 통해 기술 교육과 생산성 향상을 기하는 방식)의 경험이 큰 도움을 줄 수 있다. 예를 들면 주식 시장을 예측하는 기본 이론으로 오랫동안 활용되었던 통계학의 시계열(일정 시간 간격으로 배치된 데이터들의 수열. 시계열 자료(data)를 분석하고 여러 변수들 간의 인과관계를 분석하는 방법론을 시계열 해석이라고 함) 이론이 교통 흐름의 변화 분석에 활용되기도 한다. 또한 IT 분야에서 활발하게 사용하고 있는 빅데이터 개념도 교통정보 생산과 교통수요 예측에 요긴하게 쓰이고 있다. 따라서 각종 통계와 IT 이론을 활용한 교통의 흐름과 교통수요의 분석과정은 교통학자뿐만 아니라 통계학, 수학, IT 전문가의 공통 관심사이기도 하다.

과거 철학자들은 의학, 수학, 물리, 천문, 지리, 행정, 정치, 사회, 법학 등 다양한 분야에 풍부한 경험과 지식, 전문성을 겸비한 당대 최고의 지식인이었다. 교통 역시 여러 분야와 긴밀한 연관성과 활용성을 가지고 있어서, 철학과 교통이 유사한 특성을 보유하고 있다고 할 수 있다. 인간의 일상에서 발생하는 모든 움직임이 교통 행위이므로 인간은 한시도 교통의 범주에서 벗어날 수 없는 것처럼 철학 또한 인간의 모든 의식, 말, 행위에 직접 관여하므로 우리 일상에 철학은 늘 필요하다. 관련 사례를 살펴보자. 우리가 움직이려면 어떤 수단을 이용하여 어느 경로로 이동할지 결정해야한다. 이때 주변 교통상황과 대중교통 상황을 고려하여 본인의 현재 위치에서 목적지까지 이용 수단과 경로를 선택한다. 실시간 교통상황에 따라 일정과 경로를 바꾸는, 즉 교통상황에 나의 업무를 맞추는 아이러니한 상황이 발생하기도 한다. 도시와 인구의 규모가 팽창하면서 교통이 혼잡해지자 생각지도 못한 상황이 수시로 발생하기 때문이다. 이동하면서 교통사고와 차량 정체, 자동차 고장, 이벤트, 공사 등 예기치 못한  도로 상황에 적절하게 대응하며 운전하는 일은 매우 어렵다. 이러한 돌발 상황을 현명하게 해결하려면 다양한 분야를 섭렵한 교통전문가의 도움이 필요한데 교통전문가의 교통이론과 경험을 바탕으로 신속하고 안전한 이동을 위한 최적의 교통수단과 최적의 경로를 제공하고 있다. 이렇듯 교통의 역할은 일상에서의 이동 편의성과 안전성을 최적화하는 것이다. 반면 철학자들은 사람들의 어려움과 질문에 대해 현명하며 지혜로운 해결책을 제시하여 행복하고 편안한 일상을 유지하는 데 큰 도움을 준다. 이때 철학자들의 깊고 심오한 자기만의 의견과 주장이 밑바탕이 되는데 철학의 가장 중요한 덕목은 바로 원칙을 중시하는 것이다. 그 원칙은 본인의 지식과 경험으로 만들어진다. 교통전문가도 현실의 교통체증, 교통사고, 수요예측 등 대표적인 교통 문제를 해결하고 합리적인 교통계획을 수립하려면 철학자처럼 자신만의 원칙과 소신을 기초덕목으로 갖추는 것이 필수이다.

철학적 판단이 필요한 순간은 사회간접자본이 대규모로 투입되는 사업 추진 과정에서 발생한다. 20여 년 전 필자가 고속철도 노선을 계획하는 업무에 참여할 때 몇 가지 대안을 가지고 다방면으로 검토했었다. 그때의 판단과 결정이 지금 우리 일상의 이동 편의성과 안전성을 좌우하고 있다. 일반적으로 철도가 경유하는 노선과 정거장의 위치, 추진 방향을 계획할 때, 향후 지역 사회의 경제지표, 개발계획, 경제 전망 등을 바탕으로 통행수요를 예측하여 최종 통과 노선을 결정한다. 이는 교통 공학 지식 외에 이해가 얽힌 다방면의 지식과 경험, 조정 없이는 결정할 수 없는 일이다. 함께 살아가는 수많은 사람에게 직접적인 영향을 미치는 사업이므로 그 과정은 힘들 수밖에 없다. 미래 사회와 현상을 내다보는 날카로운 직관력과 판단력 또한 필요하다. 특히 장래 수요를 예측하는 일은 고도의 지식과 경험이 바탕이 되어야 정확성이 보장되는데, 교통 철학적인 소신과 주관이 반드시 필요하다. 그런데 여기에 지역 이기주의와 그에 편승한 정치 논리, 그리고 행정 편의적인 행위와 같은 방해물이 생긴다. 교통사업의 예산 규모가 워낙 방대하다 보니 너도나도 사업에서 발생하는 수익을 원하기 때문이다. 여기에 민원도 합리적이고 객관적인 판단에 걸림돌로 작용하곤 한다. 일례로 경전철은 소음과 환경오염을 이유로 거주지와 일정 거리를 두고 설치되기를 바라면서 고속철도 정거장은 거주 도시에 설치되어야 한다는 앞 뒤가 맞지 않는 주장을 펴곤 한다. 따라서 민원을 처리하고 담당하는 방법과 행위에도 철학이 필요하다. 미래 많은 사람이 만족할 결과를 만드는 일은 확고한 소신과 철학을 지닌 교통전문가를 중심으로 다양한 분야의 전문가와 행정가들이 긴밀하게 협력할 때만 가능하다. 이처럼 교통 철학은 공공시설물을 계획·설치하는 데 반드시 지녀야 할 필수 요소로, 현장의 문제점을 바탕으로 객관적, 합리적, 전문적인 지식이 융합된 의견이자 소신이라는 것이다. 그러한 철학적인 견해는 전문가의 주관적 지식에 근거하지만, 경험을 바탕으로 객관성을 담보해야 한다. 각기 다른 주관적 의견을 가진 전문가들 사이의 의견 대립과 충돌은 우리의 일상을 안전하고 신속하게 보장한다는 광범위한 목표를 위한 과정이며 긴밀한 협의 과정을 통해 효용성과 지속성 높은 정책을 수립해야 한다.

## 아직도 버스 타기 겁난다!

지금은 많이 좋아졌다고는 하나 버스 운행은 여전히 불안하다. 습관적으로 난폭 운전을 하거나 승용차를 위협하는 행위가 계속 되고 있다. 버스 운전자가 다 그런 것은 아니지만, 일부 운전자의 그런 질서 위반 행위는 우리 사회 공공질서 유지와 안전에 커다란 위협요인으로 존재하고 있다. 그중 이용객의 요구로 운행되는 장거리 전세버스의 위험한 운전행위로 승객들이 불안한 상태에 놓이게 된 경우도 많다. 학생들의 수학여행 버스 교통사고는 연례행사처럼 발생한다. 물론 모든 버스 운전자가 다 그런 건 아니지만 일부 버스 운전자의 위험천만한 운행이 승객을 곤경에 빠뜨린다. 실제 매년 버스 교통사고는 약 2만여 건에 달하며 사고 사상자는 약 3만여 명을 넘어서고 있다. 특히 버스 사고는 보행자나 오토바이와 충돌시 사고 관련자가 즉사하는 등 매우 치명적이다. 왜 그렇게 빨리 달려 차고지에 도착해야 하는지! 버스 운전자들의 자가 오판인지 버스 회사의 주문인지 참으로 어처구니 없는 일이다. 전국의 여러 도시에서 준공영제 시행 후 지자체가 운행 적자 재정 손실을 보전해주기 때문에 그런 난폭운전 상황이 어느 정도 사라졌을 것으로 생각하지만 현실은 전혀 그렇지 않다. 교통사고 유가족의 그 황당함을 생각한다면 버스 운영 관련자는 안전 운전 상황을 시급히 점검하고 개선해야 한다.

버스는 일반 승용차와 운전 패턴이 매우 다르다. 승객의 안전과 원활한 주행을 위해 브레이크는 최대한 조심해서 밟아야 하며, 앞 차와의 간격은 언제나 충분히 유지되어야 한다. 버스 기사의 시야는 승용차와 비교했을 때 상대적으로 높아 주위 차량의 움직임을 살피면서 안전하게 주행할 수 있다. 즉, 안전 운행이라는 면에서 버스가 승용차보다 훨씬 양호한 여건에 있다. 반면 버스의 회전 곡선 반경은 승용차와 비교할 수 없을 정도로 길다. 안전 운전을 위해 버스가 회전할 때는 항상 유의해야 한다. 비행기 조종사가 비행기 안전 조정법과 관련된 안전 사항에 대해 주기적으로, 철저하게 교육받는 이유는 많은 승객의 생명과 재산을 책임지고 있기 때문이다. 버스도 비행기와 마찬가지라고 할 수 있다. 따라서 버스 운전자도 비행 조종사와 같이 철저한 안전 기술과 교육이 필요하다. 다른 사람들의 생명을 위탁받은 만큼 운전 중 그리고 운전 후 운전자 본인의 정신과 몸 상태를 건강한 상태로 유지하고 투철한 사명 의식을 바탕으로 운전에 임해야 한다. 버스 운전자의 노고에 감사하지만, 안전에 지속적인 경각심을 가지는 것은 운전자를 포함한 모든 승객의 안전을 위해 중요하고도 당연한 일이다. 버스 교통사고는 대부분 운전자의 신체와 정신 상태를 잘 관리하면 줄일 수 있다. 버스 운전사의 과도한 운행 일정은 육체적 정신적 피로를 증가시켜 전방 주시 태만이나 졸음을 유발할 수 있다. 즉, 집중력 저하로 교통사고를 유발하는 매우 위험한 상황을 불러온다. 특히 야간이나 악천후 상황에서는 더욱 위험하다. 아울러 일부 운전자들은 자신의 운전 능력을 과신하여 습관적으로 신호위반, 과속 난폭운전을 일삼는 경우가 있다. 이들 운전자들의 일탈이 전체 운전자의 열정과 노력을 반감시켜서는 절대 안 될 것이다.

한편, 잊을 만하면 조만간 버스 대란이 발생한다는 뉴스를 듣게 된다. 요금 인상을 주장하며 버스 운행을 중단하겠다는 버스 회사의 파업이다. 버스가 운행을 중지하면 시민들은 출퇴근과 일상의 이동에 큰 지장을 받을 수밖에 없다. 전국 대부분의 지자체에서 버스 회사의 적자 보전을 위해 대규모 혈세를 지원했는데도 파업을 무기로 시민을 위협하는 행위는 이동 기본권과 교통복지 차원에서 바람직하지 않다. 버스 요금 인상은 서민 생계에 큰 부담으로 작용하며 다른 물가 상승에도 영향을 미친다.

대중교통의 운영과 관리는 여러 정책 중에서 언제나 최우선으로 계획· 실행되는 것이 당연하다. 왜냐하면 이동권은 국민의 기본 권리이며, 일상의 가장 기본 요소이기 때문이다. 이동하지 않고 한곳에 머물러 있다는 것은 마치 아무 일도 하지 말라는 뜻과 같다. 서민의 생명을 위협하는 행위라고 할 수 있다. 그런데 버스 대란은 결국 요금 인상으로 마무리되곤 한다. 그러니까 정부와 지자체는 협상한다고 시간만 끌다가 애꿎은 국민만 피해를 보게 된다. 결과적으로 갑작스러운 버스요금 인상은 일반 시민들의 가계 경제에 악영향을 미치게 된다. 버스의 운영과 관리는 매우 복잡한 이해관계가 얽혀있는 정책 사안이다. 수많은 국민들이 버스를 이용하면서 불편과 어려움을 겪고 있으며, 버스 회사는 운영적자 문제를 호소하고 있기 때문이다. 따라서 정부와 지자체는 승객이 원하는 서비스와 회사의 운행 문제점들을 즉각 개선하고 좀 더 나은 정책 방향으로 나아가야 한다. 즉, 버스 운행이 원활하게 잘 되고 있는지? 버스 운행에 문제 발생 시 신속하게 대처하고 있는지? 버스 기사들의 애로사항은 없는지? 버스 이용객 수는 늘고 있는지? 버스 사고는 줄고 있는지? 등등 버스는 계속해서 움직이며 수많은 사람이 이용하기 때문에 운영상의 문제가 발생할 수밖에 없다. 다른 교통수단과의 연결도 치밀하게 고려하여 버스 운행의 차질과 오류를 의미 있는 수준으로 줄여야 한다. 그동안 도시철도 노선이 점진적으로 확장되었고 서비스도 꾸준히 개선되면서 도시철도 이용 승객은 상승 추세에 있다. 반면 서울시 버스는 지난 10년 동안 이용 승객이  감소 추세를 나타내고 있다. 향후 국민 소득이 증가하고 국가 경제가 성장한다고 예상하면 자동차 보유율은 점점 늘어날 것이고, 도시철도의 정시성과 연계성 향상으로 도시철도 승객도 계속 늘어날 것으로 예상한다. 이를 고려하면 버스의 앞날은 그리 밝다고 할 수 없다. 따라서 버스 준공영제를 시작한 지 약 20년이 지난 지금이 버스 정책 방향을 새롭게 설정해야할 시점이다. 준공영제라는 명목으로 시민의 세금으로 대규모 재정지원을 한다고 해서 버스의 운행 효율성이 나아지는 건 아니다. 버스는 결코 독립 운행될 수 없는 교통수단이다. 교통수단 사이의 연계를 포괄적으로 검토하고 정책을 수립해야 한다.

서울 수도권에는 운행 거리가 편도 50km 넘는 버스노선이 아직도 수두룩하다. 이런 장거리 노선과 차량 정체 현상은 운전자의 과로와 피곤을 불러일으킬 수밖에 없다. 승객 관점에서 볼 때  피곤이 누적된 기사가 운전하는 버스를 1시간 이상 타고 간다는 사실은 버스타기를 꺼리게 만드는 요인이다. 시내버스의 운행 거리와 운행 시간을 단축하는 방법은 없을까? 버스가 수도권 광범위한 지역을 운행하는 현재 방식을 서울시 경계 지점에서 연계·환승하는 방식으로 변경하면 어떨까? 연계·환승 터미널이 서울과 경기도 지자체 버스의 기종점 역할을 하면서 버스 운행 거리가 확연히 단축되고 그에 따라 차량 정체도 크게 줄어들 것으로 본다. 물론 새로운 방식의 도입을 방해하는 여러 가지 현실적인 문제들이 있을 것이다. 하지만 앞에서 언급했듯이 가까운 미래에 직주근접이 실현되면 도시민의 이동반경이 줄어들 것이므로 이와 같은 운행방식이 효과적일 수 있다. 연계·환승 터미널을 중심으로 한 버스노선의 이용 편의성이 개선되면 더 많은 승객이 대중교통을 이용하는 계기가 될 수 있다.

최근 마을버스 회사는 이용 승객이 줄면서 운영의 어려움을 겪고 있는데, 버스 운행 서비스의 하락이 그 원인이다. 과속, 난폭운전, 급정거, 급출발뿐만 아니라 노선 변경 및 폐지, 무정차 등은 이용 승객에게 불만이 아닐 수 없다. 특히 늘 이용하던 노선이 갑자기 사라지는 일은 일상의 이동에 커다란 불편함을 초래한다. 승객의 사정을 고려하지 않은 노선버스 폐지는 시민의 기본 이동권을 침해하는 심각한 문제이기 때문에 지자체의 적극적인 문제 해결 노력이 있어야 한다. 또한 마을버스는 대중교통 이용객 유지와 증가를 위한 필수 수단이다. 따라서 획기적인 운행 개선책이 필요하다. 최근 버스 서비스에 대한 흥미로운 뉴스가 있었다. 한 지자체의 버스정류장 한 줄 서기 시범 운영 뉴스였는데 이런 일이 기사화된다는 것은 아직도 우리 사회에 버스 정류장 승차 질서가 자리 잡지 못했다는 사실을 말해준 셈이다. 일부 광역버스 종점에는 도로 바닥에 노선별 버스 번호를 표시하여 승객들이 한 줄로 질서 있게 서 있다. 하지만 통행 길에 너무 긴 줄은 보행환경에 방해가 되어 보행자 간 충돌이나 낙상사고 등 위험한 상황이 연출되곤 한다. 일반 버스 정류장의 승차 질서는 여전히 엉망이다. 특히 출퇴근 서울 도심에서 버스 승차는 마치 전쟁터 같다. 보도와 도로를 필사적으로 뛰어 겨우 버스에 올랐는데 빈 좌석이 없으면 목적지까지 서서 가기 싫어 발생하는 모습이다. 서로 질서를 지켜 승차하면 내 차례가 조금 늦어도 마음 편할 텐데, 늦게 온 사람이 '새치기'를 하면 기분이 상해 몸과 마음은 더욱 불편해진다. 그렇게 많은 사람이 정류장에서 좌충우돌해도 큰 사고 없이 버스에 타고 내리는 현실이 오히려 신기하다. 버스 환승 정류장처럼 버스 진행 방면이 유사한 버스끼리 그룹을 지어 승객들이 줄을 서게 하면 승차 시 사고 위험은 줄일 수 있을 것이다. 지금과 같은 혼잡한 버스 승차 환경은 교통약자의 부상과 사고 가능성을 높인다. 버스 타는 일이 무슨 육상 경기라도 된다는 말인가! 대중교통 이용에서 양보와 배려를 실천하는 일은 교통약자 보호와 사고 방지를 위한 최소한의 기본질서라고 할 수 있다. 버스 정류장 중 승차 행태가 양호하고 모범적인 곳의 방식을 조사하고 대대적으로 홍보하여 다른 정류장에 적용하도록 하고 반대로 승차 행태가 열악한 정류장은 현장의 문제점과 원인을 철저하게 분석하여 보행자 관련 사고를 최소화하기 위한 대책을 만들어야 한다. 공개 언론을 통하여 지자체, 경찰, 교통전문가, 시민단체, 주변 상인 등과 심도 있는 협의를 지속해나가야 한다. 작게는 버스 승차부터 크게는 노선 변경과 폐지까지 모두 승객의 버스 이용과 이동을 어렵게 하는 현실이다. 아울러 버스

요금 인상과 차내 혼잡, 난폭운전 등은 승객의 버스 승차를 포기하게 할 수 있다. 지금이 최악의 버스 운행과 서비스 상황이라는 가정 하에 향후 승객들이 버스를 떠나지 않도록 획기적인 대책을 수립해서 실천해야 한다. 시민들은 버스가 버스만의 대시민 모빌리티 서비스를 통해 주요 교통수단으로 제 역할을 하는 모습을 보고 싶다.

## 교통벌금 차등화에 대해 어떻게 생각하십니까?

북유럽에서 부자는 세금뿐 아니라 교통 벌금도 많이 낸다. 핀란드, 스웨덴, 덴마크, 스위스 등의 나라는 음주운전, 과속운전 등 교통법규 위반 시 운전자의 소득을 기준으로 벌금을 매기는 누진 벌금제도를 시행하고 있다. 벌금 산정 시 교통법규 위반자의 일평균 소득 1/2을 기준으로 계산한다. 속도를 위반하면 제한속도 초과 범위와 위반자의 하루 소득을 고려하여 최종 벌금을 산정한다. 2002년 핀란드 기업 노키아의 임원이 시속 50㎞ 구간에서 시속 75㎞로 주행해 벌금 1억8천여만 원을 낸 사례가 있다. 교통법규 위반 벌금 최고 기록은 스웨덴이 갖고 있는데, 2010년 한 스웨덴 사업가가 스위스에서 무려 시속 290㎞로 주행하다 단속에 잡혀 과속 벌금으로 100만 달러(약 12억4천만 원)를 냈다. 이와 같은 교통 벌금 차등제도는 소득격차를 고려하지 않는 기존 벌금제도가 부자들에게는 형벌의 효과가 지극히 약하다는 문제의식에서 출발했다. 범칙금의 형평성 문제를 바로 잡기 위해 도입된 것이다. 유럽식 교통 벌금 차등제도는 우리나라에서도 몇 차례 논의된 적이 있다. 국회에서 추진했던 도로교통법 일부 개정안은 범칙 행위의 경중에 따라 범칙금 수준을 정하고 법규 위반자의 경제적 능력을 판단해 일수 정액을 최종결정하게 함으로써 소득에 따라 범칙금을 차등 부과하는 내용이었다. 그러나 소득 수준 조사의 어려움 등을 이유로 논의에만 그치고 말았다.

최근 국민연금이나 의료보험료 납부내역과 같이 소득 계측 장치가 계량화되어 있어 신뢰도 있는 소득 조사가 가능하다는 의견이 다시 제기되고 있다. 어떤 제도든 새로운 제도를 도입하려면 사회적 가치를 정립하고 국민의 동의를 형성하는 일이 우선이다. 교통 벌금 차등제도는 사회적으로 무상급식이나 무상교육과 같이 매우 민감한 사안이어서 사회적 동의와 공감대가 충분히 형성돼야 실질적인 효과를 볼 것이다. 차등제도를 시행하고 있는 유럽 일부 국가들의 사회적 분위기, 역사, 경제 수준 등을 비교해 보는 것도 제도 마련에 중요한 사전 작업이라고 할 수 있다. 필자가 수년 전에 중국의 북경을 방문했을 때, 중국이 교통 벌금 차등제도를 도입하려 한다는 이야기를 들었다. 공산주의 국가에서 개인 재산을 기준으로 벌금을 차등화 하는 정책에 관심을 보인다는 사실에 깜짝 놀란 기억이 있다. 중국 정부 입장에서 볼 때 교통질서 확립을 위해 강력한 정책을 펴고 싶지만 국민정서를 고려하면 교통 벌금을 일괄적으로 올릴 수 없으니, 소득별로 교통 벌금을 차등화하려 하고 있다는 의도이다.

다른 나라 상황을 살펴보자. 미국은 주마다 벌금이 다르게 책정되어 있는데, 각 지역의 교통 패턴과 교통량을 고려하여 위험 수준을 산정한 결과이다. 뉴욕 주의 과속벌금은 제한속도 초과가 시속 10마일 미만이면 약 90~300달러, 시속 10~30마일이면 180~300달러, 시속 30마일 초과하면 360~600달러로 규정되어 있다. 오하이오 주는 과속 정도에 따라 150~500달러, 플로리다 주는 124~600달러 규모이다. 과속에는 예외가 없어서 일반 여행객도 미국 시민과 마찬가지로 수백 달러의 적지 않은 벌금을 내야 한다. 따라서 미국에서 과속은 큰 손실이라는 생각에 재범 비율이 매우 낮은 편이다. 교통 벌금의 차등 정책 없이 단속에 걸리면 누구나 똑같은 기준으로 공정하게 처벌함으로써 위반 행위에 대한 경각심을 유지하고 있다. 특이한 점은 우리나라에서 교통위반 단속에 적극 활용 중인 CCTV는 특별한 경우가 아니면 허용하지 않는다. 일본은 과속의 범위를 매우 세분화하였는데, 동경도 기준으로 제한속도 초과가 시속 15km 미만이면 9천 엔, 15~20km이면 1만2천 엔, 20~25km이면 1만5천 엔, 25~30km이면 1만8천 엔, 30~35km이면 2만5천 엔, 35~40km이면 3만5천 엔으로 규정하고 있다. 제한 속도 초과가 40km를 넘어서면 범죄 행위로 간주하여 기소 처리되며 훨씬 가혹한 처벌을 받게 된다. 다음은 유럽의 벌금 수준을 살펴보자. 제한속도가 없는 아우토반으로 유명한 독일 역시 일반 고속도로에서는 매우 세분화된 벌금제도를 운영 중이다. 일반 고속도로에서 초과 속도가 시속 20km 미만이면 10~30유로, 21~25km이면 70유로, 26~30km이면 80유로, 31~40km이면 120유로, 41~50km이면 160유로, 51~60km이면 240유로, 61~70km이면 440유로, 71km를 초과하면 600유로. 독일은 과속행위를 교통 범죄 행위와 교통질서 위반 행위로 규정하여 사회 질서에 위협을 주는 행위라는 것을 명확하게 명시하고 있다. 상습위반자에 대해서는 26~40km 과속 시 1개월의 면허정지 처분이 내려지며, 41km 이상 과속하면 적발 즉시 면허정지 처분이 부과된다. 영국은 소득의 규모에 따라서 벌금을 부과하는 차등 벌금제를 시행 중이다. 주급 기준으로 벌금을 부과하는데, 주급의 50%, 100%, 150% 등으로 규정하고 있다. 주급으로 차별화하여 벌금을 산정하는 이유는 교통질서 위반 행위가 타인의 생계와 생명에 직접적인 영향을 준다는 데 근거한다. 영국에서 대략적인 벌금 규모는 약 100~2,500파운드이다. 스위스에선 주거지역에서 제한 속도 기준 시속 20km 초과 시 1개월 이상 면허 정지이고, 위반자의 수입, 자산, 생계유지 수준 등 경제상황을 고려하여 천문학적인 벌금 부과가 가능하다. 과속 시 운전면허를 정지함으로써 본인의 생계에 부정적인 영향을 주고, 소득이 많은 사람에게는 막대한 벌금을 부과하여 사회적 책임감과 부담을 주는 것이 정책의 요지이다. 호주도 매우 엄격한 교통 벌금 체계를 가지고 있는데, 시속 25~29km 위반 시 1개월 면허 정지, 시속 45km 초과 시 1년간 면허가 정지 된다. 과속하면 대략 100~3,740달러의 벌금을 내는 구조이다.

반면 우리나라 벌금은 상당히 낮은 편이다. 속도 규정을 살펴보면, 제한 속도 기준 초과분이 시속 20km 미만일 경우 일반도로에서는 3만 원, 보호구역 6만 원. 시속 20~40km인 경우 각각 6만 원과 9만 원, 시속 40km 초과에 대해서는 각각 9만 원과 12만 원. 그 외 주정차 위반을 비롯한 대부분 위반사항은 4만 원, 8만 원의 벌금을 부과한다. 앞에서 언급한 나라들과 우리나라의 벌금 수준에는 매우 큰 격차가 있음을 알 수 있다. 교통질서와 법규 위반을 예방하기에는 턱없이 낮은 수준이다. 우리나라의 교통사고 사망률이나 교통사고 발생 건수가 OECD 국가 중에 여전히 최하위권에 있는 이유가 바로 여기에 있다. 우리나라 벌금 구조의 비효율성과 부적합성이 문제인 것이다. 교통 벌금의 구속력이 미약한 상태에서 국민 스스로 교통질서를 확고하게 지키기를 기대하는 것은 비현실적이다. 교통선진국의 높은 벌금 수준이 위반 의지를 억제하는 데 효과가 있다는 사실을 볼 때, 우리의 벌금 수준을 현실성 있게 개선하는 일이 시급하다. 우리나라는 과속으로 10만 원 이상 벌금을 부과하는 경우가 매우 드문데 현장에서 경찰이 임의로 낮은 금액의 벌금 스티커를 발부하기 때문이다. 우리 사회 정서를 고려할 때 벌금 차등화 정책 수립과 집행도 쉽지 않을 것이며, 반감이 거셀 것으로 예상된다. 현실적으로는 부담스러운 벌금 차등화보다 기존 벌금 정책을 활용하여 위반을 줄이는 방법을 찾는 것이 현명할 것 같다. 현재 벌금제도가 공정하게, 예외 없이 잘 시행되고 있다면 벌금 차등 제도를 새롭게 도입하는 것도 좋은 방안이다. 하지만 현재 벌금 제도는 일부 특권층에게 제대로 적용이 되지 않는 등 신뢰성에 의문이 있다. 제도 시행에서 가장 중요한 원칙은 모든 사람에게 공평하게 적용되어야 한다는 사실이다. 법률의 실행이 불공정하고 불합리하다면 사람들은 제도 자체에 반감을 품게 되고 규칙 준수에 의지가 사라질 뿐만 아니라 위반 행위를 대수롭지 않게 여길 수 있다. 따라서 기존의 벌금제도에서 보완할 부분을 찾아 개선하는 것이 벌금 차등화 제도의 도입보다 훨씬 효과적이라고 본다. 예를 들면 상습적으로 과속, 음주운전을 하는 운전자에게는 현재의 벌금보다 몇 배 높은 벌금을 부과하고 처벌 수준도 높여 가중처벌 하는 것이 바람직하다. 최근 5대 중점 주차 위반 행위에 대해 벌금을 상향 조정한 결과, 해당 법규 위반사례가 대폭 감소하는 긍정적인 효과를 나타내고 있다. 따라서 향후 과속, 난폭, 보복운전 등에 대해서도 벌금을 상향 조정할 필요가 있다. 또한 교통 벌금 제도의 시행으로 위반 감소 효과가 얼마나 있는지 면밀하게 점검하고 분석해야 한다. 교통법규 위반이 상습적으로 발생하여 교통사고와 혼잡을 유발하는 지역과 공간을 대상으로 벌금 정책이 제대로 시행 중인지, 기간별 위반 사례의 변화가 있는지, 벌금 조정 시 위반이 줄어들지 등에 관한 조사와 연구가 뒤따라야 한다.

# 지금이 바로 트래픽 팬데믹에 대비해야 할 때

## 장면 #1

요즘 운진을 해서 수도권 주변 도로를 지나다 보면 '왜 이렇게 도로가 막히지? 사고가 있나? 공사 중인가?'하는 생각이 들 때가 많다. 코로나로 익숙해진 '팬데믹'이라는 단어가 교통혼잡과 맞물려 '트래픽 팬데믹'이 찾아오는 것은 아닐까 하는 불길한 느낌이다. 주말, 연휴, 명절이면 수도권의 대부분 도로는 새벽부터 한밤중까지 자동차로 꽉 들어차는 게 당연하게 되어버렸다. 끊임없이 이어지는 자동차 행렬은 운전자에게 두려움을 주고 있다. 그런 교통 정체가 평일에도 이어질까 괜한 걱정이 마음속에서 고개를 든다. 우리의 일상이 이동의 연속이라는 사실을 생각하면 이제 차량 정체는 실제로 우리 생활 일부가 되어 버릴 가능성이 커지고 있다.

## 장면 #2

자동차를 운전할 때 이제 내비게이션은 일상 필수품으로 자리 잡았다. 낯선 지역에서 길을 찾는 데 도움을 주기도 하지만 실시간 도로 혼잡 상황을 반영한 출발지와 목적지 사이 이동 시간을 알려주고 그에 따른 최적경로를 제공하기도 한다. 도로 주행 시 혼잡이 발생하기 시작하면 내비게이션을 통해 목적지까지 남은 시간을 수시로 점검하게 되는데, 그 시간이 점점 늘어나면 운전자는 커다란 압박을 느끼게 된다. 이런 차량 정체 현상으로 운전자의 운행 계획에 차질이 생기고, 심리적으로는 스트레스가 증가해 기저질환자의 건강에도 악영향을 미친다.

서울 수도권에는 인구, 사회적 인프라, 기반 시설, 경제, 문화, 건축물 등이 다른 지역과 비교할 수 없이 압도적으로 많고 규모도 크고 다양하다. 따라서 지금과 같은 교통대란은 어쩌면 당연한 결과인지도 모른다. 하지만 특별한 행사나 공사, 사고가 발생하지도 않았는데 차량정체와 도로 혼잡 현상이 악화되었다는 생각이 든다. 최근 수도권 곳곳에 새로운 도로가 건설되면서 기존 도로와 연계성이 높아져 혼잡현상이 개선될 것으로 예상했다. 그러나 수도권 주요 도로에 나가보면 출퇴근 시간이 아님에도 불구하고 통행 속도가 상당히 느려 이동행위 자체가 고역이 되어버렸다. 대한민국 인구의 절반 이상이 수도권에 거주하니 그럴 만도 하지 라고 넘기기에는 그 정도가 매우 심각하다. 그동안 우리 사회가 교통 문제에 너무 안일하게 대처해 온 것은 아닐까 하는 자괴감이 든다. 우리가 교통 혼잡 탓에 차 안에서 불필요하게 머문 시간에 다른 일을 했다면 더 나은 성과를 이루어내지는 않았을까 하는 아쉬운 생각마저 든다. 교통 혼잡을 비용으로 환산하면 약 70조 원 정도로 추정한다. 교통사고와 물류 혼잡 비용까지 생각하면 천문학적인 재정 손실을 보는 셈이다. 세계적으로 '교통혼잡비용'을 정기적으로 계산하는 나라가 우리나라를 제외하고 거의 없다는 사실을 떠올리면, 교통 혼잡으로 인한 피해가 우리에게 얼마나 막대한 부담으로 작용하고 있는지 쉽게 짐작할 수 있다. 회사업무로 자동차를 타고 1~2시간 이동하는 일이 전체 업무에서 큰 비중을 차지한다 해도 직원 서로가 아무도 탓하지 않는 우리 사회의 분위기는 분명 정상이 아니다. 그야말로 '도로가 주차장이 되어 간다'는 농담처럼 운전대 잡기가 점점 불편해지고 두려워지고 있다. 그렇다면 정말로 도로가 자동차를 수용하기에 얼마나 부족한 걸까 하는 궁금증이 생기게 된다.

최근 국토교통부의 발표 자료를 살펴보면, 운전에 대한 두려움의 실체가 명확하게 드러나 있다. 통계자료에 의하면 현재 도로의 연장은 2010년과 비교하여 약 5.4% 누적 증가한 반면 교통량은 20.5% 누적 증가했다. 이처럼 매년 늘어나는 자동차 통행량을 도로가 온전히 수용하지 못하기 때문에 도로의 정체현상은 예견된 결과이다. 정부 발표 통계자료에서 보듯이 교통량이 도로의 증가 추세보다 거의 4배 정도 차이로 높다는 사실은 앞으로 다가올 도로의 미래 모습에 대한 우려로 이어진다. 우리나라 현재 도로의 길이는 총 111,314km로 지구 2.7바퀴, 지구에서 달까지 1/3에 해당하는 거리이지만 급속도로 늘고 있는 교통량을 감당하기에는 부족하다. 특히 강원도와 제주도는 10년 누적 교통량이 각각 40.8%, 42.4% 증가하여 전국에서 가장 높은 증가율을 나타내고 있다. 강원도는 근래 복수의 고속도로가 신설되면서 교통량이 늘어난 것으로 보이는데, 이는 도로의 확대가 곧바로 자동차 통행 증가를 유발한다는 것을 말해준다. 또한 강원도와 제주도는 우리나라의 대표 관광지로 많은 국민이 여가 생활을 위해 자동차를 예전보다 더 자주 이용하고 있음을 알 수 있다. 이처럼 도로가 부족한 상황에 통행량이 늘어나자 교통사고가 빈번해지고, 출발지에서 목적지까지의 이동시간을 증가시키는 악영향을 초래하고 있다. 비행기의 사고 발생확률이 승객의 탑승 횟수와 직접적인 상관이 있듯이 자동차도 통행량이 많아지면 교통사고의 발생확률도 자연스럽게 높아진다. 따라서 도로 통행량이 많아지면서 교통사고가 발생하고 또다시 그 사고 때문에 교통 혼잡이 더 심각해지는 악순환이 반복되고 있다. 교통량이 가장 많은 도로는 서울외곽 순환고속도로로 하루 약 187,520대에 달하며, 그중 승용차가 전체 통행량의 약 70% 이상을 차지하는 차량정체의 주범으로 밝혀졌다. 예상보다 늘어난 이동 시간은 신체적인 피로와 재정적인 손해뿐만 아니라 업무를 수행하고 정상적인 생활을 유지하는 데 커다란 방해물로 자리 잡은 상황이다.

이렇게 매년 늘어나는 통행량은 자동차의 생산, 보유와 직결되어 있을텐데 자동차가 얼마나 증가하고 있는 것일까? 현재 자동차 등록 대수는 누적 약 2천 5백만 대이며, 인구 2.11명당 자동차 1대를 보유하고 있는 셈이다. 지난 10년 동안 매년 약 2%~4%의 증가 추이를 고려하면 2030년경에 약 3천만 대는 충분히 넘어설 것으로 보인다. 국내 자동차 생산 능력과 향후 전기, 수소 자동차 시장이 더욱더 확대될 것을 고려하면 10년 뒤 자동차 보유 대수는 예상보다 더욱 높은 수치를 나타낼지도 모른다. 우리 국토에 3천만 대 이상의 자동차가 존재한다는 현실은 상상만 해도 아득하다. 자동차가 달리는 공간은 고사하고 주차할 공간이나 있을지 걱정이 앞선다. 지금도 불법주차 차량을 단속하기 어렵고 힘든데 앞으로 사는 동네가 불법주차 지옥이 되는 건 아닌지, 주차공간을 어떻게 확보할지, 묘책 찾기가 점점 더 어려워질 것이다. 특히 서울 수도권의 경우 주거와 도로 공간이 과포화 상태인데, 더 이상의 자동차를 수용할 공간 찾기가 쉽지 않아 보인다. 이처럼 그동안 주차장 공급 확대를 소홀히 한 탓에 앞으로 총체적 난국이 예상된다. 수도권 교통대란은 점점 악화되는 주거문제와 맞물려 이러지도 저러지도 못하는 매우 곤란한 상황에 부딪힐 것이 분명해 보인다. 과연 그런 이동의 어려움 속에서 정상적인 일상이 가능할 것인지 의문스럽다.

현재 상황처럼 도로가 부족하고 자동차는 증가하고 아파트는 늘어나며 바이러스가 좀처럼 수그러들지 않는다면 교통 문제는 절대로 나아지지 않을 것이다. 게다가 정부기관, 기업, 학교가 계속해서 지금과 같이 수도권에 집중된다면 조만간 수도권은 폭발상태에 도달할 것이다. 현재 인구의 절반 이상이 수도권에 상주해 있다는 사실은 2000년도 초반 수도권의 집중화 완화를 위해 대대적으로 시행해왔던 국가균형발전 계획이 실패했음을 말해준다. 대규모 예산을 장기간 투입하고도 행정수도와 혁신도시가 제자리를 잡고 있지 못한 현실은 앞으로 해결해야 할 난제가 많이 남아 있음을 보여주는 것이다. 약 2년 전 정부와 국회는 행정수도 이전의 핵심 사항인 국회와 대통령집무실 이전을 추진했었다. 국회 분원이 아니라 본회의 기능을 포함한 국회 완전 이전을 염두에 두고 설계 용역 반영 등을 검토하는 수준으로, 이른바 행정수도 '완성'을 목표로 수도권의 비대화 현상을 줄여 가려는 것이다. 또한 2006년 행정중심복합도시 설계 당시 청와대 제2 집무실 용도로 남겨놓았던 유휴지를 활용하는 방안도 구상 중이다. 정부가 수도권 쏠림 현상을 해결해야 한다는 인식을 갖고 있으나 추진 상황은 지켜봐야 한다. 수도권 비대화는 교통 문제의 해결을 넘어 국가 전체의 중대 과제이다. 지역 균형발전을 통해 경제활동과 일상을 정상화해야 한다. 수도권에는 지금도 곳곳에 아파트와 주거시설이 건설 중이고, 인구도 계속해서 유입되고 있다. 국가 균형발전이 국가 '계획' 차원이 아니라 국가 '생존' 차원에서 실행되도록 법적, 제도적 실천이 뒤따라야 한다. 수도권 일상의 이동에 문제가 생기면 경제활동에 직접 영향을 미쳐 경제성장과 국가발전에 치명적인 저해 요소로 작용한다. 따라서 국가와 국민의 생존을 보장하는 차원에서 주거와 교통계획이 실행되어야 한다.

외국 거대 도시들도 우리와 같은 문제를 가지고 있는가? 서울 수도권은 세계의 대표 거대 도시 뉴욕, 파리, 동경, 런던, 베이징 등 도시들과 비교하여도 뒤지지 않는 도시의 장점을 다수 보유하고 있다. 하지만 서울을 제외한 외국 거대 도시들은 서울처럼 전체 국가 인구와 경제 규모의 절반 이상이 해당 도시에 존재하지는 않는다. 즉, 서울이 지나치게 집중화, 비대화된 거대 공룡 도시라는 말이다. '서울 공화국'이라는 말이 어색하지 않을 정도이다. 그동안 서울의 인구 집중이 국가 발전에 이바지한 점도 있지만, 이제는 상황이 빠르게 변하고 있다. 인구의 집중은 일상의 핵심인 이동을 방해하고 시설물 건설·운영을 어렵게 만든다. 또한 바람직한 도시의 기준도 새롭게 변화하고 있다. 살기 좋은 도시의 기준은 거대 도시의 모습이 아니라 적정 규모의 도시로 규정하고 있다. 예를 들어, 해외에서 살기 좋은 도시로 밴쿠버, 비엔나, 멜번, 취리히 등이 손꼽히는데 적정 도시 인구의 규모가 천만 명 단위에서 백만 명 단위로 급격하게 내려간 것이다. 인구 비대화가 도시에서 여러 문제를 과다하게 야기하고 있음을 현재의 거대 도시들은 명확하게 알고 있기 때문이다. 지금이 살기 좋은 도시의 정의와 규모를 다각도에서 신중하게 검토하고, 논의한 후 실천해 나가야 할 때이다.

서울 수도권의 비대화를 해소하기 위한 교통 대책의 첫 번째는 교통수요관리 정책이다. . 이미 과포화 상태인 서울 도심과 주요 부도심 진입 시 혼잡통행료를 부과해야 한다. 현재 남산 터널에서 통행요금을 받고 있지만, 면제 차량이 너무 많아 실효성이 거의 없는 것으로 나타나고 있다. 런던, 싱가포르 등 해외 주요 도시는 도심 혼잡 완화를 위해 혼잡통행료를 철저하게 부과하고 있다. 런던은 혼잡통행 구역 진출입시 약 1만 7천 원 부과하는데, 시행 후 승용차 교통량은 약 35% 감소하고 버스 교통량은 23% 증가하여 승용차에서 버스로 이용객이 전환되었음을 알 수 있다. 싱가포르도 도심 진입부에 전자 통행료 징수 장치를 도입하여 차량의 통행 속도를 약 20% 정도 증가시키는 효과를 보고 있다. 뉴욕시는 주요 교량에 약 20달러의 통행료를 부과하여 도심의 혼잡 완화 효과를 보고 있다. 뉴욕 시민들은 도심 진입 다리 하나 건너는데 한화 2만 원 이상을 내야 하니 출퇴근시 대중교통을 이용할 수밖에 없는 상황이다. 한편 최근 IT 기술의 발달로 통행료 징수방식이 간편해졌는데, 우리나라도 교통흐름을 방해하지 않고 요금을 징수할 수 있는 적합한 지점과 구역을 선정하여 적극적으로 시행해 볼 시기라고 생각한다. 이를 위해서는 주민의 적극적인 동의와 징수된 통행료의 사용처를 명확하게 하는 제도적 보완이 필요할 것이다. 징수된 통행료는 도로의 확장이나 안전시설의 설치 등에 활용하여 전반적인 교통서비스 개선을 목표로 해야 한다. 사실 자동차 통행을 제한하는 일은 이동권 보장이라는 측면에서는 바람직하지 않지만 작금의 교통상황이 심각한 상태이므로 교통수요관리 정책이 필요한 것이다. 또한 혼잡통행료 부과정책이 기본 이동권을 억제하는 부작용과 더불어 또 다른 짐이 될 수 있다. 자동차 통행이 줄어 우리나라의 자동차 보유 대수가 줄어들 수도 있다는 말이다. 예를 들어, 싱가포르와 같이 새로운 자동차 구매·등록 시에 자동차 구매 비용에 맞먹는 세금을 부과하면 우리나라의 자동차 산업에 막대한 피해를 줄 수 있다. 즉, 교통 혼잡을 완화하는 정책이 국가 경제와 수출에는 오히려 악영향을 줄 수도 있다는 뜻이다. 게다가 대중교통 서비스가 아무리 편리해도 승용차 없이 일상을 유지하기 어려운 지역에 사는 국민도 적지 않다. 이처럼 복잡다단한 사정을 모두 고려하여 적정한 교통수요관리 정책을 수립하고 시행하는 일은 매우 어려울 뿐만 아니라 그 효과도 그리 크지 않을 수 있다. 그럼에도 불구하고 총체적 교통난국을 맞이하기 전에, 일단 도심의 상습정체 구역을 선정하고 해당 구역으로의 자동차 진·출입을 적극적으로 제한함으로써 도심 전체 자동차의 원활한 흐름을 주도하는 것이 필요하다. 주요 간선도로의 경우 거의 하루 종일 정체를 빚는 사례가 점점 늘고 있다. 특정 도로의 혼잡을 피해 우회할 수 있는 신뢰도 높은 교통정보를 제공한다면 교통수요를 효과적으로 관리할 수 있을 것이다. 일부 고속도로는 무료구간에 지나치게 많은 차량이 몰려서 상습적으로 혼잡이 발생한다. 이 경우 해당 구간을 유료화하여 고속도로를 합리적으로 운영할 수 있다.

지금 우리나라의 트래픽 팬데믹 대비는 시간을 다투는 일이다. 조선 시대 중기 율곡 이이가 왜의 침입에 대비하기 위해 주장하였던 '십만 양병설'이 떠오른다. 교통 문제는 국가의 정치, 경제, 사회, 문화, 산업, 기술과 직접적으로 연관되어 있으므로 근원적인 해결을 위해 적지 않은 시간이 소요된다. 또한 다양한 분야의 협력과 조정이 요구되는 광범위한 국가적 사안이다. 지금도 우리 사회는 교통 분야의 중요성과 역할을 제대로 인지하지 못하고 있다. 위기의식을 갖고 트래픽 팬데믹을 대비하지 않으면 조만간 국가 위기에 처할 수 있다. 모든 분야에서 융·복합적인 사고를 통해 정책을 마련하고 시행하지 못하면 국가 성장은 멈추고 말 것이다. 일부 언론과 전문가들은 교통 문제가 더욱더 악화되어야 큰 관심을 받을 수 있다는 엉뚱한 주장을 하는데, 안이한 생각이 아닐 수 없다. 교통 모빌리티는 공공성과 영향력이 다른 어떤 분야 못지않게 크기 때문에 정책 시행 시기와 방식에 신중해야 한다. 즉, 과잉투자와 과소 투자 모두를 절대 용납지 않는 매우 민감하고 다루기 힘든 분야라는 것이다. 그동안 국가 차원에서 추진해온 국가 기간교통망 사업과 대중교통 사업이 지속적으로 제 역할을 하고 적정 서비스를 제공하기 위해서는 앞으로 교통정책의 향방이 매우 중요하다. 이제는 한국 맞춤형 제도와 서비스를 시행하여 불필요한 시행착오를 줄이고 국가 경제와 국민의 일상을 굳건하게 뒷받침하는 역할을 확실하게 해야 할 것이다. 지금이 바로 "트래픽 팬데믹"을 대비하고 국가 교통 네트워크의 효율성과 안전성을 개선하기 위해 모든 정책 역량과 노력을 다해야 할 때이다.

지은이 **김 창 균**

서울 동성고, 성균관대와 미국 뉴욕대를 거쳐 버지니아 공대에서 교통공학 박사를 취득하였다.
한국교통연구원을 시작으로 가톨릭관동대, 서울시청, 액센추어(Accenture, 싱가포르), 단국대, 한양대 등에서 약 30년 동안 직장생활을 하였다.
교통(모빌리티)의 중요성과 일상에서의 역할을 일반 대중에게 알리고자 하는 취지로 "움직이는 모든 것은 교통이다." 저서를 출간(2018년)했다.
우리 사회의 경제, 문화, 산업, 생활 등과 교통의 연관성에 대해 지속적인 관심이 있으며, 심각한 교통 문제 해결을 위해 다양한 노력 중이다.
특히, 모빌리티 개념을 통해서 현재 사회의 최대 현안인 도시화와 부동산 문제에 대한 해법을 찾고 있다.
그동안 정부와 지자체에서 각종 위원회 활동을 해왔으며, 교통 관련 프로젝트에 참여하여 경험과 지식을 쌓아왔다.
현재는 모빌리티 정책연구소를 운영 중이다.

움직이는 사물, 움직이지 못하는 인간

초판 발행 2022년 8월 20일

**지은이** 김창균

**발행인** 정유진
**발행처** 노북(no book)
**주 소** 서울특별시 서초구 강남대로3길 8 11층
**전 화** 031-8025-9200
**팩 스** 050-4211-8560
**출판등록** 2018년 7월 27일 제2018-000072호
**홈페이지** www.nobook.modoo.at
**이 메 일** nobookorea@gmail.com

ISBN 979-11-90462-29-7 [ 03320 ]